债务自由

远离债务困境

李智轩◎著

中国科学技术出版社
·北　京·

图书在版编目（CIP）数据

债务自由：远离债务困境 / 李智轩著．-- 北京：中国科学技术出版社，2025. 8. -- ISBN 978-7-5236-1518-8

Ⅰ．F830.5

中国国家版本馆 CIP 数据核字第 2025TR2900 号

策划编辑	李清云　孙文卓
责任编辑	方　理
版式设计	愚人码字
封面设计	创研设
责任校对	邓雪梅
责任印制	李晓霖

出　　版	中国科学技术出版社
发　　行	中国科学技术出版社有限公司
地　　址	北京市海淀区中关村南大街 16 号
邮　　编	100081
发行电话	010-62173865
传　　真	010-62173081
网　　址	http://www.cspbooks.com.cn

开　　本	880mm × 1230mm　1/32
字　　数	243 千字
印　　张	11.625
版　　次	2025 年 8 月第 1 版
印　　次	2025 年 8 月第 1 次印刷
印　　刷	北京盛通印刷股份有限公司
书　　号	ISBN 978-7-5236-1518-8
定　　价	79.00 元

献给

每一个平凡而又不平凡的

普通人

序言

丹尼尔·施特尔特在《21 世纪债务论》一书中提出，自 20 世纪 70 年代以来，人类社会已基本上全面迈入债务驱动型发展模式。这一结论，不仅多次被世界银行等机构的统计数据和研究报告所证实，也早已成为现代社会中每位成年人的切身感受。

在债务驱动型发展模式下，债务在现代经济生活中早已司空见惯，而且一定程度上不可或缺。若债务工具运用得好，市场主体可以花明天的钱、圆今天的梦，债务人与债权人携手前进，社会经济也能够获得发展；用得不好，不仅债务人会负债累累、万劫不复，也会影响债权人的放债意愿，进而影响社会的流动性，波及金融稳定乃至经济发展。面对债务问题，我们需要既确保个体生活不因债务包袱而崩溃，也要确保社会不因债务链条而失序，更要确保国家能够不会因债务问题而陷入动荡。对于债务问题，我们事实上必须要做到“既要、又要、还要”。

就此而言，在当代社会，不管是个体、社会还是国家，关于债务工具的问题早已经不是“要不要使用”，而是如何合理使用，并使相关风险控制在合理限度。正因为如此，债务就像脾气怪异的顽童，唯有摸透其脾性，我们才可能与“债”共舞。

但这说起来简单，做起来难如登天。在处理债务问题过程中，我们既要控制内心中贪婪、冒险、侥幸等各种欲望，也要识别那些精心包装的行业话术，还得理解债务相关的专业知识。在信息和规则编制的迷宫中，普通人大概率会成为被债务机器收割的“韭菜”。如果说既往社会衡量一个人聪明与否的指标是智商，那么在高负债时代，衡量一个人“聪明与否”的指标则是“债商”——具体体现为个体如何认识债务、利用债务、控制债务、化解债务。李智轩所著的《债务自由：远离债务困境》一书，正是一本写给普通人的债务启蒙书，其念兹在兹的核心目标正是提高潜在读者的“债商”。

作为破产法学者，这几年我对债务问题始终保持强烈的好奇心，持续思考的问题始终是如何从学术角度回应社会经济发展中必须直面的债务问题。从“用户”维度来看，债务体系主要由如下部分构成：

第一个维度是当事人群体。这里既包括债务人，也包括债权人群体。在债务关系中，债务人和债权人的利益，既共存、又冲突，而且相对于债权人近乎“武装到牙齿”的专业知识，债务人对于债务的认知、对于风险的规避、对于违约的耐受度等，都处于相对劣势的地位。在债务链条中债务人始终是相对弱势的一方，债务人保护自己免收债务机器伤害的唯一办法就是提高“债商”，审慎举债。债权人也是如此，既要让资本流动，又得识别优质债务人，防止违约风险，规避因债务人破产所带来的损失。

第二个维度是专业机构。这里既包括个人破产程序中的法官、管理人和律师，也包括法律程序之外参与债务问题解决的咨询、培训、辅导等机构。在我国当前企业破产实践中，法官和管理人既需要提高和强化自身对于破产法专业知识的理解，同时也需要面向债务人和债权人普及破产法的基本框架和常识。只有解决认知层面的顾虑，才能顺利取得配合并推进司法程序。而破产程序之外，债务相关咨询、培训和辅导，在我国大部分地区还只是出于初步起步阶段，只在深圳等个人破产试点地区取得比较明显的进步。

第三个维度是社会层面。这既包括常规教育中有关债务观念和理财智慧的启蒙，也包括针对债务人、债权人等核心用户所展开的常识普及和教育推广。在我国目前的教育体系中，鲜有从债务角度展开专门培养。在金融、经济等诸多领域，虽然已经出现多种版本的启蒙读物，但针对债务问题的教育读本仍实属罕见。在现代社会，债务问题如影随形，债务教育亦应纳入终身教育体系。唯有当全社会的“债商”达到基本水平后，冒险举债行为才会减少，违约风险才会降低，每个人才有可能过上健康的债务生活。

上述三个维度，互相联系，共同构成现代社会债务问题“铁三角”。但我国当前关于债务和破产的出版物，要么以学理分析和制度建构为主，要么侧重实务操作和经验分享，鲜见真正面向普通读者的债务启蒙读物，对这一“铁三角”的覆盖面十分有限。此外，这一领域的整体出版数量十分有限，每年新书不过一二十种。相对于当前社会对债务常识日益增长的需求，无论从数量还是质量来看，现有出版物都显得严重不足，可谓杯水车薪。显而易见，这本《债务自由：远离债务困境》正是一种面向公众的可贵尝试。

本书内容聚焦于债务如何发生、债务如何化解、化债之后怎么办，基本上涵盖了现代人债务生活的全链条，是一种更具体系化的内容输出。这本以非专业读者为核心读者群体的著作，将法律、金融、经济、会计等大量专业的知识，以读者耳熟能详的方式进行通俗化表达。全书表面上探讨的是一个个专业问题，但专业问题背后是活生生的人，是千变万化的人性。在作者眼里，他们不是抽象的“债务个体”，而是一个个具体的人、身边的人、普通的人。尽管所论述的问题具有一定专业性，但在作者的笔下，能够感觉到一种发自肺腑的悲悯之心。

法谚有云：“正义不光要实现，而且要以人们看得见的方式实现。”如果把正确认识债务、合理使用债务、合法获得免责等，作为现代债务文明为债务人提供的一种正义，那么无论是学术界的理论探索还是立法者的制度构建，无论是执业者的实务操作还是当事人各取所需的现实选择，都需要通过顶层设计实现纲举目张，把理念和制度内化在实务操作和实践运用中。用债务启蒙的方式为受众补上债务教育课，可以说“一招活，满盘活”，更能以通过“看得见的方式”，让债务文明的艳阳普照每一个人。

走笔至此，耳边不禁响起《人群中的人》的旋律：“……

他们为母亲，他们为父亲，他们也为孩子，他们正在为所有的人；当门窗锁住，当双脚困住，当婴儿在啼哭，有种渴望冲破顾虑，善良的人不再恐惧……”我深深期待这本书能够给为债所困的读者带去安慰和治愈，让悲观者前行，让无力者有力。

我与李智轩本素昧平生，但通过“破产法百家谈”有不少机缘可以在线交流，其间也多次拜读她在公众号“向日葵债务”上的文字。她有强烈的问题意识，喜欢阅读、热爱思考而且勤于动笔，能够保持可观的原创率。读其文而知其人，我很钦佩她工作之余持续且大量地阅读和思考，也很赞赏她对债务人的同情心以及试图通过专业知识为债务人排忧解难的热情。基于此，我乐于把这本书推荐给读者。

度过湿冷阴暗的漫长冬天，现在的牛津古城艳阳普照，春意盎然。人生不也如此吗？希望每一个为债所困的人，都能够在这本书的带领下走出寒冬，迎接人生的春天。

是为序。

陈夏红

2025 年 4 月 10 日于英国牛津大学访学旅次

目录

引　言
理财之前请先理债

一说到理财，很多人的第一反应往往是：该买什么类型的基金、投资什么类型的股票，以及如何通过投资房地产来赚更多的钱。但其实理财的概念并不仅限于投资，还包含制定预算、管理债务、储蓄备用金、养老规划和信用管理等。实际上，许多人还没有建立起“理债”的财务观念，甚至都没有听说过“理债”一词。

随着经济的发展，人们的收入不断增长，很多人开始积累财富，家庭拥有的资产形式也日渐丰富。很多家庭不仅拥有汽车和房子，甚至还拥有不少金融资产。与此同时，负债端也日趋复杂：不少人背上了中长期的车贷和长期的房贷，同时还要兼顾短期的消费贷款。复杂的债务组成对人们管理债务的能力提出了更高的要求。因此，当社会发展到一定阶段，尤其是在普惠金融政策使得消费金融行业得到蓬勃发展的大背景下，人们更需要懂得与理债相关的知识并具备基本的理债能力。

理债，和理财一样，也是有一套方法论的。我的工作就是帮助陷入债务困境的人在个人财务方面实现“重生”，比如：帮助他们在不影响征信报告的前提下优化个人债务组合，并使得他们在未来达到收支平衡的状态，避免债务崩盘的情况发生。

我的客户范围很广，年龄从20岁到50岁不等；客户类型有：学生、公务员、互联网程序员、教师、银行工作人员、网络红人、空中乘务员、企业会计、房产中介、家庭主妇和职业股票投资者等各类人群。

为了帮助这些客户，我从如何让他们今后过上幸福生活的角度，总结了终止债务黑洞的方法和存钱的技巧。更重要的是，我会引导他们从盲目的、非理性的、缺乏金融常识的状态，逐步过渡到相对理性的“经济人”状态。当这些人具备了一定的金融常识后，我相信他们在未来的人生路上会避开很多金融或财务陷阱，也能更好地帮助子女们树立正确的金钱观。

金融知识不仅关乎财富，更关乎生存。美联储前主席艾伦·格林斯潘认为，不识字的文盲会感到生活不便，金融文盲却根本无法生存，这更加可怕。在坚守资产及促进资产增长方面，金融文盲的命运就如同守着坍塌城墙的城主，眼看着别人拿走自己的财产却束手无策，甚至在别人抢夺自己的财产时还被蒙在鼓里。

韩国作家金胜镐认为：“无论男女老少，金融知识的匮乏都会导致其容易做出错误的投资决定。这样的决定最终会使自身成为信用不良者或沦落为贫困阶层中的一员，而这也会成为整个社会的问题。”

掌握金融常识，才能分清金钱的五种普遍形态——收入、支出、资产、信用、负债。如果有人把“信用”当作“收入”使用，如使用信用卡来满足无节制的消费欲望，那么等待他的将是沉重的债务负担。如果有人能够用银行赋予的信用合理合法地赚取更多收入，那么他的个人资产将随之增加。

信用和债务是重要的金融工具，但真正重要的是使用工具的人。全球化的时代背景下，经济运行的逻辑已经发生了巨变，而一些人还在用旧方式来追逐财富。懂得理债常识和方法的人，可能会比不具备这些常识和方法的人更快地实现财务自由。与此同时，不懂理债常识和方法的人，“一夜返贫”的概率可能就更大。“中产返贫”是近期的热门话题。中产阶层滑落背后的直接原因之一，就是其没有意识到自己的债务危机，高估了自己的偿债能力，特别是在个人住房贷款方面存在过度贷款的问题。

人总是要积累一定的生活经验后，才能明白金钱的真正价值——不在于能奢侈炫耀，也不在于能提高自己的社会地位，而是在于能让自己拥有选择的自由。一些人的收入很可观，可是不管收入增长多少，他们到月底的状况都是一分不剩，好像不把钱花光就是亏本一样，总是挥霍过头。还有一些人，他们总是被还款日推着奔跑，时常感受到心力交瘁，可是转头又打着“钱不值钱”的旗号，肆意地“活在当下”。他们可能早已陷入债务泥淖，可外出时却常常为朋友买单，好像特意要证明自己没有任何财务问题。上述这些人都需要重新审视一下自己的理债观念——是否已经无法想象一种不欠债的生活方式了。如果不能把债务作为一个值得探究的主题，那么我们对债务就依然是一片茫然。

本书的逻辑和具体内容如图 0–1 所示。

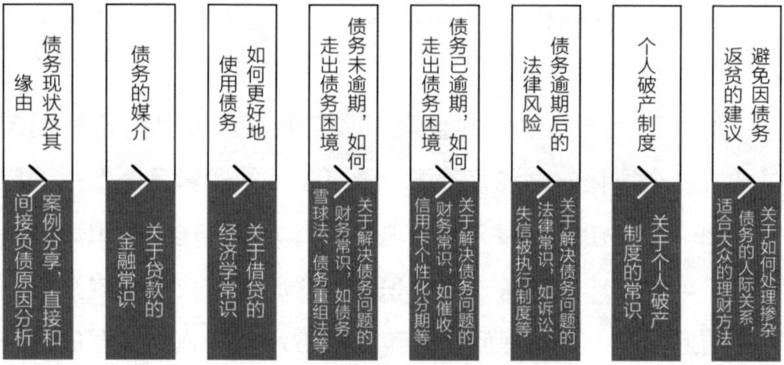

图 0-1　本书的逻辑和具体内容

本书的内容从提出债务问题和解释债务问题的成因，到讲解关于债务的金融学、经济学常识，再从财务角度详细介绍如何远离债务困境，以及解决与债务问题相关的催收和法律常识，如个人破产制度的介绍，最后则是关于如何避免因贷返贫的建议。理债和理财的能力是帮助人们通往幸福生活的重要工具。

这本书展现了笔者坚定的抱负——我希望通过不同的学科视角来严肃地审视债务，从而扩展读者们对于债务的想象力，以及深刻理解债务是如何塑造个体命运和社会形态的。

接下来，让我们一起走进与债务相关的故事里。

第一章

人们都是
怎么负债的

提起“负债”或“债务”，人们普遍会觉得害怕，从而避之唯恐不及。但其实这个时代的人，难以避免地要和债务打交道并与之建立起联系。因此，人们完全没必要谈“债”色变。

也许有人会嗤之以鼻，认为自己不会和债务这个词有所关联。但其实只要人有欲望，就有举债的可能性。许多人就算幸运地避开了信用卡贷款或网贷的超前消费陷阱，但在面对动辄数百万元的房产时，可能还是需要依靠个人住房贷款来实现置业的梦想。

个人住房贷款、汽车贷款、信用卡、花呗、白条等消费信贷账单，甚至未支付的水电费和话费等，都属于债务。这些债务需要人们每月按期足额偿还，一旦不能按期足额偿还，就需要承担相应的经济后果，严重时还需承担法律上的后果。因此，不管人们欠了谁的钱，欠了多少钱，原因为何，只要欠钱，就是有债。金融债务，不只关乎金钱，更重要的是其具有约束力。金融债权的履行具有强制性，且受到法律的保护。

债务在不经意间已经渗透进人们生活的方方面面。移动支付的普及和持续的通货膨胀，使得借贷变成一件便利且不需要过多思索的行为。一些曾经节俭的人也对分期还款有了不同程度的接受。只是这些人普遍还不能意识到也不愿承认自己“债务人”的身份，更羞于在生活中同他人谈论自己的债务烦恼。

在一些人眼里，债务是难以言说的愁苦。未付的信用卡账单、下一年的车险费用、各种医疗账单、孩子的补习班费用和赡养老人的花销等，都“潜伏”在普通百姓的家里，由此累积的烦恼和压力可能会让家人之间的关系变得紧张。一些人光是在试图隐瞒债务这件事上就耗费了大量的精力，以至于他们难以理性思考如何远离债务困境这一人生难题。

一方面想要在他人面前掩饰自己存在债务问题，另一方面又渴望有人能理解自己在面对债务时的焦虑和痛苦，这种矛盾正发生在很多存在债务问题的人身上。债务就像“房间里的大象”，负债的人知道债务的存在，也知道它确确实实地影响着生活的方方面面，但人们还是羞于谈论它、不愿正视它，更没有系统地了解过它。

当人们勇敢地把内心无声的挣扎和盘托出后，才有可能意识到债务对身心健康的影响有多大。就像哲学家汉娜·阿伦特曾说的那样：“无论人们做什么、认识什么或经历什么，都只有在可以被谈论的范围内才有意义。”解决债务问题的前提是谈论债务。因此，接下来笔者会通过具体的债务故事来谈论人们都是怎么陷入债务困境的。

1. 借钱购物

> 凡事勿过度。
>
> ——箴言

小王（化名），“90后”，名牌大学毕业，目前在一家互联网公司工作，月薪4500元。她与债务最初的联系源自信用卡。她办理第一张信用卡的原因是工作后想要购买一台平板电脑。在办理信用卡之前，她对自己的现有收支状况进行过仔细的分析。结论是，分期购买一台平板电脑在她的经济能力范围之内。信用卡很快被寄到了单位，当晚她就用信用卡买了一台平板电脑。如果按照她最初的计划，购买平板电脑之后不再使用信用卡，每个月按期还款，那么她还能在正常轨道上继续平稳地生活。但是，她在尝到了提前消费的甜头之后，欲望吞噬了理智，又用信用卡购买了很多她之前梦寐以求却负担不起的物品。小王告诉笔者，信用卡给了她一种无形的富裕感和力量感，她比以前更喜欢自己了。在这股乐观情绪营造的幻觉下，不知不觉间，小王的债务就从0元翻滚为7万元。她看似提高了生活的品质，实则在债务中越陷越深。

负债7万元的时候，小王的收支还能勉强维持平衡，现金流还未崩盘。当然，她的信用卡债务都是通过另一张信用卡的信用额度来偿还的。入不敷出后的小王，目光短浅地把“拆东墙补西墙”当作了维持债务不崩盘的救命稻草。

小王告诉笔者，那段时间她感觉自己就像漂浮在负债的汪洋大海里的无舵小舟，在金融机构信用额度的“迷雾”中原地打转，找不到债务旋涡的出口，似乎永远都无法上岸。刚清偿一笔信用卡债务，就被卷入另一笔信用卡债务里。随着债务的金额越来越高，小王开始恐惧打开信用卡的App，她没有勇气面对确切的债务金额。懊恼与悔恨在深夜化作了大颗大颗的泪珠，打湿了她的枕巾。

提到负债累累的人，有人会对他们抱有“爱慕虚荣”的刻板印象，猜想他们的支出是用于攀比或奢侈消费。但是从小王的经历和笔者接触到的一些其他案例来看，笔者发现大部分负债的人实际并未进行大额的奢侈消费。问起他们欠债的原因，每一个人都是悔恨莫及又茫然困惑地说：“我也不知道为什么，也没有买什么，债务就到了几十万元。”“我借来的钱都花到哪里去了？”

债务从 0 元到 7 万元，小王用了 3 年时间，但是从 7 万元攀升到 30 万元，却仅用了 1 年。因为这 23 万元的债务都是在“以贷养贷”。“我在还款日还不上信用卡债务的时候，就先从其他贷款平台申请一笔钱，先把还款日的债务还上。”小王这样告诉笔者，“当时的打算是，总觉得工资会持续上涨，这样就应该能把过去欠下的信用卡债务全部还上了。哪里知道，债务的增长速度远远超过了工资的增长速度。为了让征信报告上不出现逾期记录，我一直在借新债还旧债……到最后，我根本管不了借贷的平台是不是靠谱或合法，也顾不得利息是否高昂，只要平台愿意给我信用额度，我就敢去借钱。当我发现自己连网贷都借不到的时候，才意识到自己已经债台高筑，无处可贷了。那一刻，我感觉到异常恐惧，就像一直掩盖的秘密即将暴露。”小王顶着巨大的还债压力，努力维持着表面的平和，但背地里，她时刻担心着还不起债的后果。

她害怕银行和网贷公司的催收电话，更害怕因负债这一秘密曝光而失去来之不易的工作。经历了无数个失眠的夜晚后，小王在笔者的建议下，主动和父母坦白了自己的债务问题，向父母寻求帮助。

几乎没有一个成年人愿意在独立之后再向父母伸手要钱，更何况还是要钱还债。很多人已经习惯了有事情自己扛。但是换个角度来说，如果小王在负债7万元的时候就立刻向家人寻求帮助，结果会不会是另一番光景呢？人们在举债的时候会高估自己的赚钱能力，在债务即将失控之际，又会高估自己的偿债能力。人们常常受到盲目乐观或盲目悲观的情绪影响，因而难以理性客观地认识自己在管理金钱方面的实际能力。小王说，在跟她父母坦白债务问题的时候，她和她的母亲都哭得很伤心，父亲则是默默地抽着烟，一根又一根。她的父母因为投资失败已经欠下了几十万元的债务，但为了帮女儿还债，她的父母还是放下了面子，找了亲戚朋友借钱。最终小王的父母同意每月帮助小王偿还近2万元的债务，这才保住了她的征信报告和职业前途。2023年，小王的债务已经还清了。

小王在债务泥淖中越陷越深的这场梦魇，正是很多“80后”“90后”实际经历的缩影。他们第一次借钱大多是为了买电子设备，金额都不大。其实只要小王能控制住自己的欲望，她是能负担得起这笔贷款的。但遗憾的是，小王在尝到了提前拥有自己负担不起的商品的滋味后就无法控制自己的欲望了。部分人在二十多岁的年纪，会对自己未来的赚钱能力充满信心，对购买各种曾经可望而不可即的物品欲罢不能。信用赋予的万能感让很多年轻人乐不可支，潜移默化地提升了他们的自恋倾向，使得他们认为自己值得拥有更好且更贵的商品以及更特别的人生体验，最终养成了超前消费的习惯。

类似小王这样的年轻人，他们或身处校园，或刚步入社会，赶上了消费金融蓬勃发展的时代，只需通过手机进行操作就能轻松借到一笔贷款。虽然他们也知道这些钱全是借来的，不是靠劳动获得的，但可以借到的金额实在太大了，以至于他们产生了一种自己很有钱的错觉。宽松信贷的出现，使得人们可以将夸大后的自我成就感展示给自己和这个世界。因此，不少人容易陷入“今日花钱不要紧，因为未来会更有钱”的幻想里……可现实却是，人们每月几千元的工资到账后，还没捂热，就被分配给信用卡、花呗、白条的债务了。没几分钟，工资就见底了，而当月的生活支出只能继续依靠借钱来维持。无法控制过度的欲望，频繁购买超出自身收入所能负担的商品或服务，最终只会给自己带来烦恼与焦虑，让自己债务缠身。债务逐渐成了他们生活中一根无形却必不可少的拐杖。这些因信用和债务常识匮乏的年轻人，就这样从一笔债务走向了另一笔债务，他们努力维持着财务收与支的平衡，活得战战兢兢。

消费金融的理论基础，微观上主要基于莫迪利亚尼的生命周期理论，即消费取决于人们在整个生命周期内所获得的收入和财产。人们为了在整个生命周期内实现最佳的消费配置，达到一生消费效用最大化，会在收入较低的青年时期将收入中的很大一部分用于消费，而收入不足时会借贷，到中年时期偿还掉年轻时的负债，并把一部分收入储蓄起来用于养老。这种“平滑消费”的功能是有价值的，可以改善社会成员整个生命周期的福利，提高人们的生活品质。然而，不加节制地滥用消费金融产品，像末日狂欢般疯狂借钱来满足占有欲所带来的后果，大概率是不好的，严重时会导致个人出现债务危机，使自身沦为信用不良者或成为被限制高消费人员。

古希腊著名的德尔菲神庙上有一条著名的箴言：凡事勿过度。这句话是与行为有关的建议，即劝告人们做任何事情都不要太过分，要懂得适可而止。人们在使用消费信贷产品时，到了某个程度就应该停下来反思，不要过度透支自己未来的收入，失去回旋的余地。

在这个消费金融无比发达的时代，负债与否往往就在一念之间，甚至人们会在商家的营销诱导下被迫负债。掉进债务陷阱容易得超乎想象，就像很多电商购物平台 App 的默认支付方式是某某月付、某某白条等。有的人在接到陌生催债电话的时候，才意识到自己“被负债”了。借钱的“门”一直在敞开着，有些人在无意识间就跨过了借钱的门槛。债务就在人们的身边，人们每天都有机会与债务接触，建立关系。

2. 借钱扩大企业

> 债务会侵蚀我们的“续航力”。
>
> ——吉恩·马里·艾维拉德

“80 后”老刘（化名），成长于物质贫乏的小山城，从小看着父母离家打工，曾是一个典型的留守儿童。贫穷的出身让老刘在很小的时候就立志要走出大山，有所作为，改写自己和子孙后代的命运。他阅读了很多历史人物传记，十分佩服那些出身底层却不愿向命运低头，并且能通过自己的努力彻底改变命运的英雄式人物。

老刘很幸运，他赶上了时代的列车。他敏锐地发现了电子商务的市场需求。2014 年前后，他开始在各种电子商务平台开设直营店铺，销售自主品牌的制氧机。他联系相关的工厂并与他们合作，打造了自己的品牌，营销、发货、售后都亲力亲为。

老刘靠着自己的勤劳和智慧赚了钱，在广州买了房子。公司成员从当初的两个人逐渐增加到 2016 年的十多个人，店铺销售额月月创新高。2016 年的春节，他回到当初那个他曾拼命想要逃离的小山城，感慨自己这一路走来是多么幸运，当然也经历了不少心酸。但值得庆幸的是，走出故乡的老刘也算小有成就：有房子、车子，还有存款，更为社会创造了十多个就业岗位。

老刘命运的转折点出现在 2016 年下半年。那天他在整理店铺的对账单，接到一个自称某平台金融销售人员的电话，对方说老刘店铺的业绩非常好，询问他是否有业务扩张的需求。如果有需求，平台可以为他提供 50 万元先息后本的贷款（指人们在获得贷款资金后，先支付利息，然后在约定的还款日偿还本金），利率也比较低。电话里老刘说着不需要贷款，但挂断电话后的几天里，他却对这 50 万元的贷款念念不忘。他想，如果能从金融机构贷款 50 万元来投资新的店铺，开发新的业务，也许他就能赚到 100万元。眼看同行都开了十多家店铺了，自己手里则还是当初的那几家店铺。如果依靠现有店铺赚的钱来开新店，可能需要很长时间才能再开一家新的店铺，而通过贷款开新店铺则快得多。这个念头一直萦绕在老刘的心头。妻子劝说老刘不要太贪心了，现在的日子过得稳定且美好，但老刘却认为世界上没有不冒险就能轻易获得的财富，而冒险精神正是创业者必备的品质之一。在当时的社会氛围下，“做大做强”是很多创业者坚定不移的目标，而留在原地则意味着落伍。

于是，经过一番纠结，老刘给贷款销售人员打了电话，询问如何申请这笔贷款。很快，50 万元就被打到了老刘的个人账户上。拿着这笔 50 万元的资金，老刘开始大笔投资：开设新的店铺，招聘员工，加大营销投入。老刘认为他可以复制旧店铺的成功经验，卖出更多制氧机。50 万元花起来很快，几个月的时间，账户上的钱就所剩无几了。把一家新开的店铺打造得像旧店铺一样能够月入上万元，也是需要时间的。任何店铺的成功，都需要经历时间的打磨，但这笔 50 万元的先息后本贷款，还款期限却只有一年。距离偿还贷款本金的时间越来越近，老刘也越来越焦虑。从不抽烟的他，开始一包接一包地抽烟。他陷入了深深的自我怀疑：是自己过度自信了吗？所有店铺都是赢利的，只是没办法在一年内快速赚到 50 万元。

老刘认真地算了一笔账，如果需要所有店铺在一年内赚到 50 万元的利润，那么每月需要销售 400 多台制氧机。目前，开了好几年的旧店铺每月可销售 200 多台制氧机，但对于一家刚开业的新店铺，显然短期内是不能卖出近 200 台制氧机的。制氧机不同于其他日常生活用品，人们的复购周期可能是3~5年，甚至更长。因此，老刘需要不断地吸引招徕新客户，这直接导致了他的营销费用大幅上涨。离这50万元贷款本金的还款日越来越近，老刘试着找贷款平台沟通，看是否可以延期一年再归还本金，却得到了否定的答案。贷款平台要求其必须按照贷款合同约定的期限偿还本金。如果老刘在合同的最后还款日期内还不上这50万元的债务，他的个人征信记录就会受到严重影响，现在好好的生意可能也要关门了。

创业三年，老刘从未像这样焦虑过。时钟嘀嗒作响，他无时无刻不担心他的整个人生可能会像纸牌屋那样轰然倒塌。作为企业的负责人，如何在困难状况下依然保持高昂的斗志？老刘必须自己摸索。于是，他不得不强装镇定，假装得像没有债务这回事儿，表现得像一切都在他的掌控之中，因为他不能让员工和供应商对公司失去信心。老刘一边要继续给员工描绘美好的愿景，一边又要独自面对企业资金链断裂的风险，他的脾气也因还款日的逼近而越发急躁，竟向他视为心肝的儿子发了脾气。事后老刘又后悔不已。

金融贷款合同具有强制性，违约后需要借款人承担相应的法律责任。违约的后果严重，老刘不敢越雷池一步。绝境下的老刘，找不到其他办法来偿还这笔50万元的贷款。最终，他走进了另一家银行的大门，申请了一笔新的20万元贷款，同时还透支了自己的几张信用卡，拿到了10万元现金。举债30万元，再加上公司账上的20万元的利润，他总算还掉了这笔让他生活发生天翻地覆变化的债务，但用债务来解决债务的结果就是老刘一直在债务旋涡里拼命挣扎。

2020 年，老刘的债务已从第一笔的 50 万元攀升到 150 多万元。他的信用卡全部透支，债台高筑，就连他妻子的信用卡都被他拿来救急了。此外，他还欠着供应商几十万元的尾款。他想不明白，自己的电商公司每个月都在赚钱，但是债务却不见少。自从第一次贷款以来，他的公司似乎就再也没实现过收支平衡，算上他个人和家人的债务还款支出，每个月都是赤字。债务窟窿越来越大，他的焦虑症也越来越严重。

一个错误的决定，让老刘的命运骤变，从此走上了“以贷养贷”的不归路。他每天都在为偿还债务而奔波，没有一刻可以停下来。如果时光可以倒流到 2016 年，老刘一定会做出不一样的决策，但没有如果。“我一定要走出大山，去大城市创办企业。”一个斗志满满的少年曾怀揣着改变自己命运的梦想。然而，现在老刘的梦想却像肥皂泡一样破灭了，留给他的只有沉重的债务。

因贷款期限错配，老刘多年创业的心血毁于一旦。部分人和老刘一样，他们都曾怀着致富、利他的梦想开始一段艰难的创业旅程，但万万没想到自己却成为“老赖”。创业难免要使用金融产品，这就对创业者提出了更高的要求——具备挑选适当金融产品的能力。就像一些个人消费者使用借款产品陷入“以贷养贷”的困境一样，企业如果短期偿债能力不足也会陷入拆东墙补西墙的恶性循环里，一旦某一笔债务无法偿还，随后到期的其他短期债务很有可能会压垮企业，使企业的资金链彻底断裂。因此，创业者在决定借债时，一定要优先考虑所借款项的风险。核心的问题便是：这笔债需要企业几年的利润才能清偿。如果需要企业 3 年的利润来清偿这笔债务，那么将借款期限设为 1 年可能就会给企业带来资金链断裂的风险。

不同的社会发展阶段，使用贷款的逻辑是截然不同的，切不可刻舟求剑。但很多时候，一些企业家和创业者会陷入一种当局者迷的境况，直到付出了惨痛代价才有所觉悟。人或许可以靠时代红利或运气赚到钱，但却很难留住不是经由个人成长而获得的财富。

3. 借钱炒股

每个人的内心都深藏着一颗活泼、灵敏、有力量的贪心。

——约翰·洛克菲勒

1990 年，小张（化名）出生在北京市一个知识分子家庭，父母都是老师。他的家庭条件虽不是特别富裕，但也算小康家庭。父母在他的教育上投入了大量时间和金钱，小张也不负众望，从小就是优等生。2008 年小张考入了北京市一所有名的财经大学，攻读金融专业。那时的北京，日新月异，到处都充斥着一夜暴富的故事。年轻的小张也想要“赌”上一把，希望自己能成为像沃伦·巴菲特那样的天之骄子，在中国的金融市场里留下一段传奇故事。

小张深知机会是争取来的，没有行动的梦想，就是黄粱一梦。于是，从大一开始，他就利用业余时间做兼职，只为存下人生的第一笔投资基金。大二结束的时候，他已经存了2万元。大二的暑假注定不平凡，因为小张终于要去股市实践他所学的金融知识了。小张对着计算机看到2万元存款变成证券账户里的数字，他感觉到不可思议。

那个暑假，他每天早上9点准时坐在计算机前，紧盯大盘，同时还自学各种炒股的术语，如日K线、市盈率、回档、多头等。他沉浸在股票市场的涨跌里无法自拔，就像发现了一个新世界一样兴奋。他记得有一天开盘不到一小时，他就赚了2000元。对比赚这2000元的速度，通过兼职赚钱似乎太慢也太辛苦了。尝到资本利得甜头的小张，下定决心要把炒股当成终生的事业。那个暑假结束，小张的2万元变成了3万元。开学后，小张也变得自信了许多。

2012年，小张毕业后顺利进入一家银行工作。拥有稳定工作的小张，办理了人生的第一张信用卡。小张依稀记得自己的第一张信用卡的信用额度有1万元。

炒股已有两年的小张，从未想过要加杠杆炒股。直到有一天，他听说有一个同事以5万元入股市，加了2倍杠杆，赚到了30万元，净获利15万元，个人自有资金一下子涨了3倍。小张羡慕不已，再看看自己的投资账户，他顿感焦躁。他从当初的2万元本金，经历了几年的股票买进卖出，现在的投资本金也只有区区5万元。

同事加杠杆炒股的故事激励了小张，他坚信想要获得更多的财富，就要冒险加杠杆。思来想去，小张觉得自己还年轻，有赚钱和承担风险的能力，也有几年的投资经验，可以开始尝试通过加杠杆来创造属于自己的财富了。于是，小张把第一张信用卡里的 1 万元信用额度通过 POS 机的虚拟交易刷到储蓄卡里，然后全部投进了股市。他又申请了其他 4 家银行的信用卡，信用额度共 4 万元。有了这 5 万元的杠杆资金，小张的投资本金一下子翻了一倍。他的运气比较好，第一次加杠杆投资就在 2 个月内赚到了 8 万元，不仅成功还清了信用卡，还获得了 3 万元资本利得，于是他的投资本金就变成了 8 万元。尝到加杠杆投资成功甜头的小张，采用的投资策略变得更激进了。

自 2014 年 11 月 22 日中国人民银行（简称“央行”）宣布降息后，上证指数便开始进入高歌猛进模式，从 2014 年 11 月 21 日收盘的 2488 点，飙升至 2015 年 6 月 12 日的 5178 点。也是这一年，很多网络贷款 App 成功上线，小张没有放过这个借钱的机会。他开始申请各种网络贷款，手机里安装了各种贷款 App。他把通过信用卡贷款和网络贷款获得的现金通通投入股票市场。

小张以自有资金 8 万元和杠杆资金 10 万元进入股市，短短 3 个月，小张的 18 万元的本金就帮助他赚到了 20 万元。这让小张对自己的未来充满了信心。金融机构对他的偿债能力也充满信心，纷纷上调他的信用卡额度、网络贷款额度。他算了算，他在各金融机构总计可借入 20 万元。有了这 20 万元的杠杆资金，说不定可以赚到人生的第一个 100 万元。带着美好的愿景，小张开始了下一轮投资。

但谁也没有想到，2015 年 6 月的上证指数还有 5000 多点，3 个月后竟然就跌至 2800 点了。小张投资账户里的钱最初从 48 万元变成 70 万元，然后逐渐变成了 40 万元、20 万元、10 万元……最后只剩 5 万元的时候，小张忍痛平仓了。他怎么也想不明白，怎么突然变了风向，钱突然就没了。他不仅本金亏没了，还欠下了 15 万元的债务。

股票投资亏损之后，小张用拆东墙补西墙的方式努力维持着信用卡贷款和网络贷款不逾期，但眼看债务就要崩盘，他内心极度痛苦，焦虑不安，更害怕家人、朋友和同事知道自己负债的事情。这次加杠杆投资失败，让小张开始怀疑自己的投资策略——自己之前赚的钱是自己凭实力赚来的，还是因为市场好，随便买都能赚钱？还债的焦虑以及对自己投资实力的怀疑，让小张郁郁寡欢。懊恼、后悔、自责等负面情绪导致他失眠、厌食，整个人像散架了一样，在工作中也不能集中精力，频繁出现低级错误。

借钱一时爽，用工资来还债就很痛苦了。月工资只有 7000 元的小张，每个月也只能拿出 3000 元来还债，一年最多能偿还 3.6 万元的债务，但他的债务却足足有 18 万元（15 万元本金加 3 万元利息）。如果仅依靠工资来偿还债务，他需要 5 年时间。如果工资能持续上涨，还债时间则可以缩短。自尊心强的小张不愿意向父母求助，毕竟，用父母的养老金来为自己的投机失败买单，他觉得不道德。最终，小张选择逾期所有债务，计划用未来的工资收入慢慢偿还自己的债务。后来，因债务问题，小张不得不离开银行业，他跳槽到了某小微企业，职业生涯因债务而错失一些不错的机会。类似小张的投资者不计其数，借债数万元进入二级市场，却遭遇强制平仓，最后只剩一身债务。在《国富论》中，亚当·斯密写道："大部分人对自身能力都过度自负……每个人都或多或少地高估了自己获得收益的概率，而大多数人还会低估亏损的概率。"

股票是由股份有限公司发行的权益类凭证，持有者可以按公司的分红政策定期或不定期地取得分红收入，类似于债权人获得利息收入。后来资本市场逐渐发达，股票持有者不再满足于股票带来的分红收入，更愿意利用股票价格涨跌快速获利，这打开了"投机"的大门。如果由供给和需求关系来决定某只股票的理性价格，那么股票市场上的投机行为就有可能导致某些股票的实际市场价格背离其内在价值。拥有海量资金的机构或个人可以操控一只股票的市场价格，致使股票价格发生巨大的波动，产生极高的不确定性。股票价格的涨跌变成了一场资金博弈的游戏。部分投资者因轻信所谓的"小道消息"，被表面故事迷惑而盲目入市，结果就是其刚买入某只股票，就迎来该股票价格的大跳水，于是不得不忍痛割肉，导致投资回报率为负。投资股票是高风险的投资行为，而借钱炒股则会让风险加倍。在这个借钱如此简单的时代，如果有人说"最好不要借钱""千万不要借钱炒股"，定会有人嗤之以鼻。

德国著名投资人安德烈·科斯托拉尼在他书中对是否应该借钱买股票做出了答复："只有那些拥有的财富比借款的数目高出很多的人，才可以借钱买股票。我几乎倾向于说，人们绝不应该借钱买股票，除非其是一个轻举妄动的冒险家。"借钱炒股，可能会让人们因过于担心失败和无力偿还债务而长期处于精神高度紧绷的状态，这或许也能解释为什么一些人会做出糟糕的交易决策，就连股神巴菲特都认为借钱炒股是疯狂之举。

4. 借钱买房

> mortgage（抵押贷款）源于两个古老的法语词根，mort 意为死亡，gage 意为抵押物，所以 mortgage 的字面意思为“死的抵押”。
>
> ——玛格丽特·阿特伍德

个人住房贷款已经成为一种普遍的财务负担。当今社会，全款买房已经成为历史。部分地区的高房价让许多不敢抵押自己未来 30 年的年轻人望而却步，但这些年轻人即便敢于抵押自己的未来，可能也是远远不够的，还需要掏空父母的钱包才勉强买得起。一套套房子的背后是一个个债务契约——个人住房抵押贷款。

人们贷款买房子，到底是在买房子，还是在买债务？一些已经背上房贷的人不由得发出这句灵魂拷问。但社会上仍有一些人只看到自己拥有房子这一面，而否认房贷也是债务这个客观事实，更不愿承认自己作为债务人的身份。虽然贷款买房是拥有资产的一种方式，但究其本质还是通过举债的形式来购买商品。

人们在向谁借钱？银行。这个答案是对的，但不全对，其实人们是通过商业银行的金融合同向未来的自己借钱。金融合同像一个人们自己建造的时间机器，虽然不能在时间轨道上移动人们的身体，但可以移动人们的金钱和生产力。金融合同可以让人们现在就得到需存款 15 年或 30 年才能买得起的东西。虽然人们需要为此支付利息，但也可以说人们提前借到了 15 年或 30 年的时间和生产力。当个人还清用于购买资产的借款后，该资产就完全属于他了。

个人住房贷款合同里，房屋是抵押物，它被用作借款人每月按期还债的担保物。个人住房贷款是债务，因为通常其需要借款人在未来的 15 年或 30 年里，每个月都按期足额地向银行还钱。当人们签下个人住房贷款合同的时候，银行就享有了人们未来 15 年或 30 年的部分工资。

借钱买房是一种普遍现象，是全球工薪阶层拥有房产的方式之一。至于其结果好坏，则需要具体问题具体分析。接下来，让我们一起看看借钱买房的不同结果。

“80 后”小马（化名），本科毕业后孤身一人来到北京，在一家著名的互联网公司做程序员。2010 年左右，他在北京已经拥有了相对稳定的生活状态。此时，北京房价为 2 万多元一平方米。看着每天都在变化的房价，他萌生了贷款买房的想法。他从父母那里借了 50 万元，加上自己工作几年存下的 10 万元，打算以首付 60 万元和 100 万元银行个人住房贷款的组合，买下一套 80 平方米的二手房。这笔金额为 100 万元的个人住房贷款，年利率是 5.6%，期限是 30 年，以等额本息的方式还款，月供是 5740 元左右。小马 2010 年的工资在 7000 元左右，虽勉强可以覆盖月供，但生活压力还是很大，好在小马的父母愿意每月支持 2000 元，帮助他度过眼下的资金紧张期。

背上房贷后的小马，人生似乎也有了目标。他比任何时候都清醒地认识到金钱的重要性。他一刻都不敢懈怠，把曾经用来打游戏的时间都拿来做兼职。小马这样告诉笔者：“背上房贷后，我就在想，万一我失业了，还不起月供可怎么办？所以我必须有 5 万元至 10 万元的存款，这样即使短期内没有工作，我也能继续偿还房贷。不过那时房价一直在涨，即使我还不起房贷，房子也能顺利出手，所以我其实也没有那么焦虑，而且我对自己的工作能力也有信心。”

2013 年之后的互联网行业迎来爆发期，小马的工资也水涨船高，从每月 7000 元涨到了每月 17 000 元，房贷月供只占他工资的三分之一左右，还贷压力较小。上涨的不仅是小马的工资，他的房子增值得更快：从当初购入的 160 万元涨到 300 万元，几乎增值了一倍。房子的资产价格在增值，但小马的房贷却是固定的 100 万元。这意味着，小马靠着房子就直接财富增值了 140（300–160）万元。

亲戚朋友都羡慕小马借钱买房的决断力。对小马来说，即使没有房贷支出，也有房租支出，所以买房可能更划算。小马买房的时机也很合适，买房后正好赶上了房地产行业的上升阶段。他通过借钱买入的方式，增加了自己的资产。2023 年，小马当初以 160 万元买入的房子，差不多需要用 800 万元才能买到。因此事后看，小马借入这笔 100 万元的个人住房贷款是非常明智的决策。

“60后”黄阿姨（化名），2023年已经55岁了。按照常理，她本应正在安享退休生活，但是打开她的征信报告，笔者却发现她名下有两笔大额企业经营贷款：一笔是广东某银行的350万元的企业经营贷款，另一笔则是深圳某银行的70万元企业经营贷款。从国企办理退休后，黄阿姨开了一家贸易公司。这两笔贷款是她通过抵押夫妻名下的房子获得的企业经营贷款。企业经营贷款是从银行申请一笔大额贷款用于企业生产和经营，需要用企业经营者的房产作为抵押担保，还款方式一般为先息后本。

2019年，黄阿姨和丈夫以100万元首付结合200万元的银行个人住房贷款的组合成功购买了这套当时价值300万元的新房。个人住房贷款的还款期限是18年，每月的还款额高达12 000元。黄阿姨的先生每月有15 000元的工资，黄阿姨的退休金有5000多元，看起来这对夫妻是能够负担个人住房贷款的月还款额的。

可黄阿姨首付的100万元里有一半是信用卡的贷款。个人住房贷款的月供再加上信用卡债务的月还款支出，严重超出了这对夫妻的还款能力，他们每月都入不敷出。为了按期偿还这些债务，他们开始“以贷养贷”。有人劝黄阿姨赶紧卖掉房子还债，以求及时止损，可黄阿姨坚决不同意。2023年，黄阿姨在贷款中介口中了解到企业经营贷款，其利率比个人住房贷款要低，且每个月只需要偿还小额利息。贷款中介告诉黄阿姨，这种债务置换可以大大降低她和其丈夫的家庭财务压力，同时还能帮助她继续做外贸生意。于是，黄阿姨就通过贷款中介公司成功申请到了这两笔企业经营贷款。在这两笔大额资金的帮助下，黄阿姨和丈夫的个人信用卡债务都顺利得到了解决。贷款中介告诉黄阿姨，只要房价持续上涨，她就不用担心还不起贷款。

黄阿姨的房子似乎并不是买来住的，也不是买来投资的，而是用来举债的。像黄阿姨这一类人，他们的思维往往相对短浅，总是想着透支未来可能由房产增值带来的财富，以贷款的形式借出来用于当下消费或偿还债务，但他们却忘了未来的财富并不是百分之百确定的，房价也并不总是上涨的。

遗憾的是，一些非正规的贷款中介公司倾向于帮助借款人多申请贷款。就像黄阿姨明明只需要 250 万元的贷款，但贷款中介却帮其申请到了 400 多万元的贷款。这是因为借款人贷款的金额越大，贷款中介所能获得的提成或佣金也就越多。就这样，这对夫妻在贷款中介的“忽悠”下，债务金额从当初的 250 万元（50 万元信用卡债务和 200 万元个人住房抵押贷款）变成了如今的 420 万元债务（350 万元和 70 万元的两笔企业经营贷）。黄阿姨本以为再贷款就可以解决她和其丈夫的债务问题，结果他们却发现自己债务问题越来越严重，早已陷入“资不抵债”的局面。

企图利用房子价格上涨来偿还信用类债务，是有风险的，因为房价不会只涨不跌。“纸上富贵”的财富（房子价格上涨部分的财富通常被称为纸上富贵）损失是最早被置于聚光灯下的。站在 2024 年，黄阿姨的房子不仅没有上涨到 400 万元或 500 万元，反而已经跌到了 260 万元了。她的外贸生意也不是很好，资金缺口越来越大。希望依靠房屋抵押再贷款来偿还个人信用卡债务或创业更是不明智的财务决策，极易使人们失去曾经拥有的财富，陷入更深的债务泥淖。因受到更低贷款利率和更大贷款金额的诱惑，类似黄阿姨的借款人就像沙漠里饥渴难耐的人一样，不顾一切地冲向海市蜃楼里的水源，早已失去了理性。

“80 后”小李（化名），在城市独立打拼十余年，终于决定在 2020 年购买其人生的第一套房产。小李的父母为了帮助已经四十几的儿子在城市立足，拿出了他们一辈子的积蓄。全家三口人的财富只够支付房子的首付，小李还需要背上 30 年的个人住房贷款才能拥有城市里的一套房，但他们都觉得这一切是值得的。笔者都可以想象出他们一家人交首付签买房合同那天的喜悦心情，父母为儿子终于有立足成都的资本而喜悦，小李为自己这 10 多年的漂泊终于画上句号而激动。

但不幸的是，先是房子迟迟不能交付，然后小李人又不幸被裁员，个人住房贷款也被迫逾期。原本的喜悦也逐渐化为泡影。小李描述了他那段时间的情绪变化，大概是这样的一个过程：先是拒绝接受不幸的消息；然后是惊愕不已，愤恨天理不公；接下来是半夜独自痛哭流涕，用了一段时间才逐渐接受事实；最后他决定静下心，好好思考人生。2023 年 6 月，小李的房贷已经逾期 3 个月了，他迟迟没有找到收入稳定的工作，只能打些零工，勉强生存。

不知道大家读完上述真实案例的感受是什么，是否愿意接受个人住房贷款就是一笔“债”的事实呢？个人住房贷款是债务，而且这笔债是大多数普通人一生中金额最大的一笔债，对待它需要慎之又慎。有人通过举债买房成功积累了财富，也有人通过举债买房陷入债务深渊。人们普遍希望自己是前者，但也要警惕后者的出现。因此，人们在借钱买房的时候，一定要对自己当下的收入和未来的收入情况做保守的预估。

近几年，全球经济增长速度明显放缓，我国房贷断供现象有所增加，不少房屋被法拍（法院拍卖）。根据中指法拍公布的报告，截至 2023 年 9 月，全国法拍市场挂拍各类房源多达 58.4 万套，相比 2022 年前三季度的 44.1 万套增长了 32.3%。房屋被法拍的背后，是借款人和银行之间的债务纠纷，也是一个个破碎的家庭。目前买房的逻辑已发生了根本的变化，因此未来想要买房的人，切不可沿用过去的买房逻辑。人们应该在综合评估房地产市场未来的走势、未来与房地产相关的税收政策的变化，以及个人未来职业发展的稳定性等因素后，再谨慎地做出是否买房的决定。

5. 借钱读书

一无所有是一种财富，它让人产生改变命运的冲动。

——谚语

经济困难家庭的孩子，一般需要依靠国家助学金来实现读大学的理想。我国的国家助学贷款是由政府主导，财政补息，财政和高校共同给予银行一定风险补偿金，通过银行、教育行政部门与高校共同操作，帮助家庭经济有困难的学生支付在校学习期间所需的学费、住宿费和基本生活费的信用贷款。国家助学贷款的资金来自国家开发银行和其他金融机构。

我国助学贷款政策从 1999 年试运行开始，至今已有二十多年的历史。自 2023 年秋季学期起，我国的国家助学贷款的金额为：全日制普通本专科学生（含第二学士学位、高职学生、预科生）每人每年申请贷款额度不超过 16 000 元，全日制研究生每人每年申请贷款额度不超过 20 000 元。国家助学贷款的利率执行中国人民银行同期公布的同档次基准利率（LPR）减去 60 个基点。国家助学贷款期限为学制剩余年限加 15 年，最长还款期限不超过 22 年。截至 2022 年年底，全国累计发放助学贷款 4000 多亿元，惠及 2000 多万名学生。

小孙（化名）的父亲在县城的一家企业工作了二十多年，遗憾的是该企业在 2010 年左右因经营不善而倒闭，小孙的父亲不得不拿着微薄的经济补偿金回老家务农。虽然家庭经济条件不好，但父亲对小孙的教育却从未懈怠过。父亲告诉小孙，在这个社会只要有一技之长，总能有尊严地谋生。左思右想后，小孙在高二那年的暑假下定决心要考取美术类院校。

父母为帮助小孙实现梦想，拿出了多年的积蓄给儿子请老师，送小孙去读艺考培训班。小孙不负众望，一年后考上了西安一所美术院校。他拿到录取通知书的时候，全家都很激动。但激动过后，全家又开始为每年 8000 元的学费担忧。

当地的村支书知道了小孙家的情况，就建议小孙申请国家助学贷款。虽然是借钱读大学，但全家都相信这笔债是值得的，因为它可以为小孙打开更宽广的未来。

后来，小孙依靠国家助学贷款成功读完大学，毕业后也顺利找到了一份海报设计的工作。因为有技术，他周末也会做一些兼职来赚钱。大学毕业后，小孙的目标就特别清晰：用 3~4 年的时间，把国家助学贷款还清。这笔债务鞭策着小孙，使他时刻都不敢懈怠。工作中，他努力把事情做到最好，工作之余就不停地做计算机修图的兼职。现在，小孙不仅还清了债务，还逐渐提高了自己的设计技能，月收入从当初的 2500 元涨到 12 000 元。

回首过去的人生，如果小孙不借钱读书，那么他可能不会拥有今天的成就。人在承受压力的时候，反而会迸发出惊人的力量，债务也许就是那股激发潜能的无形压力。

如果利率足够低，而且教育和投资的回报足够高，那么信贷可能就会是有效的，人们会因借钱读书而改变命运。如今人们把接受高等教育视为个人对自己的投资，而助学贷款就是解锁这份对自身人力资本的潜在投资的方式。美国著名的心理学家艾瑞克·伯恩在他的《人生脚本》里这样看待债务："大多数组织有序的社会，总会以这样或那样的方式为年轻人提供抵押自己的机会，这同时也为他们赋予了生活的意义。否则，他们只能把时间花在玩乐上，有些地方的人仍旧如此。"有时敢于抵押自己，拿自己的未来去冒险，才能撬动更美好的未来。

借钱读书是投资自己的未来，学历和文凭是找工作的"敲门砖"。借钱读书的年轻人除了要考虑自己喜欢的专业外，更应该考虑该专业的就业前景，这是更为现实的问题。

但并不是所有借钱读书的故事都能像小孙的故事那样有美好的结局，某些情况下的借钱读书，还是需要谨慎对待。武汉的王先生（化名），人到中年，感受到了前所未有的职场焦虑。为了缓解职场焦虑，又为了增强自己的职业竞争力，王先生来到一家英语培训机构，打算利用周末的时间给自己充电。最终，他在该教育机构中介的游说下，签下了 23 999 元的两年强化私教课程的合同。这笔费用对王先生来说，一次性支付的压力还是比较大的，毕竟他不仅有房贷，还要养育女儿。中介似乎也看出了王先生的窘迫，便推荐王先生使用分期付款来支付这笔教育费用。

“预付式 + 消费贷”的模式在培训行业比较常见，是培训机构和消费金融公司建立的合作模式。培训机构为学员提供分期支付学费的服务，并称这种教育分期贷款方式可以帮助学员减轻支付压力。对工薪阶层来说，一笔大额费用可以分摊到未来 1 年或 2 年内，只要利率合理且能负担每月还款额，就不一定是坏事。但王先生的教育分期贷款年利率竟然高达 24%，这就让王先生的教育“充电”逐渐演变成一种昂贵的消费行为。

对于大多数人而言，教育投资是一种高报酬的投资，没有名正言顺的教育文凭，就无法获得名正言顺的社会地位。“再穷不能穷教育”是很多家庭的教育观念。读书更是被部分人当作突破职场瓶颈期的救命稻草，似乎再获取一个学位就能迎来美好的前程，为此不少人勇敢地加入了借钱读书、借钱留学的大潮中。但随着学历和学位持有者人数的大量增加，学历和学位也在贬值。因此，借钱读书并不总能带来美好的结果。但对部分偏远地区的年轻人而言，借钱读书依然是一笔好的投资。这笔债务不仅帮助他们拿到在城市生活的入场券，更能增加他们掌握自己命运的机会。

6. 从债务视角看时代

通过这一章对债务的谈论，相信各位读者对债务都有了一个基本的了解。现实社会中，人们接触债务的方式还有很多，比如：一场突如其来的疾病让人们不得不求助于信用卡；半年左右的失业期可能就会让一些人不得不负债累累；因不良嗜好而负债的人就更多了，甚至这些人还会用非法手段去偿还自己的债务。总而言之，债务并非遥不可及，它就在人们的生活中。人们频繁地在和债务打交道，却意识不到这其中隐秘的关系。通常来说，这是因为人们很少思考债务的产生，更缺少谈论债务的机会。

债务的本质是实现跨期资源配置的工具。从宏观层面来说，现代经济是一种债务经济，债权、债务关系体现为不同类型的金融工具：债券、股票、信托、期权、各类金融衍生品等，性质各异，种类繁多。金融工具的作用之一就是资金的融通——居民、企业和政府之间互相借钱，以及当下的自己和未来的自己互相借钱（当下的自己存钱相当于借钱给未来的自己去消费）。这使得金融行业常被喻为现代经济的血液。居民日常生活金融化是一个国家发展到一定阶段自然演进的趋势，即债权、股权、期权等金融关系和金融资产越来越成为社会经济关系和财富的主要形态。从法律角度来说，与债务有关的法律条款是民法典的重要组成部分。正如德国法学家鲁道夫·耶林所言："债权关系是法律世界的动态要素。"这一论断在当代中国的法治实践中持续焕发新的生命力。甚至，在当下的信用货币体系下，人们使用的货币就是通过贷款（债务）的形式被创造出来的。比如：美联储通过购买国债（政府债务）向市场注入美元，中国央行通过中期借贷便利向商业银行提供流动性，本质上都是以债务为锚创造货币。还比如：当商业银行发放贷款时，资产负债表同步扩张——贷款（资产端）与存款（负债端）同时增加，这意味着每笔存款货币背后都伴随着相对应的债务。综上所述，债的概念其实早就渗入社会生活的各项制度里了，债务在无形中早已影响了社会的发展进程和个体的命运走向。

从微观层面来说，个人负债到底是好是坏呢？这其实没有统一的答案，而是要具体情况具体分析。很多时候，人们负债是因为没有其他更好的选择，比如：借钱买房和借钱看病。有些人认为负债是坏事，其实是片面的认知。人们不应妖魔化债务。正如前文举债100万元买房的小马，如果因害怕举债而不贷款买房，那他可能就错过拥有价值800万元资产的机会。人们不能因为害怕举债就错过利用杠杆致富的机会。诺贝尔和平奖得主穆罕默德·尤努斯创建的"乡村银行"（Grameen Bank，即格莱珉银行），通过小微贷款帮助了约800万穷人脱贫，债务在此则成为穷人尊严重建的工具。社会批评家伊万·伊利奇曾对工具做出这样的评价，即“一个人与社会建立联系的方式有两种，要么主动掌控工具，要么被动地被工具所掌控。”债务始终都是一种工具，关键在于使用工具的人是否掌握了正确使用它的说明书。

适量的债务或者说在个人偿还能力范围以内的债务，不管是借钱消费还是借钱投资，通常不会给生活造成困扰。债务不是问题，失控才是问题。只要人们能控制好债务的规模，不出现无力偿还的情况，偶尔的超前消费是“无伤大雅”的，甚至有益于社会经济的发展，而这也是消费金融行业的初衷。但是，当人们出现“以贷养贷”或需要找别人借钱来偿还金融机构的债务时，就说明个人负债有可能已经走向失控。人们不应忽略这一重要的预警信号。

为什么一些人总是被信用卡账单“追着跑”？为什么有些人会在债台高筑后还敢继续举债？仅因为冲动和鲁莽吗？为什么有人会陷入债务依赖的陷阱里，一次次地重复举债、还债的恶性循环？为了帮助人们找到产生债务问题的根本原因，人们需要跳出金融或财务的认知系统，用社会学和心理学的视角重新审视债务问题。因此，接下来请跟着笔者一起去了解和探究人们为什么会负债。

第二章

人们为什么会负债

支出大于收入是人们负债的直接原因，但不是根本原因。人们生病看医生时，医术平庸的医生通常是根据出现症状的身体部位做出片面的判断，可能会造成误诊；反之，医术高明的医生一定会去挖掘其根本原因，从而进行诊断。持续的支出大于收入会导致负债的积累，这是不可争辩的事实，可是止步于此并不能找到债务问题产生的根本原因，即帮助人们理解自己为什么会负债，以及为什么人们会做出类似“以贷养贷”的错误财务决策。如果人们只看到债务问题的冰山一角，那么大概率会错看并形成偏见或刻板印象。

为了回答上述问题，我们需要具备社会学相关的想象力。社会学是一门试图说明性地理解社会行为，并由此而对这一行为的过程和作用做出因果解释的科学。社会学的发展历史漫长而充满艰辛，它致力于揭示那些隐藏在深层次的或人们视为理所当然的事物。通过运用社会学的知识，也许我们才能看见债务问题和债务失控问题背后的社会体系是如何潜移默化地影响身处其中的个人的。它能帮助我们理解事物如何相互牵连，待我们看清楚后，也就能从一点一滴做起，寻求改变的方法，避免“只见树木、不见森林”的狭隘视角。

出现债务问题的原因，可以从宏观经济环境、社会文化环境、家庭成长环境以及个人因素这四个维度来探讨，详见图 2–1。现实生活中可能还有其他因素会导致个人出现债务问题，但本章内容主要是基于图 2–1 展开的。希望通过这一章的内容能拓展大家对债务问题的想象力，帮助大家意识到债务问题的复杂性。

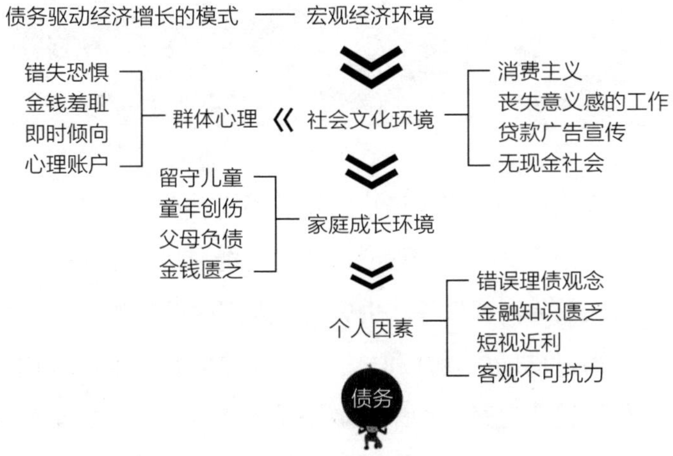

图 2–1　人们负债的可能原因

查尔斯·赖特·米尔斯在他的著作《权力精英》一书的开头写道："普通人的权力受制于他们生活的日常世界，甚至在职场、家庭、邻里的常规活动中，他们也常常被一些难以理解和支配的力量所左右。'巨变'，无法被他们掌控，却仍然影响着他们的行为和观念。在现代社会体系下，人们的局限并非来自他们自身，而是他们周围的一切。"普通人到底为何在难以理解的支配力量下走向债务泥淖的？请跟着笔者一起来探索。

1. 无孔不入的贷款广告

> 通货膨胀削弱了投资和储蓄，广告减少了人们对负债的恐惧，并鼓动消费者先买后付。
>
> ——克里斯托夫·拉斯希

广告在人们的日常生活中扮演着举足轻重的角色，人们从早上醒来到晚上睡前所接触到的广告可能有成百上千条。广告既影响着人们的消费选择，也影响着人们的思想观念。

广告通过借助生动性和显著性刺激来抓住人们的眼球，进而向人们灌输要通过消费来获取快乐、幸福、爱和满足感等价值观，但究其本质，其实是在制造消费需求。当需求被唤醒时，人类会充满动力，因为他们有一种欲望亟待满足。当今社会依赖于“人为制造主观的不满足感”，因为本质上人们认为“满足于自己拥有的东西才是最可怕的威胁”。于是，人们真正拥有的东西被淡化、被贬低、被较富裕的人张扬的奢侈消费所掩盖，富人成为被普遍崇拜的对象。人们对当下现状越是不满足，就越容易变成失去理性且容易冲动的消费者。可以说，市场营销和广告真正想要的，从来都不是让人们对他们已经拥有的东西感到满意。

如果人们一辈子只够买同一样式的衣服，那么经济根本难以高效运转，更不要说实现国内生产总值（GDP）持续增长的目标了。一国经济的增长意味着该经济体下的个人和企业收入的提高，也就是国内生产总值的提高。挪威社会人类学教授托马斯·海兰·埃里克森表示，自从工业革命以来，我们一直以“经济增长”这个激进理念为核心来促进社会发展。这是一种集体信念，即人们普遍认为每一年的经济增长量都该变得愈来愈大，这也是绝大多数社会用来定义成功的方式。托马斯解释，增长可以通过两种方式发生：第一个是公司找到新市场，也就是发明新产品，或是将一些产品出口到以前没到过的地方；第二个是公司说服现有消费者进行更多消费，而这就离不开广告媒体和信贷的刺激。

托马斯认为在大多数情况下，很多经济体都是依靠第二个方式来实现经济增长目标的。通过信贷来刺激经济增长，在货币理论里可以被理解为是一种货币的“超发”行为。通过超发货币来拉动经济增长的模式也叫作债务驱动型经济增长模式。中国社会科学院学部委员、国家金融与发展实验室理事长李扬在 2020 中国金融学会学术年会暨中国金融论坛年会上指出，我国经济增长呈现典型的债务驱动特征。这里的“债务驱动型经济”主要是指一个经济体的增长高度依赖债务扩张，通过持续增加政府、企业或家庭负债来刺激投资、消费和国内生产总值的增长。抽象的经济学概念如何通过金融系统实现呢？答案是通过金融系统的部分准备金制度。简单来说，当部分准备率为 10% 时，部分准备金制度允许商业银行以“10 元存款发放 90 元贷款”的魔术手法，通过“存款–贷款–再存款”的循环凭空创造出信用货币。这种金融结构下，商业银行体系实际上成了一个货币放大器，将 1 元基础货币膨胀为 10 元广义货币。

这一现象在经济学中也有与之对应的专业术语，即货币的“乘数效应”。经济学的抽象的理论与金融学的产品架构总是有着难舍难分的关系。

“债务驱动型经济”主要依赖低利率和信贷宽松来维持经济的运转。因此，在这种经济模式下，消费对经济增长的拉动作用便越来越大。这使得广告对消费者的影响日益增强。有研究表明，收看广告越多的人，其债务越多。背后的逻辑很好理解，当消费者在浏览信息流中各式广告的时候，看到了新款的商品，多次浏览这款商品的信息，消费者便会产生消费的冲动。至于支付的金钱是来自收入还是来自信用额度，人们在购买的当下可能是无暇顾及的，只想尽快拥有这款商品，收获买到一种新款商品带来的满足感。人性复杂的原因之一就在于人有冲动。在广告刺激下的冲动购买行为可能成为普遍现象。

有时候就算存款余额不足，也无法阻止人们想要购物的冲动，冲动购物可能就意味着欠下一笔债。在冲动购物和冲动举债后，人们倾向于从自己身上找原因，时常会感受到后悔，还会为自己乱花钱的行为感到内疚，甚至会对自己产生失望之情，但很少从外部思考自己冲动行为的原因，可能会忘了要去了解广告对自己的影响。过度接触广告是冲动消费的根源之所在。当人们意识到广告对自己的影响后，在做出购买决策的时刻，可以停下来问一下自己：这是我真实的购买欲望吗？还是被广告诱惑而产生的冲动购买欲望呢？当人们跨过对媒介认知的门槛后，可能会有效地避免冲动消费行为。

《制造消费者：消费主义全球史》一书的作者安东尼·加

卢佐这样评价广告："卖家的野心看似异想天开，但心理学研究却为其提供了可能……受行为主义和精神分析的启发，商家们希望能找到人们在无意识状态下做出选择的秘密，也就是人类认知的隐秘源泉。这种心理学旨在发现消费者行为的科学规律，让商家真正控制消费者。很多广告商都急于寻找能够驾驭公众情绪和冲动的方法，而人类心理学中的催眠设想就显得十分诱人。"

有一部日本电影叫作《催眠》，电影中的几个角色都在不知不觉中被催眠了，然后在受制的情况下接受指示，做出许多平常难以想象的事。很多时候我们都是被催眠的，接收广告就是一种被催眠的过程。商家希望通过广告潜入我们的潜意识并植入购买其商品的想法，然后我们就会认为购买行为是我们自发产生的。当人们广告看久了之后，最后就有可能会像被催眠一般，觉得自己就应该活得像广告中的人一样，模仿这些人的穿衣打扮，购买广告里推荐的商品，否则就会有跟不上潮流的失落感。于是人们就变成了一个商品流通站，不断地追赶潮流，也不断地去消费广告里的商品。这也很好地解释了为什么很多对举债消费上瘾的人，恍然回首的时候，非常不能理解自己为什么会买那么多无用的东西，也许人们真的被广告催眠了。就像营销大师恩斯特·迪希特所言："成功的广告公司可以操纵人类的动机和欲望，甚至让公众对那些他们不了解、也不想买的商品产生欲望。"

当下，全球商品广告都在宣扬表面光鲜的生活，推崇简化后的信息。广告除了能向人们传达这种不满足的情绪，还能弱化人们的批判思维能力。部分广告不再诉诸理性和事实，而是诉诸感情，给予观看者强烈的情感刺激。例如，很多公众号的营销文章，往往过分夸大事实，让读者读后产生强烈的情绪，如愤怒、焦虑、激动、羡慕和嫉妒等，在这些情绪的调动下，人们会不自觉地产生消费行为。这种非理性的营销方式，弱化了人们的批判思维能力，混淆了因果关系。人们长期在这类广告“围堵”下，甚至会习惯这种逻辑混乱的叙事方式，以至于把广告里营造的幻象当作现实。

而其中那些关于借钱的广告，不仅可以改变个人的借钱行为，还可以转变一个社会对借钱的态度。即便人们一开始并不想借钱，但因长期不断地看到借钱广告，其潜意识可能就会产生借钱的想法，就像第一章中被 50 万元贷款诱惑的老刘一样。借钱的欲望通过媒体（尤其是电视、电影、短视频、广播、海报等）上的广告宣传被“传染”给缺乏基本金融常识的人们。

借钱广告常常夸大其词、偷换概念。比如：一些借钱广告里定义的“搞钱”就是“搞信用额度”，这明显是错误的。通常，我们理解的钱是收入，是属于自己赚到的钱，但是信用额度并不等同于我们赚来的钱，而是金融机构借给我们的债务。信用额度带来的错觉会误导人们的认知，使其自认为懂得借钱一事。现实生活中，不少人都认为信用额度就是自己在金融机构允许的情况下可以随意支配的金钱，事实上它是金融机构赋予人们的举债的额度，需要人们日后偿还本金和利息。

为了得到广告里宣称的人们“值得拥有”的东西，不少人会义无反顾地走向消费陷阱和债务泥淖。广告“秘密说服”的把戏，通过视觉效果和文字来调动人们的想象力，操纵着人们的潜意识，刺激人们的情绪，无非就是希望勾起人们购买的欲望。只要人们意志稍不坚定，广告就有了乘虚而入的机会，人们可能在一瞬间就欠下了一笔债务。

广告行业的存在，主要是为了服务于消费主义，消费文化的建立依赖于图像的广泛传播和现代商业的发展。凡是视觉所及，媒体的力量无处不在，铺天盖地的广告或明或暗地主导着我们的生活，影响着我们的行为。在深入讨论消费主义之前，我们需要先了解一下消费社会里的工作。如果人人都满意自己的工作，那消费文化就少了重要的支柱。

2. 丧失意义感的工作

> 工作并不仅仅满足人的物质需求。
>
> 就其深层意义而言，工作是衡量一个人理智与否的标尺。
>
> ——埃利奥特·雅克

为他人打工是大多数人职业生涯的起点。受雇于人可以让人们积累一定的工作经验并获得稳定的收入，也能让人们在一定程度上获得安全感和归属感。人们可以享受公司提供的各种福利，如五险一金、免费的下午茶、免费的健身房等。这些福利都是人们用时间换来的。绝大多数人的生活都被工作占去了一大半。通过工作，人们施展才华、建构身份、融入世界。因此，没有人会否认工作的重要性。

人们一边非常重视来之不易的工作，一边又在抱怨工作中的各种痛苦。这是因为消费社会里工作的概念和意义均发生了巨大的变化，多数的工作都不再提供创造的机会，而是充满了规训。部分人认为工作既没有意义也没有价值，为钱忙碌，逐渐成为人们努力工作的主要原因。曾经怀揣伟大梦想的少年已消失得无影无踪，只留下表情呆滞且随时准备好标准式微笑的职场人。

想象一下以下情景。

星期一的 5 : 45，小王被闹钟叫醒，起床洗漱，穿上职业装，6 : 30 准时出门。他匆忙地在地铁站口买了一杯豆浆和两个包子，坐上了开往城市中心的地铁。小王坐在地铁座位上，用手机定下闹钟，准备再眯一下。7 : 20，到达换乘中转站，他上了另一条直达公司楼下的地铁，开始规划今天要开几个会议，上交几份文件。8 : 30，小王到达办公室，开始处理工作，做领导交付的事情。10 : 30，小王蹲在公司厕所里，看着朋友圈和小红书，忙里偷闲。12 : 00，同事约小王一起去楼下新开的米线店吃饭，吃饭过程中听着同事讲着各种八卦。吃完饭，小王和同事一起去旁边的咖啡店，买了一杯提神醒脑的咖啡，以迎接下午的各种会议。18 : 00 下班，小王急急忙忙地往地铁站跑，希望能赶上那趟人相对不算多的地铁。小王站在人挤人的地铁车厢里，心里产生了莫名的焦躁感，但是却无力改变，因为打车回家的成本太高了，他负担不起。就这样忍了约两个小时。20 : 10，小王终于躺在家里的沙发上了，他长舒了一口气。每天下班到家之后，他都觉得自己像被榨干了一样，沮丧且筋疲力尽。小王通常是靠便宜的外卖来解决晚餐，他已经很久没有使用厨房了，家里的调味品可能早已过期。22 : 00，小王洗漱完毕，躺在床上刷着短视频，准备进入梦乡，等待开启第二天的生活。有时，在夜深人静的时候，小王疲惫不堪的身体里，会涌现出一种类似愤怒的情绪——自己到底是在做什么？这样的日子何时是个头呢？愤怒的同时，小王又想到了他储蓄卡里少得可怜的存款，以及好几笔有待偿还的信用卡账单，这股愤怒的情绪似乎打在了棉花上，取而代之的是一股无力感。这样的生活，日复一日。小王感觉周一到周五的他根本不是在为自己而活，只有到了周末他才稍微感觉自己真正活过来了。经过五天的压抑后，小王需要释放。

对于一些人来说，工作让我们的生活一成不变，每天都有忙不完的事，争取不虚度此生的想法似乎渐渐消逝。富有成就感的工作，能够自我实现的工作，作为人生意义的工作，作为生活核心的工作，作为骄傲、自尊、荣誉和名声源泉的工作，简而言之，具有使命感的工作，已成为少数人的特权，成为精英阶层的特有标志。因此，对于不是精英的普通大众来说，我们的工作可能就是机械且重复的。人们如何能在这样的工作中找到价值感和意义感呢？沮丧、失望可能才是正常的心理反应。

一些人认为，被雇用是因为自己具有独特的价值，结果却发现事实完全不是如此，但又不得不配合表演，假装所从事的岗位是有用的。这种先让人们产生自己具有独特价值的错觉，然后再全面否定的做法，不仅是对人们自尊的摧毁，还直接动摇了其自我意识的根基。一个人一旦停止对世界产生有意义的影响，那这个人就“不复存在”了。因此，一些人可能是憎恶自己的工作的，他们认为自己每天所忙碌的事情，不仅没有创造相应的社会价值，而且折磨着自己的身心，同时职场中还充满了各种钩心斗角和“内卷”。有些人甚至因为无法同他人敞开心扉地谈论工作中的真实感受而陷入绝望或孤独的境地，最后甚至得了抑郁症。但从现实层面来说，人们又都离不开工作。因为一旦失去工作，人们为之努力的一切都有可能消失殆尽，如无力支付房租或偿还个人住房贷款，无法按期足额偿还信用卡账单，无法抚养孩子，甚至会没钱吃饭。生活在“呼吸都需要花钱”的社会里，没有收入是寸步难行的。

对很多人而言，为钱而忙是其人生的主要任务，生活不过是用来填塞人们微乎其微的剩余时间的。虽然有些人真的很喜欢他们的工作，但没有几个人能发自肺腑地声称自己的职场生活完美无缺。因此，想得开的人，便早早放弃了从工作中寻找自我价值的愿景，不停地告诉自己这就是一份工作，一份用来养家糊口的营生，似乎这样的自我安慰就能缓解自己的痛苦。可是，多数人的自我认同依然是建立在工作之上的，就像人们参加聚会或相亲时，最先被问起的问题就是关于对方是做什么工作的，这其实就是在问人们的社会身份是什么。不能否认，的确是工作确实赋予了人们生活的意义，大部分人的尊严感和自我价值感都与工作息息相关。

一方面要告诉自己从事这份工作就是为了赚钱，另一方面又不得不在别人面前假装这份工作非常重要、意义非凡，久而久之，人的内心就会变得非常扭曲。毕竟，很少有人会在朋友面前坦诚地说自己的工作是可有可无的，这样相当于间接地承认自己是一个毫无价值的人。人都渴望证明自己存在的重要性。工作中引发的绝望、忧郁和自我怀疑，这些负面情绪向人们袭来，无处可躲，只能默默接受这一切，独自消化。这样不健康的心态，压抑的精神状况，该如何改变呢？答案就是消费、超前消费。一旦人们产生了负面情绪，市场上铺天盖地的广告信息就会鼓励人们通过消费来消除这些情绪。消费已经主导了我们的文化。

在消费社会里，人们通常都会通过工作以外的消费来重新定义自己。买新房子、买新车、买新的度假体验、买衣服、买首饰、买高级餐厅的用餐体验……通过不断购买来重新确认自己的价值、社会地位和尊严，于是人们就陷入了这样一个恶性循环——工作→压抑后产生负面情绪→为逃避负面情绪而过度消费→为过度消费后的信用卡账单而不得不努力工作→继续通过过度消费来释放工作中的压力和面对信用卡账单时的财务压力……一旦消费者已经背上了一大笔债务，他们就会破罐子破摔，对再背负更多债务感到麻木。心理学研究也表面，个体会倾向于采取措施补偿未被满足的心理需要，例如当人们因被他人排斥而降低自尊和失去控制感时，可能会借助于追逐物质财富或炫耀性消费来进行补偿。同样的道理，个体在负债后也会更偏爱奢侈品消费。

当遇到精神危机的时候，一些人学会了用不断消费来解决精神困境，他们试图用物质层面的消费来满足心理上和精神上的基本需求。人们根本分不清究竟是债务还是其他的事物把自己与“丧失意义感的工作”拴到了一起。人们似乎被困在了举债消费和工作还债的“拔河游戏”里，一刻不得闲。更可怕的是，即使人们心甘情愿地接受这一切，也还是要面临随时被替换的风险，因为近年来流行全球的弹性工作制度使得很多职业丧失了稳定晋升的直通阶梯。今天引以为傲的工作岗位可能在一夜之间就被新科技替代了，人们不得不转换职业跑道。现代职场充满了不稳定性和不确定性，这自然引发了人们的焦虑情绪。就像《工作：巨变时代的现状、挑战与未来》一书的作者埃伦·拉佩尔·谢尔在书中所讲的：“由于当下令人眩晕的不确定性，职业生涯中的进展不再如以往那样是顺着牢固阶梯稳步上升，而是如同在光滑的冰崖上惊心攀爬，一失足就将万劫不复。”弹性工作制度使得人人都担心失去对生活的掌控能力，而这种恐惧已经深深根植于人们以往的职场经历当中。丧失意义感且充满不稳定性的工作成了很多人负面情绪的主要来源。因此，工作之外的消费场域，就成了人们暂时摆脱负面情绪的“良药”。

3. 制造消费者，制造债务人

形象、符号、信息，我们所“消费”的这些东西，就是我们心中的宁静。

——让·鲍德里亚

21 世纪的今天，全球的人类都有一个共同的身份——消费者。消费及占有欲是人类的天性。当今社会也是一个消费社会。消费社会的概念在 19 世纪末就出现了，并逐渐发展为一门学科。在消费社会学领域，让·鲍德里亚的《消费社会》一书十分具有代表性。鲍德里亚认为，随着消费社会的产生，消费取代了生产的地位，成为支配整个社会结构的存在。因此，人们应对消费主义有一些基本的了解，因为消费主义就是在无形中支配人们走向债务泥淖的一股力量。

首先，消费主义的核心思想是：市场的目标是增加可购买商品和服务的种类，而获得消费品的能力是决定一个人幸福程度的指标。生活在消费社会的人们，确实享受着几个世纪以前封建帝王们都无法想象的奢华生活。人们已经习惯了有热水器、抽水马桶、中央空调，能乘坐飞机去地球的其他地方，在手机上就能看视频的生活方式。当下，大多数人所拥有的东西其实比人们真实需要的东西要多得多，但人们仍旧会感到不满足或体会到一种贫穷感，这是因为人们无法应付消费社会里商品增长的速度和数量，且商家们似乎乐此不疲地在创造人们负担不起的新商品和新服务。在消费主义的叙事中，“购买力 = 社会价值”的隐喻深入人心。这使得一些人只能以其所拥有的东西来证明自己的价值。而拥有东西需要金钱（或信用），因此，消费社会多姿多彩的生活方式基本是建立在大量金钱（或信用）之上的。

金钱与幸福的复杂关系，使得一些人认为金钱是万能的，只要拥有金钱便可买来幸福；也有一些人则认为金钱与幸福没有直接关系，他们认为幸福来自内心平静。在金钱与幸福的复杂光谱上，大多数人都会同意这一观点，即“再多一点儿钱可能会让生活更幸福一点”。如果再多一点儿钱，就可以买下自己梦寐以求的新款无人机，拍出让他人惊叹的短视频；如果再多一点儿钱，就能带父母去旅游一趟，表达为人子女的孝心。身处消费社会，金钱是生存的必需品。努力获取足够多的金钱，然后过上自己想要的幸福生活，逐渐成为很多人的生活哲学。

资本和媒体负责制造欲望、创造需求（本章第一节已深入探讨）。以广告、真人秀为代表的大众传媒在向社会大众传递一种价值观，即人的价值是通过物的价值来定义的，美好幸福的生活可以通过购买行为轻松获得。因此，消费社会里对商品的宣传无处不在，购买也在弹指之间。此外，广告让在工作中积攒了负面情绪的消费者可以透过购买限量产的品牌商品，在工作场域之外得到“肯定与价值感”。这种被肯定的良好感觉使得人们很难抵抗广告营销的诱惑。这逐渐使得消费社会里的一些人抱有这样的生活信念：如果不花钱、不消费，就什么都没有了，也就是所谓的“存在的虚无”。

其次，消费社会里工作性质发生了变化（本章第二节已深入探讨）。曾经，人们注重工作中的成就，但现在的一些工作已经不能再振奋人心了，目标感和意义感的缺失侵蚀着人们。即使没有引发身体和精神上的衰退，这种缺失也会让工作者深受空虚迷茫和自我否定的折磨。而工作之外的消费市场则向人们提供了一个重新定义自己的广阔天地。在消费主义的影响下，工作不再是生活的目的，而成为实现消费的手段。这种信念就是所谓的“工作和消费的循环”——工作越多，消费就越多。

从经济政策上来说，消费主义与凯恩斯主义经济学（下称凯恩斯主义）的思想相契合。凯恩斯主义是建立在凯恩斯的著作《就业、利息和货币通论》的思想基础上的经济理论。凯恩斯主张国家应该采用扩张性的经济政策，通过增加需求来促进经济的增长。即消费支出是经济增长的主要驱动力，鼓励消费者增加支出就是政府的主要政策目标。

消费主义向人们许诺每个人都可以自由地选择、自由地消费，但现实是每个人的收入都是有限的，在无节制满足欲望和现实之间产生了不平衡。负担不起某个商品可能会伤害人们的自尊心，而解决这股经济与情绪上不平衡的方法就是消费金融产品，更具体地说就是信贷类产品。在想要满足消费欲望和保护自尊心的驱使下，不少人就会因此而创造出一笔债务。经济学者山缪·卡麦伦主张，当消费和自尊心被相提并论，人对于借款成本会比较没有感觉，因此更容易变成问题债务人。

不断被刺激而产生的消费欲望创造了更多的商品市场，而宽松的信贷环境下又因此产生了过量的债务，从而形成了一个过度消费和过度负债的循环。可以这样简单比喻，消费主义文化像妻子，凯恩斯主义经济学政策像丈夫，债务问题就是这对夫妻（消费文化与经济政策）的孩子。与此同时，近年来盛行全球的普惠金融政策，则主张在社会的各个方面推动金融化进程，减弱了对金融机构的监管措施和实施有利于金融机构的政策，鼓励更多人参与到金融体系里。放松对金融行业的监管更加激活了金融市场，使得金融行业聚集了庞大的资金，也使得借贷行为异常活跃。而贷款是人们接触债务的媒介（第三章会对此进行深入讨论）。

人们通过金融机构提供的贷款产品向未来的自己借钱，把自己未来的收入借给当下的自己使用，可以这样说，人们通过贷款产品抵押了自己的未来。人力资本的价值通常等于一个人未来几十年劳动收入的总折现值。当金融行业不够发达的时候，人们的人力资本很难随时变现。这大大限制了个人和社会的发展速度和发展空间，比如当人们拥有一种可以让生活变得更好的创意时，却因资金短缺而不得不放弃该项目，这种情况对个人和社会来说都是一种损失。当金融行业足够发达后，金融产品就可以直接帮助人们把部分人力资本“变现”到当下，对当下的自己进行资本（信贷资金）赋能，让当下的自己抓住致富机会（借钱投资或创业）或增加当下个人的幸福感（借钱消费）。人们之所以敢于抵押自己的未来，主要原因是相信未来的自己能赚到更多的钱，而赚到的钱足以偿还这笔债务。通过贷款类金融产品，人们的消费和创造能力都不再受到当下收入的限制。在低息、宽松的贷款政策带来的繁荣中，经济增长的目标不再遥不可及，困扰许多经济学家和企业家的生产过剩危机，也找到了解决方案。

具体来说，“工作和消费的循环”有以下四个步骤。

第一步，制造可被“操纵”的消费者，让消费主义成为其主导思想。比如：广泛的宣传使品牌深入人心，让消费者在媒体的影响下自发地产生购买和占有的欲望，做出不理智的财务决策，购买人们本不需要的东西。

第二步，通过金融机构赋能来超前消费，不管是购买房产、购买车辆，还是购买衣服、旅行度假等，每一个消费决策都可能对应一笔消费类贷款（债务）。金融机构创造了面向各类人群的贷款产品，以及可以满足各种需求的贷款产品。

第三步，在金融契约的约束下，人们不得不参与“赚钱-还债”的竞争游戏。人们不得不做不喜欢但具备稳定收入的工作，即使工作是毫无技巧的，甚至是毫无职业发展前景的。因为在稳定工作之外的灵活就业领域，面临着朝不保夕，无法获得确定收入的局面。这种不确定性会影响人们偿还债务的效果，因此人们普遍向往可以获得稳定收入的工作。失业及其带来的压力，迫使有工作可做的人不得不服服帖帖，不敢发声。当劳动力市场供大于求后，劳动力的价格便大幅降低，而人们收入的增长率，通常来说，是很难追得上贷款产品的利率的。因此，劳动收入与消费债务之间似乎总是存在着难以逾越的鸿沟。结果就是不管人们多么努力地工作，还是无法依靠工资一次性偿还自己以往积累的那几笔债务。人们总是处于欠债的状态，而总是处于欠债的状态又会让人们感到无力与无助。

第四步，消费主义继续引导已经处于负债状态的人们通过更多的消费刺激来释放在工作中积压的不满情绪，以及无法完全摆脱债务的挫败感等，进而完成“消费-负债-工作-还债-消费”的大循环。人们总是想借着一种消费行为，来解决另一个消费行为（使用信贷产品也可以理解为一种消费行为）产生的问题，就像小狗追着自己的尾巴，不停地转圈，转得晕头转向。

消费的狂热潮流一波接着一波。其变化速度非常快，快到工薪阶层来不及赚钱还清上一轮消费所欠的债务，就迫不及待地参与下一轮的透支消费中。在消费社会里，不能消费就是原罪，就要被时代和周围的人群抛弃。此外，不能消费的人自己也会很痛苦，比如不能参与通过消费来创造虚拟个人价值的消费购物节狂欢当中，人生失去了很多乐趣。

一些看似是消费者主动选择商品的行为，其实都是被引导的购买行为——博主“种草”、广告宣传、专家“带货”、同事推荐……本质上来说都是商品吸引消费者的结果。消费者的自由不过是在他人强加的一堆东西中进行选择的自由。广告的催眠作用在消费社会中可能形成一种集体的潜意识，人们在不知不觉中就被形成了“要去消费、要去借钱”的信念。

但是在进行残酷的自我责罚或无谓的自我放逐之前，工薪阶层的人们还是可以找到一条值得奋力探寻的出路的。

首先，人们要学会接受现有的经济发展逻辑。时代背景和经济政策等因素远远超出个人所能掌控的范围。人们既然明白了广告与消费文化在“刻意”引导人们思考自己缺少什么，而不是享受其已经拥有了东西，那么人们是不是可以反其道而行呢？比如，多关注自己已经拥有的东西，这样也许能降低人们面对广告诱惑时的无节制消费冲动。

其次，人们要努力发掘自己喜欢并且可以获得收入的副业。可以从让自己收获成就感的爱好开始，慢慢将其发展成副业，努力从副业里找到成就感、荣誉感和意义感。当人们相信生活富有意义，所做的事情有用且重要时，就不会陷入倦怠。

但在追求副业的同时，人们还是应保证有一份可以持续支付个人住房贷款、房租和其他债务还款的稳定工作。因为工作是使大多数人免于贫困的主要途径。总而言之，债务可控，人才有可能去寻找生活或生命的意义。

最后，人们要学会不再依赖超前或过度消费来释放自己的负面情绪。如果人们能在副业里找到生活的意义或个人的价值感，那么压抑和倦怠就会少很多，对释放负面情绪的需求也会变少。这有助于人们打破“工作—消费—负债”的恶性循环。人在精神上越是富足，就越不需要向外寻求认可，过度的和不切实际的欲望就不会频繁占据人们的大脑和心灵，因而节俭或量入为出就不再是一件痛苦的事情了。节俭并不是人类天生的特质，它是通过学习、集思、经验，受榜样和远见的影响所造就的美好品行，同时它更是教育的产物。当人们的手里多一些存款时，其未来就多了一份财务安全的保障。存款带来的财务自由是人人向往的状态，也是人们应该为之奋斗的目标。

4. 错失恐惧

> 我又错过了什么？
>
> ——佚名

当今，这个时代的人和上一代人是不同的，这不仅有政治、文化因素的影响，更有科技因素的塑造。门户网站、智能手机、社交媒体等共同造就的网络虚拟世界的发展，使得社会运作的方式发生了巨变。自 1990 年社交媒体的概念出现以来，它一直在影响着这个时代的人。尤其是“95 后”“00 后”，他们从小就开始接触社交媒体，因此对世界的认知与前社交媒体时代的人们是截然不同的。伴随着社交媒体发展成长起来的这一代人，在“错失恐惧”上表现得可能更强烈。

什么是错失恐惧？错失恐惧的英文是 fear of missing out，缩写为 FOMO，是一种对错失机会而后悔的恐惧。存在错失恐惧的人总感到自己不在时其他人可能发生了非常有意义的事。例如，当一个人看到他的朋友、家人或同事在朋友圈发布精美的照片时，他可能会在心中泛起涟漪，甚至会感到紧张不安，或产生一种焦躁感，心想“他怎么又出去玩了？为什么我只能工作”；当一个人的手机的屏幕上频繁出现新的消息提示的时候，不能即时查看可能会使得他坐立难安。此外，有的人在浏览社交媒体的时候，会注意到屏幕里的人的生活比自己的生活更有趣、更刺激、更美丽、更成功，相比之下，便不好意思将自己精修了许久的照片发布出去。在社交媒体无比发达的当下，当一些人环顾四周时，总是会不由自主地去羡慕，甚至嫉妒那些看似生活处境更丰富多彩的同龄人。

这些现象都是错失恐惧的表现形式，可以说，只要人们使用社交媒体，那么就可能引发他们的错失恐惧。从本质上讲，错失恐惧和人的雄心、抱负有关，根植于人们对比当下的事物更宏伟、更优质、更光鲜的事物的追求。社交媒体时代的人们，可能会长久地处于预设和期待的兴奋中，但却得不到内心的满足，因为欲望刚刚被满足便又出现了新的趋势和潮流。只要人们持续处于得不到满足的状态，商家就能利用人们的错失恐惧来赚钱。今天人们想要追上潮流，或在朋友圈炫耀特别的人生体验，其实是很容易的：人们只需动动手指就能立刻购买最新款的限量球鞋，甚至还可以直接叫“闪送”在一个小时内送货上门；只需点开软件就可以购买到去三亚的机票，几个小时便可转换季节。因此，人们的冲动消费也日渐增多。部分人通过消费来消除内心的不满足，表达说不出口的情绪。然而，当人们没有足够的收入为错失恐惧买单的时候，债务就可能随之而来。

当错失恐惧出现在商业领域时，它被用来实现一个单一的目标：在没有外部刺激的情况下，引导人们去做之前不会做或会延迟做的事情。错失恐惧在全球造就的市场价值也许会轻而易举地达到数千亿美元，当一个渺小的个体面对庞大的商业精英团体的时候，大概率会败下阵来，这使得延迟满足在这个时代变得困难重重。再加上信用卡和消费金融广告的激励和赋能，很多人都很难把持住自己消费的欲望。就是在这样的时代背景之下，一些人在错失恐惧的驱动下，争先恐后地预支未来的收入，或主动或被动地进入借钱消费、提前享受的“黑洞”之中。等他们回过神的时候，债务已经失控。

32 岁的小白（化名），在一家咨询公司就职，为了提升自己的竞争力，他报名了某大学周末的工商管理课程，贷款支付了十几万元的学费，试图拓展他的社交圈。与此同时，他在上班路上听某 App 上的经济学课程，运动的时候看某知识社群的财务理论。他还加入了几十个线上课程的微信“打卡”群，每天仅查看微信群的信息就会耗费他近一个小时的时间，他害怕错过任何重要的资讯和结识“大佬”的机会。

除了贷款支付的学费外，小白每个月还要在自我投资上花费收入的三分之一。但背了房贷的他，其实根本负担不起这些额外的花销，然而为了缓解内心对职场晋升的焦虑感和无助感，他一次次地用信用卡来为这些提升自己的消费项目买单，债务也在一天天地积累。而他并不觉得这有什么不对，因为他觉得这些债务对他而言是一种投资。他坚信当下的举债投资总有一天会连本带利地获得回报。反之，如果不能为职场晋升做出上述的投资，他就会觉得自己没有尽力，错过了机会，留下了遗憾。

在错失恐惧的驱使下，小白购买各种课程的行为可能不是为了学习，而是为了缓解焦虑。在他的思维模式里，购买课程就代表着“得到”“获得”“学习”，而这种消费行为可以给予他安全感，让他收获掌控感并让他从心底相信并认可自己已经足够努力的“假象”，为此他心甘情愿地成为一个“停不下来的陀螺”，用忙碌来抵抗面对错失职场晋升机会的恐惧。

不排除有人确实通过投资自己成功获得了更好的工作机会，收获了更高的工资，可以通过年终奖还清过去因自我投资而欠下的债务。但更多的情况却是，很多人依然做着普通的工作，却被自我投资带来的债务拖垮了，债务就像滚雪球一样，越来越大……

错失恐惧会让人们在某一瞬间做出情绪化的决策，而非理性的决策。因为害怕错过而背上债务的人比比皆是。美国的一位单身女性，为了不错过朋友的婚礼派对，不惜负债1.8万美元来支付机票、酒店和租车的费用。人们在社交媒体上所展示的那种精致美好的生活，或那些可以让手机屏幕前的网友们羡慕不已的豪华派对，是需要人们在真实生活里付出真金白银的。自己赚的钱不够用时，复利计息的信用卡就会在钱包里争先恐后地对着主人大喊："用我用我。"

此外，人们从小就生活在集体里，会因渴望得到集体或社会的认可而盲目从众。所谓的追求社会认同，指的是人们在做出关于自己人生的决定时，会向社会上有影响力的人看齐，这便为"错失恐惧商业"提供了利润来源，这也是网络红人这个职业存在的根本原因。一些人对待生活的意见几乎都来自他人，甚至会直接模仿网络红人。因此，网络红人用了什么样的产品，去了哪里打卡，这些人就会购买什么样的产品，并且去同一地点打卡，拍下同款照片并分享在社交媒体上。当月工资足以购买网络红人同款产品的时候，有的人就会先赊账购买，认为未来赚了钱再还款就好了，毕竟年轻的自己，最不缺的就是未来。甚至，有的人使用某张信用卡也只是因为某网络红人代言了该信用卡产品，这导致其在举债的时候产生一种莫名的成就感——我能和某网络红人一样成为某银行的优质客户。

人们就像小白鼠一样，被各种大型科技公司驯化出了错失恐惧的心理。而这一心理状态又反过来被商家（也许是同一家大型科技公司）利用，向人们营销各种产品，包括债务类产品

（网贷产品），造成的结果就是"人人负债"的普遍现象。从心理学的角度来说，我们所处的内外部环境、所做出的行为和我们对自身技能水平的认知塑造了我们的金钱观、价值观和身份认同，反之亦然。

社交媒体让很多人看到了光鲜亮丽的生活方式，也让一些人看到了人生轨迹的无穷可能性。这使得伴随社交媒体成长起来的年轻一代，普遍有过度自信的倾向，他们认为自己应该过上社交媒体里展示的那种轻松而美好的生活。这种心态的直接后果可能就是不少年轻人出现债务问题。现实世界是残酷的，年轻人得去参与社会竞争，付出一定的努力后，才有可能过上想要的生活。贷款广告和社交媒体向人们允诺了一种人人都可以轻松拥有的"美梦"，但这个"美梦"可能只能维持到账单到期日之前。

最后，当人们理解错失恐惧对人的心理可以产生如此大的影响后，也许会对自己的债务问题稍微释怀一些，即负债可能并不完全是个人的责任，也可能是群体心理集体出了问题，还可能是科技企业助推的结果。如果人们都能意识到错失恐惧的存在，是否能更理智地对待因害怕错过而被诱发的购买决策呢？

当人们开始以获得的点赞数或留言数来衡量自己的价值时，注定会以失望收场。因为寻求外在认同存在一个问题，即这种感觉不会持续很长的时间。被接受和认同的欣喜感很快就会消失，这会让人们想要赶快去寻找下一波的认同感，就像成瘾者必须不断寻找下一波的快感一样。在这个人人爱比较的年代，人们可能只有忽视他人怎么花钱、怎么享乐等资讯，才能专心致志地朝着自己的财务目标奋进。想用外部物品或他人的认同来填补内心的空虚和摆脱精神的贫瘠，收获的可能只有一笔又一笔的债务。

5. 金钱羞耻

> 没有羞耻，便不会有隐私或亲密的感觉。
>
> ——卡尔·施奈德

羞耻是一个难以捉摸的概念，这主要是因为人们谈到令自己羞耻的话题时，总是呈现出隐瞒和回避的态度。羞耻对中国人来说并不神秘，因为我们素有“耻感文化”，如“知耻近乎勇”“礼义廉耻”等。孔子重礼而轻法，强调“道之以政，齐之以刑，民免而无耻。道之以德，齐之以礼，有耻且格”。这句话的意思是：若以政令来教导，以刑罚来管束，百姓免于罪过但是不知羞耻。若以德行来教化，以礼制来约束，百姓知道羞耻还能走上正途。具备羞耻心，方可成为一个有道德的人。

现代社会对羞耻的定义是怎样的呢？罗纳德·波特–埃夫隆在他的《羞耻感》一书中是这样给羞耻下定义的：“它不只是一种感觉。它综合了一系列的生理反应（比如低头看着地面或者脸红）、可预测的行为（比如对别人隐瞒或者退避）、不舒服的想法（比如‘我的人生就是一场失败’）以及精神绝望等。我们对羞耻的定义是，它是一种令人痛苦的信念，感到羞耻的人相信，自己身为人类，存在着一些根本的缺陷。”没有羞耻会使人丧失基本的道德感，但过度的羞耻可能会让部分人做出伤害自己的行为。因此，适度的羞耻不仅会阻止人们去做违反社会规范的事情，如撒谎、偷窃和欺负弱者等，还能激励人持续向善和向好。

金钱不可避免地和羞耻交织在一起，因为消费社会里人们会认为金钱与一个人的社会地位有着密切的关系。金钱羞耻的英文是“money shame”，是指人在内心深处会根据自己银行账户的余额、居住的房屋、穿衣品牌等和金钱相关的因素来定义自己，并且会因为自己无力负担更昂贵的东西而产生强烈的羞耻感，觉得自己是没有能力的，进而发自内心地萌发出自己不值得被爱、不配获得尊重等负面想法。

在金钱羞耻的滤镜下，人们会因为自己的收入比不上同事的收入而自责，进而觉得自己不够好，不够努力；无力满足家人的需要，经常会让部分人产生失败感、愧疚感，甚至是负罪感；有些人会因为个人出现债务问题而感到焦虑和沮丧，而债务的崩盘往往会伴随着某种延绵不绝、挥之不去的羞耻感。这些都是金钱羞耻的表现形式。生活在消费社会里，部分人认为消费能力就是衡量个人价值的标尺，因而这些人便会频繁产生金钱羞耻。

羞耻将那些“不够好”或“自认为是缺陷”的地方放大，让人们以为全世界只有自己这么糟糕。因为担心不完美的自己被他人发现，便有意无意地与他人疏离，试图戴上面具，或者大刀阔斧地“改造自己”，比如买名牌衣服、奢侈品包、各种名牌化妆品等，似乎这些问题解决了，自己就能过上真正幸福的生活。社交媒体时代，潘多拉的魔盒被打开，比较的概念渗入工作和生活的方方面面。经历比较之后，很多人原本就有的“不够好”的感觉被进一步放大。甚至有的人还会产生“被时代抛弃”的焦虑情绪，为摆脱这种复杂的负面情绪，可能会做出非理性的消费决策，进而可能欠债。

那种痛苦的内在紧张的情绪，称之为内疚，总是在人们触碰或越过由超我设立的障碍时出现。与之相反，羞耻产生于自我和理想自我之间的冲突。因此，羞耻和内疚是有本质区别的。在一些金钱窘迫的人或负债的人身上，可以同时察觉到这两种复杂的情感：他们不仅会为自己负债的客观事实而内疚，还会为自己身为债务人而感到羞耻。负债的事实似乎“证实”了债务人原本就有的“不够好”的感觉，这就是很多人拒绝承认自己债务人身份的根本原因之一。羞耻比内疚更难改变，因为感到羞耻的人迫切想要改变自己对自我的概念。羞耻让债务人的自我认同出现了危机。人们在与金钱（债务）的不健康关系中，能体会到匮乏、渴望和反复的羞耻感，负债感转变成负罪感，负罪感又转变成自我憎恨，自我憎恨又转变成自我羞耻。因此，长期负债的人，容易产生心理健康问题，如抑郁症等。

当人们积累了一定债务后，每每打开个人信用卡 App 的页面，看到触目惊心的账单余额时，有些人会感觉自己低人一等，甚至会觉得自己荒唐可笑、虚伪和低劣，总是担心自己负债的秘密被曝光。还有些人只要一想到他人会洞悉自己的财务状况，致使自己不得不面对债务带来的羞耻，可能就只想竭尽全力地掩盖实情，继续去借更多的贷款来维持债务不崩盘的状态。为了避免金钱羞耻，不少人不惜走上“以贷养贷”的错误理债之路。

债务崩盘后，人们羞耻情绪爆发的频率就更多了。这感觉时有时无，人的情绪变得极不稳定，他人的一个普通眼神都会让其胡思乱想，其内心也会变得极度敏感与脆弱。与债务相关的羞耻能够瓦解人的自尊心。因此，羞耻会对债务发生逾期的人的心理和日常生活产生极大的负面影响，如打击其自信心，让其羞于向外界寻求帮助，而人际关系崩坏的影响可能具有毁灭性的。社交断裂的同时，债务人独自面对债务困境会进一步扭曲心灵。总而言之，为了人们的精神健康、身体健康和财务健康，主动远离债务困境对人们过上幸福生活是有战略意义的。

那么如何才能走出金钱羞耻呢？

首先，人们需要原谅自己过去错误的财务决定。要走出金钱羞耻，就必须正确看待自己过去的债务问题。暂时的沮丧和逃避都是正常的，但不能改变现状。原谅自己过去错误的决定，说起来容易做起来难。但人们应以怜悯和爱惜自己的方式去深入探究错误金钱观念和行为举止的来源，以此迎接一个新的开始。人们可以每天对自己讲一遍下面的三句话：

- 过去的错误决定并没有定义我是谁；
- 我有能力改变自己的财务状况；
- 我可以从容地和别人谈论金钱和债务。

其次，人们可以列出自己做得非常好的事情。有的人会过度强调自己的错误，而忘记自己做得好的事情。我们每个人身上都有美好的特质，只是出于金钱羞耻，我们暂时遗忘了这部分美好。大家可以找个独处的时间，坐下来，拿出一张白纸，详细列出自己做得非常出色的事情的清单，可以是任何事情，比如：我非常乐于助人，我很会做饭，我笑起来很温暖，等等。开始关注自己好的品质，并给予自己夸奖和肯定，是走出金钱羞耻的重要一步。

最后，人们要意识到将来比现状更重要。如果人从不犯错，就无法学习如何变得更好，错误使人进步。只有当人们能放下在个人财务上犯错的金钱羞耻感后，才有可能专注在解决方法之上。人们可以回顾并思考一下自己过去的财务情况，找到并写下自己做得不好的地方，然后有意识地进行改进。笔者后面会详细介绍具体的解决债务问题的方法，但现在请先试着走出金钱羞耻的困扰，让自己从负债的羞耻感或罪恶感中解脱出来。

能够避开债务陷阱固然是幸事，不过生活总是充满了各种意外和惊喜。很多时候，债务会在人们完全没有做什么的情况下就悄然而至，搞得一些人措手不及。谁的人生会不经历一些考验呢？经历债务的试炼，人们体会了痛苦，但通过亲身经历，人们理解了自己，也理解了他人，更接受了世界的本来面目。失去的激情可以被重新唤醒，压抑和束缚可以被打破，羞耻和恐惧当然也可以被摧毁，只要人们足够勇敢。

6. 即时倾向与心理账户

> 消费者把出去旅游的钱和买衣服的钱放在了不同的“心理账户”中。
>
> ——理查德·泰勒

即时倾向（present bias）是指人更喜欢及时行乐，满足于当下的回报。研究表明，即时倾向强的人更容易积累债务。一个实验能详细说明即时倾向是如何影响人做出选择的。美国斯坦福大学的研究人员给一群孩子每人一个棉花糖并告诉他们，只要忍住不吃棉花糖，等研究人员回来后，他们就可以获得额外的棉花糖。站在小朋友的角度考虑，等待研究人员回来和获得额外的棉花糖似乎是更好的选择。但是当研究人员离开房间后，不少小朋友挣扎了一会儿，最终选择吃掉手里的棉花糖。

即时倾向是我们与生俱来的偏好。成年后的我们经常在“当下”和“将来”之间做选择：是选择为将来储蓄，还是选择当下消费？在使用信贷产品的时候，即时倾向驱使着人们只关注当下消费时的快乐，而忽略了需要在不久的将来还钱的事实。即时倾向使得个人注重即时满足，从而增大了借贷的概率。

即时倾向深深扎根于我们的大脑。商场橱窗里那些极具视觉冲击力的广告会刺激大脑在当下产生强烈的消费欲望，这是一种立刻就需要被满足的欲望，人们攒钱的计划往往毁于此。

这也是一些年轻人一旦使用了信贷产品就停不下来的原因。信贷产品可以让人们轻松获得金钱，这不仅让人们有能力购买超出收入范围的商品，使得当下的快乐得到最大化，并且还能使大脑处于一个兴奋的状态，大脑边缘系统会释放多巴胺，使人沉浸在兴奋感与满足之中。

美国哥伦比亚大学的行为金融学家迈耶·斯塔特曼的研究表明：即时倾向会导致人们拥有更多的债务。当人们频繁使用信用卡或网贷去买咖啡、吃饭、打车、看电影时，这些一笔又一笔的小额消费最终汇总形成月末账单上那个庞大的数字。很多人其实并不具备频繁出入高消费场所的能力，但即时倾向会驱使其不计后果地进行消费。有些日常生活中的消费一旦变为习惯后，就会让人们在不经意间增加个人生活的固定成本。通常，没有人会借一万元去买咖啡和吃饭，但正是这些生活中看似不起眼的高频小额消费，才让一些人在不知不觉间就靠近了债务困境。

数字化金融的快速发展，不仅给生活带来了便利，也间接让一些年轻人更轻易地就发生超前消费的行为。如果支付软件的默认支付方式是配套的借贷程序或关联的信用卡，就可能让年轻人把信贷产品的信用额度当成收入来使用。便捷的移动支付手段也在潜移默化地改变人们的消费行为和心理。想在数字化的社会中掌控自己的每一笔开支，可能就像站在向下滚动的扶梯上，人们得奋力往上奔跑才能上行。

行为经济学里有一个概念叫“支付的痛苦”（pain of paying），指的是人们在经历金钱变少时，内心因此产生不适的状态。每个人对“支付的痛苦”的感受程度都不一样。付款时，移动支付让“购物”和“财富减少”这两件事在人们的大脑中暂时分离。移动支付的付款方式让“支付的痛苦”明显降低，甚至很多人根本感受不到“财富减少”或“债务增加”这件事，在不知不觉间就会超支。这为即时倾向创造了更舒适的土壤，在预算内消费自然就变得越发困难。未来，人们可能会迈入无现金社会，货币脱离实物载体，走向虚拟化和抽象化，这就对很多人的财务管理能力提出了更高的要求。货币的形式在升级，人们管理金钱的方法和逻辑也应升级。

对于即时倾向，并不是没有解决办法。人们通过改变消费思维模式，是可以战胜即时倾向的。笔者建议大家在做出超前消费的决定前，考虑一下这个决定对“将来的自己”有什么影响。

- “将来的自己”是否愿意为当下的快乐多打几份工？
- “将来的自己”能做到压缩开支，改变部分已养成的消费习惯吗？
- “将来的自己”一定会增加收入，而不会面临失业的风险吗？

多思考“将来的自己”可以让人在冲动消费时稍微恢复一些理智。使用移动支付后，人们可以用手机里的记事本一边回忆思考当天的消费行为，一边手动记录下所购买的商品或服务的价格，以此来增加“支付的痛苦”。为什么不用自动汇总消费支出的理财 App，而是要一边思考一边手动记录呢？这是因为当一个人在思考时，他的理性才会开始运作。这也是笛卡儿那句“我思，故我在”所表达的意思。经由思考当天的消费支出，人们才能意识到“今天怎么能在游戏和零食上多花了这么多钱”。正是由于人们经由思考认识到自己不应该的行为，才能在接下来的消费行为上做出有意识的改变。

除了即时倾向，人们可能还普遍会有另一个金钱观念——心理账户。心理账户（mental accounting）是指人们会根据钱的来源和用途，无意识地将钱归类，并赋予其不同的价值，从而进行管理。人们赋予不同类别的钱以不同的特点、目的和意义。零用钱和存款是不同的，利息赚到的钱和工作赚到的钱也是不同的，工资收入和信用卡的信用额度也是不同的。理查德·塞勒因为将心理账户引入行为经济学中而获得了 2017 年诺贝尔经济学奖。

决定人们消费的客观因素是人们的财富水平，而不是金钱的存在形式。但是当人们在心中把一部分收入分配到消费心理账户时，花钱的时候就像在完成任务——必须花掉这笔钱。回想一下，生活中是不是有这样的场景：电商平台大促的时候，人们会给自己设立一个“电商平台大促购物”的心理账户。“电商平台大促购物”的消费心理账户和平时的消费心理账户有什么不同？面对这一大型购物节，人们会把原本用于储蓄的钱（存款）或者将来的钱（信用额度）都分配到“电商平台大促购物”的消费心理账户里。在即时倾向和“必须花掉这笔钱”的心态驱使下，人们就会产生超额消费且不自知，因为人们的潜意识里认为他们并不是在花钱，而是在完成一种任务或者在实现一种目标。等电商平台大促购物结束，人们反应过来的时候，可能已经提前花掉几个月的工资了。商家大都深谙人们的消费心理，引导人们设立不同的“大促购物”消费心理账户。只要能让人们产生“带着任务”去“买买买”的心理状态，商家就能轻而易举地完成上亿元的销售目标。

再比如：会员卡充值。当人们把 500 元充到楼下洗衣店的会员卡里时，这笔钱在人们的心里就被定义为专门用于去洗衣的消费资金。更神奇的是，人们接下来每次去洗衣店洗衣的时候是体会不到花钱的痛苦的。因为人们使用的是会员卡里的钱，会员卡能打折，而且折后价比原价便宜得多，人们反而会觉得这是省钱之举，产生“赚到了”的心理。这种营销的本质其实是掩盖成本的假投资，让人们误以为他们是在为将来的消费做投资，进而忽略当下付出的成本。研究表明，办理会员卡会增加人们消费的次数和金额。现在大家应该能理解为什么美甲店、足疗店、餐厅、健身房等消费场所都会用各种形式鼓励人们办理会员卡了吧。

大多数人的心中确实存在着一个个隐形账户：该在什么地方花钱，花多少钱。如果人们在心里认为信用卡的信用额度是自己可以随意支配的收入，那么频繁负债的情况就不那么难以理解了，因为人们没有意识到信用额度是金融机构以 10% 以上的利率借给人们的资金。

即时倾向和心理账户都是行为经济学里重要的概念。希望大家通过了解这两个基本的概念，可以理解自己在管理金钱的过程中的不理智行为。

有债务困扰的人们，不妨为自己设立一个“债务自由”的储蓄心理账户。

首先，什么是债务自由？财务自由的概念已经被社会广泛接受，但不少人对债务自由的概念还很陌生。债务自由（debt free），指人们的收入完全属于自己，没有任何还债的压力，用中国的俗语解释就是“无债一身轻”。著名的社会学家理查德·桑内特认为，“人类正是因为有能力改变才获得自由”。远离债务困境是人人都能够改变的局面，人们可以从清偿债务的过程中收获自由。债务自由的具体含义如图 2–2 所示。

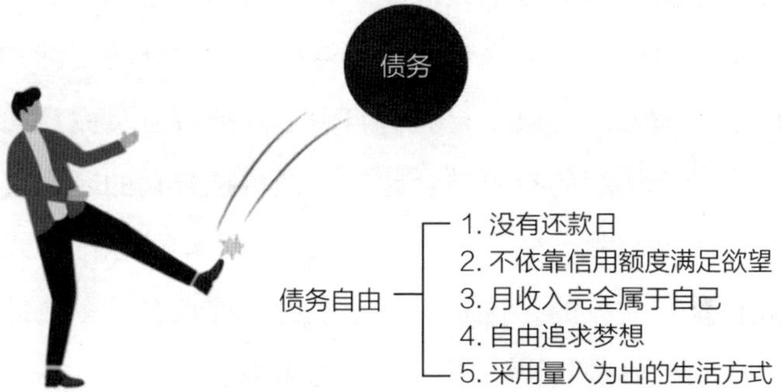

图 2–2　债务自由的具体含义

看似低门槛的生活方式，要实现起来却变得非常困难，因为大多数人都要通过个人住房贷款和债务结缘。如果暂时不考虑个人住房贷款，人们能力范围内可以做的事情就是让所有的信用类债务都归零，即没有任何信用卡债务和网贷债务，也可以说人们每月不再有信用利息的支出。本书所指的债务自由就是这样的一种状态，即人们可能拥有个人住房贷款，但不拥有任何信用类的债务（信用卡债务和网贷债务）。

摆脱信用类债务是实现债务自由的第一步，第二步就是提前还清个人住房贷款，之后的财务目标便是达到人人向往的财务自由状态。实现债务自由是一种全新的生活希望，更是一种生活信念，它能让人们在重重困难下仍旧充满活力和有尊严地生活。债务自由还是一种积极主动解决债务的理财态度。无论经济环境如何，能够说“我不欠任何人任何东西”是对理智、尊严与自由的告白。

回到设立“债务自由”储蓄心理账户的话题，人们可以把曾经用于消费的部分金钱放到“债务自由”的储蓄心理账户里，并暗示自己：只要这个账户的金额达到预计的目标，自己就可以摆脱债务的约束了，获得自由了。把带有负面意义的债务和带有积极情绪的自由结合起来，便可把被动的还债过程变为主动寻求突破和改变的过程。化被动为主动的思维方式对个人的成长是有益处的，这是一种把生命掌握在自己手上的人生哲学。成为更好的自己，不仅需要意志力、自信心、精力和知识等，还需要主动性。“想要收获经济上的自由”是一种强大的内在动机，这种动机可以让人迸发出主动进取的力量。

最后，当人类学会像使用火一样驾驭债务——既能取暖亦防烧伤——便真正实现了债务自由。正如马克思在《资本论》中所洞见的那样：“信用制度加速了生产力的物质上的发展和世界市场的形成。”债务自由的本质，是让人从被债务客体异化的状态中解放出来，成为驾驭资本规律的主体。

7. 童年创伤

> 未解决的童年冲突驱动着成年后的行为。
>
> ——弗洛伊德学派观点

至此，笔者已经从宏观经济环境和社会文化环境两个角度剖析了人们为什么会负债，现在让我们把目光聚焦于原生家庭这个复杂的话题。如果想深入了解一个人为什么会负债累累，首先应了解他的原生家庭。原生家庭对一个人的性格、行为和心理都有非常大的影响，并且这种影响会潜移默化地持续很多年，甚至当事人自己都没有意识到这一点。童年的真相一直藏在我们的身体里，活在我们的灵魂深处。

心理学研究表明，观念和行为可以进行代际传递，例如父母的经济态度和经济行为均可以通过社会化的方式对其子女产生影响。父母会通过语言将自己的消费知识、技能和价值观传递给子女，塑造子女的金钱观念；与此同时，子女还会将父母作为榜样，观察父母在经济方面的谈话和决策，获取间接经验，形成自己的理财习惯。因此，在父母与债务打交道的过程中，表露出的对债务的态度以及成功或失败的理财经验都会默默地影响孩子。此外，原生家庭的情感支持和应对压力的方式也会影响一个人的负债情况。比如，如果一个人在成长过程中缺乏情感支持，可能在面对工作或生活压力时更容易通过借贷来缓解情绪，最终负债累累。综上所述，为了解人们出现债务问题的根本原因，则需对其原生家庭进行理性客观的剖析和省思。

原生家庭是我们人生中的第一个小机构，这个小机构的状况和经验预演了人们未来在其他小机构中的生存状态和行为模式。几乎每个人都有原生家庭的烦恼。可以说，一个人心理层面的觉醒是从反思自己的原生家庭开始的，通过深刻的反思，其能了解自己的局限性和内心一直未被满足的需求。让我们通过具体的案例来了解原生家庭和债务有着怎样的联系。

小林（化名），“80后”女孩，已经经历了三次负债和还债的循环了。在反复经历这样的循环后，小林对自己持续败给债务这件事而深感无力，她的自尊心受挫，产生严重的羞愧感和负罪感。第一次负债15万元，小林的妈妈用积蓄帮她还清了债务。可是没多久小林又负债了10万元，这次她的丈夫帮她还清了债务。本以为她不会再陷入债务陷阱，可没过多久，小林又负债了。就像皮肤病患者，如果医生只看到皮肤表面长出来的东西，仅仅通过物理方法进行祛除，那么可能要不了多久，患者还得继续就诊。债务问题也是一样的逻辑。为什么小林会频繁负债？她的债务问题背后是否有其他不可言说的深层次原因？于是，笔者问起了小林的原生家庭。说到原生家庭，小林突然就勇敢了起来，把藏在心中30年的秘密和盘托出，这是她第一次对外人讲述自己的成长经历。

小林的父亲平时在工作中对待他人时会刻意表现得很客气、恭敬和谦卑。但回到家里，他就会变成另外一个人。小林记忆里的父亲总是乱发脾气、大喊大叫，愤怒到极点时，还会对小林的母亲拳脚相加。从很小的时候起，小林就十分惧怕父亲。遗憾的是，小林也没有幸免于暴力。成长过程中，她时不时地会因说错话而被父亲殴打，成为父亲的出气筒。小林就是成长在这样的环境中，哪怕此刻家里是充满欢声笑语的，她也会感到如履薄冰，生怕父亲突如其来的愤怒和拳脚相加，而她也深知这种暴虐是无处可逃的。

一旦父亲的愤怒爆发，妈妈和她做的任何抵抗都只会加剧父亲的愤怒。父亲的形象，在小林的心中经历了无数次的破灭，同时破灭的还有小林对生活的信任。童年的经历使成年后的小林还是活在强烈的恐惧中，害怕被伤害，更害怕遭到背叛，她总是害怕有什么不好的事情发生，对自己很失望，更不相信会有人发自内心地关心自己。

工作后的小林，远离了父亲，搬到了一座新的城市，开始了一段新的人生。她办理了人生中的第一张信用卡，而这张信用卡也开启了她人生的债务故事。长大后的小林，身体所受的虐待终于结束了，可是因为自我厌恶的心理，精神上的自我虐待仍在继续。她小时候被父亲的暴力控制，长大了被无形的债务控制。她习惯了被恐惧支配的生活，所以当债务大门向她敞开的时候，她义无反顾地走了进去。

当每一天都是还款日的时候，她被还不上债的恐惧所笼罩。多么熟悉的感觉！债务就像她的另一个“父亲”。负债和还债的循环，她已经经历三次了。她自己也很崩溃，觉得很羞愧，总是伴有一种强烈的自我厌恶感。这一次，小林选择勇敢地面对自己内心的恐惧，把童年的创伤讲出来。通过向他人讲述童年创伤，她不仅可以坦诚地面对小时候的自己，还能起到哀悼创伤的作用。哀悼的效果之一是使人面对创伤并重新思考他要怎么生活，进而使人的内在得到改造。这意味着尽管痛苦的往事依然存在于小林的心中，可能依然会令她感到不安，但已不再具备支配她的力量。

人们总是在重复过去的行为模式而不自知。一些人仍旧是自己童年的“囚犯”，童年遭遇的创伤可能很难完全被覆上遗忘的纱幕。由于乞求创伤事件从不曾发生的心理作祟，受创者甚至有可能置自己于再受伤害的险境，有些情境的重演甚至是受创者自己有意造成的。弗洛伊德将一再发生这种创伤经历的记忆侵扰现象称为“重复性强迫冲动”，重复性强迫冲动似乎难以用意志控制。一般来说，经历过童年创伤的人，长大后更容易出现上瘾的行为。负债上瘾就是其中一种表现形式。人们通过上瘾行为来应对情感虐待、家庭暴力或其他形式的因家庭功能失调所导致的创伤。债务问题就像其他不幸一样，对那些原本就身陷困境的人愈加无情。

持续被恐惧所左右的人是很难过上幸福生活的。人类生活中具有创造力的能量是希望。每个人都是自己故事的书写者，故事如何结束，掌控在人们自己的手中。对类似小林这样遭遇过童年创伤的人，笔者不建议他们继续使用信贷产品，请关闭所有信用账户，从源头断绝与债务的关系，以免在债务故事里重复体验被恐惧支配的情境。人生苦短，没必要持续沉浸在过去的苦难里。

当人们能坦诚地面对自己的原生家庭时，也许就能知道自己这些年在债务海洋里到底在寻找着什么。当人们清楚了这份情感上的缺失后，再回过头看自己的债务问题，也许会有新的感悟和发现。一个人对自己的童年创伤了解得越多，就越能理解自己为什么会负债。凤凰为了重生而浴火，人们应为了摆脱债务而重新审视自己的原生家庭。

有的人可能会觉得自己之所以会负债成瘾或出现债务问题，完全是因为受到了原生家庭的影响，但其忽略了家庭（父母）也与更大范围的外在环境相关联。我们遇到的一些情绪困扰，不能完全被视为仅仅受到父母的影响，因为父母参与的社会体系——工作、社区，以及整体社会等也会对其产生形塑的力量，包括形塑他们成为怎样的父母亲。具备这样的社会学视角，人们可能会对原生家庭给自己带来的创伤持理解和释怀的态度。正如行为经济学家理查德·塞勒所言："选择的架构可以重塑命运。"人们在理解原生家庭对个人财务的影响机制基础上，可以选择构建新的财务行为架构，进而实现债务自由的财务目标。

8. 错误且短视的还债方式

> 短视的消费者有过度借贷的倾向。
>
> 当面临便宜的贷款或一笔横财诱惑时，他们就会过度消费。
>
> ——阿蒂夫·迈恩

这一章，笔者先从宏观经济环境和社会文化环境维度来剖析导致人们无节制举债的因素，再通过群体心理来解释为什么人们无法抵抗债务的诱惑，最后则从原生家庭及父母所处的社会环境维度来解释个人债务问题的成因。宏观经济环境和社会文化环境都是个人无法把控的，但在同样的经济、社会文化环境下，有人陷入债务困境，有人却利用债务致富，这主要源自个体认知上的差异。但值得庆幸的是，这部分差异可以通过受教育的方式消除。

个人因素里错误且短视的还债方式，是导致个人债务问题演变为个人债务危机的罪魁祸首。当面对债务与存款之间的冲突时（即存款不够偿还债务时），人们很可能会把所有的注意力都集中在眼前的这一笔债务账单上，而不是把目光放长远，即从全局考虑偿债的问题。这种方式下产生的注意力短视，在社会心理学上被称作“认知失调”。这种情况下，人们只能反复思量眼前的这一笔急需偿还的债务，进而做出去借一笔新债来偿还这笔债务的行为。通过不断借入新债务来偿还旧债务的财务操作模式就叫“以贷养贷”，其本质是个人债务的转移与堆积。几乎每一个出现债务崩盘的人都会经历一段时间的“以贷养贷”。因为当人们发现自己无力按期偿还债务的时候，容易想到的解决方法就是借新债还旧债。在一些人眼里这是解决债务问题最轻松的办法，也是痛感最小的办法。通过打工赚钱还债需要付出时间、体力或脑力，而借钱还债可能只需要动动手指，就可以把债务的偿还推迟到下个月或下一年。信用额度让人们把希望寄托在未来，但人们却不会渴望未来的还债岁月。通常来说，人们只想无限期地推迟未来算总账的日子。

“以贷养贷”这种短视且错误的还债方式是个人即将出现

债务危机的重要信号。“以贷养贷”是债务恶性循环的开始，也是人们债务窟窿越发扩大的开始。因此，“以贷养贷”会让人们觉得不管自己多么努力还债，似乎都难以远离债务困境，甚至有一种身陷囹圄、寸步难行的感觉。“以贷养贷”的还债方式就像破布上的洞，只会越来越大；也像沼泽地，一旦陷入，越挣扎，就会越陷越深。很多人对“以贷养贷”没有概念，这里笔者就举一个简单形象的例子：小王原本借了 10 万元一年期的贷款（年利率均按照 20% 计算），该笔贷款的年利息是 2 万元，在最后一期到期时连同本金一起支付的还款方式。一年后小王无力偿还这笔债务，遂继续借钱来还债，因此为了偿还这笔 12 万元（本金 10 万元 +2 万元的利息）的债务，得去借一笔本金为 12 万元的新贷款，于是这便产生了新的利息支出 2.4 万元［12 万元 ×20%=2.4（万元）］。一次简单的借贷行为就会让个人债务从开始的 12 万元变成了 14.4 万元。可人们真实使用的资金始终只是第一笔贷款拿到的 10 万元，但经过“以贷养贷”后，最终需要偿还的债务总额却是 14.4 万元，其中 4.4 万元都是利息。这些利息就是金融机构的主要收入之一。如果继续“以贷养贷”，那么用不了几次借贷行为，这笔原始 10 万元的贷款所产生的利息总和就会和本金差不多，而人们真实使用的资金始终都只有 10 万元。快速计算“以贷养贷”总成本的公式如下：

$$\text{“以贷养贷”的总成本} = \text{初始债务本金} \times (1+r)^n$$

其中 r 为综合利率，n 为循环借贷次数。

沿用上述的例子中的数据：初始债务本金为 10 万元，r 是

20%，循环借贷 2 次即 n 等于 2，计算出的“以贷养贷”总成本为：10 万元 ×（1+20%）^{2}=14.4（万元），同上述计算的金额一致。当 n 等于 3 时，“以贷养贷”的总成本为：10 万元 ×（1+20%）^{3}=17.28（万元）。此时，总债务金额已经膨胀至初始债务本金的 1.7 倍了，这意味着人们的负债局面已经彻底脱离可控的范围。当 n 等于 4 时，总债务金额为 20.736 万元，利息总和已经大于初始债务本金了。通过上述直观的数字计算可知，“以贷养贷”是负债规模的加速器。“以贷养贷”的错误还债方式，虽然可以在短期内避免个人债务危机的爆发，但人们是以不断增加个人债务规模为代价来延后债务危机爆发的时间点，并且“以贷养贷”的次数越多，最终需要偿还的债务规模就越大。这也是本书开篇里借钱买平板电脑的小王回忆起自己“以贷养贷”后想不清楚借来的钱都花到哪里去的原因，因为她借来的大部分钱都是以利息的形式在繁殖，直接进入了不同消费金融平台的银行账户，根本没有用于她在实体经济的消费。

人们陷入“以贷养贷”的根本原因就是短视，只能看到下个月的还款额，却看不到未来一年，甚至两年的还款义务。金融机构的一些信贷销售人员也懂得利用人们的短视和稀缺心态，主动推荐先息后本（指贷款后前期只偿还利息，本金在最后一期偿还的还款方式）的信贷产品给急于偿还眼下即将到期贷款的人们。紧迫的还款日会让人们视野变得狭隘，因为所有注意力就像“聚光灯”一样全部都专注在即将到来的这一特定还款日上面。这些被还款日追着跑的人们，只一心专注于能否获得新的贷款资金这一件事。与此同时，一些人在看到每月的小额利息还款金额时，就自信地认为自己是可以负担得起这笔贷款的，进而忽略了贷款末期需要一次性偿还大额本金的客观事实。一些人以“续贷（指原先有银行贷款，凭借信誉和相应的担保继续贷另一笔款项）”为借口，认为即使贷款到期了，自己还可以延续贷款，这样就能推迟偿还本金的日子，可是人们却忘了“续贷”的决定权是掌握在金融机构手里的。当金融机构拒绝人们“续贷”的请求时，其又该如何偿还这笔大额债务的本金呢？无处可贷的局面最终把那些做着永久推迟还款日美梦的人们拉回现实世界。

信用卡套现也属于“以贷养贷”。正常的信用卡取现，指人们通过自动取款机或柜台提取现金的行为。这种情况下，银行会收取 1%~3% 的取现手续费，还要从取现次日起按照日息万分之五（综合年利率约 18.25%）计收利息。信用卡的 POS 机套现行为则成功地避免了正常信用卡取现情况下而产生的利息支出。具体来说，信用卡套现是指持卡人不通过合法手续（自动取款机或柜台）提取现金，而通过与特约商户协商以刷卡名义套取银行的资金。这个过程中，信用卡的信用额度经过特约商户的 POS 机里虚假交易转移到指定储蓄卡的账户余额里。与此同时，持卡人增加了其下个月的信用卡账单金额。信用卡通常有 20~56 天的免息还款期，在此期间银行不会收取利息和费用。信用卡套现就是利用了信用卡账单管理的时间差，低成本地使用银行的资金。完成虚假交易后，持卡人可以用其套取到储蓄卡上的资金去偿还上个月产生的信用卡账单（债务）。这样持卡人就实现了用本月信用卡的信用额度来偿还上个月的信用卡账单（债务）的目标。

用本月信用卡的信用额度来偿还上个月的信用卡债务，这听起来很荒诞，但现实生活中，很多人就是这样管理信用卡账单的，甚至衍生出了一个非法套现的产业。在我国，信用卡非法套现属于违法行为，严重的情况下会涉及刑法。人们偶尔的小额套现行为可能不会引起发卡银行的关注，但当人们出现还款违约行为或因多次套现被银行风控系统列入黑名单时，其后果是十分严重的。通常来说，信用卡非法套现行为将会影响到人们在金融系统里的信用资质，这可能会导致其信用卡的额度突然被降低为零，这说明发卡银行拒绝赋予其信用额度了。更为严重的情况下，比如人们委托非法中介代办信用卡，不仅会泄露本人的身份信息，申领的信用卡还可能会在不知情的情况下被人非法分子冒用、盗用，最终造成个人和银行的资金损失。

略懂一些财务常识的人都能明白信用卡套现会使个人债务持续增长。原因有二：一是人们没有用自己的收入去偿还债务，债务自然不会减少；二是每个月的套现行为都会产生倒卡的手续费，旧债与新债持续积累，日积月累下来也是一笔不小的债务。长期“以贷养贷”，这张信用卡的信用额度就会到达极限，个人债务也会加速膨胀。个人一旦开始出现信用卡套现的行为，其实已经表明其存在债务危机了。可以说，信用卡套现就是饮鸩止渴，是很多人遭遇债务危机时会优先采用的错误解决方案。更危险的是，这种行为还会扭曲个人财务认知，让人陷入“借新还旧”的自我欺骗循环。这些人甚至还自以为聪明，不断向身边人“安利”这种“聪明”的理债方法。从表面看，也许这些“以贷养贷”的人还是属于优质借款人——按期偿还债务，没有任何逾期行为——可实际情况却不容乐观，他们一直处于债务濒临崩盘的状态。就像一个里面坏掉的苹果，从表面看可能还是好的，甚至带着光泽，但只有切开时才会发现外表光鲜的苹果其内部早已腐烂。信用卡套现的还债效果也是类似的情况。

当人们在一段时间的“以贷养贷”后，猛然意识到自己已身陷债务旋涡的中心时，该怎么办？人们还有机会摆脱债务困境吗？当然可以。本书的第五、六、七章会详细介绍适合不同债务人群体的解债方法。但这个“觉醒”（意识到“以贷养贷”的危害）的时刻，是个人负债金额持续增多还是保持不变的重要分水岭。此刻，人们一般有两个选择：一是继续“以贷养贷”，二是及时止损。笔者在做债务咨询的过程中，发现很多债务人即使已经意识到“以贷养贷”的危害，还是会继续“以贷养贷”，他们甚至有“一条路走到黑”的决心，直到无处可贷时，他们才不得已被迫停止这种错误的还债方式。此时，人们的负债金额比“觉醒”时刻的负债金额又增加了一大笔。造成这种坏局面的主要原因还是人们缺乏主动止损的勇气，以及无法战胜对催收和法律诉讼的恐惧。因此，人们只能短视地以增加个人债务金额的方式来推迟用真实收入偿还债务的时日。“知行合一”说起来很容易，做起来却很难，也许人性始终无法抵达人们想象的道德高地。债务面前，人性终究是脆弱的。

以上就是笔者对人们出现债务问题的多种原因所进行的论述。

仅把债务问题归咎于个人，是片面的观点。人们不应孤立地解读债务问题，而是必须将其置于更大的时代背景与经济文化环境中来理解债务问题的复杂性，避免盲人摸象式的论断。对债务人来说，债务可能是由经济因素、文化因素、心理因素、部分过去原生家庭的影响、部分现在金融知识的匮乏与视野上的短视、部分对未来经济发展走势判断的失误等共同造成。这些因素与影响并不是互相独立的，而是环环相扣，彼此之间产生的化学反应让人们的债务问题逐步恶化，最终出现债务困境。

当下，一些人不仅对他人的观点和处境缺乏理解，而且还对他人的遭遇缺乏尊重，但其实我们每个人都是从自身所处位置的有限视角来理解这个复杂的世界和评判他人处境的。《了不起的盖茨比》开头是这样说的："在我年纪更轻、见识更浅时，父亲曾给我一个忠告，它至今仍在我脑海萦绕。'每当你要批评别人时，'他告诉我，'要记住，世上不是每个人都有你这么好的条件。'"也许理解这句话能让人带着同理心去讨论与债务相关的议题。

最后，希望通过这一章的内容，读者朋友们会对"人们为什么会负债"背后的那些"理所不当然"有一定的了解。更希望读者朋友们能跳出固有的思维模式，以包容的态度对待债务人，这其实就是一项重大的认知成就。因为债务人可能是未来的自己，可能是我们的同事、朋友、邻居，也可能是我们的家人，甚至是我们的孩子。从不同的角度看待一件事物，也意味着从新的角度来解读自我和整个世界。

下一章，让我们一起走入贷款的世界，从金融学的角度重新认识债务。

第三章

贷款：进入债务世界的诱饵

经济学和金融学的术语既复杂又难懂，多数人都难以理解，而这种让人看不透的状态，是预先就设计好的。有些所谓的金融专家，故意用很“专业”的术语说着让人听不懂的话，希望以此来彰显他们的重要性和权威性，而真正的专家则是具备用通俗易懂的话来解释非常复杂概念的能力。如果说语言是造就人们思想与生活的原料，那么想要具备金融视角就可能不得不具备读懂金融术语的能力。读不懂金融术语以及金融知识的匮乏可能会导致一些人错误地理解和使用金融产品。此外，因看不懂金融合同而遭遇投资诈骗的人也越来越多。

这个时代的人们，在日常生活中总是会有不少和贷款打交道的机会。不管是贷款置办房产、贷款购买汽车，还是用信用卡透支消费，人们可能都需要了解与贷款有关的金融常识，以及理解与之相关的金融术语。让人们和债务建立关系的媒介之一就是贷款。不管人们是向个人借款，还是向专业的金融机构借款，借款后会立即形成借贷关系，一方为贷，一方为借。民间借贷是指自然人、法人和非法人组织之间进行资金融通的行为。民间借贷不在本书的讨论范围，本书着重讨论人们与专业金融机构的借贷以及借贷关系建立后一系列的经济和法律事务。

在依靠信贷刺激的经济模式下，是否可以获得信贷是关乎生存的，它或许可以决定一个人能否拥有读书的机会，能否拥有住房与汽车，能否及时看病就医，以及能否开启创业之路等。因此，具备看懂贷款合同、理解贷款语言的能力至关重要。图 3–1 反映了本书部分内容与贷款的关系。

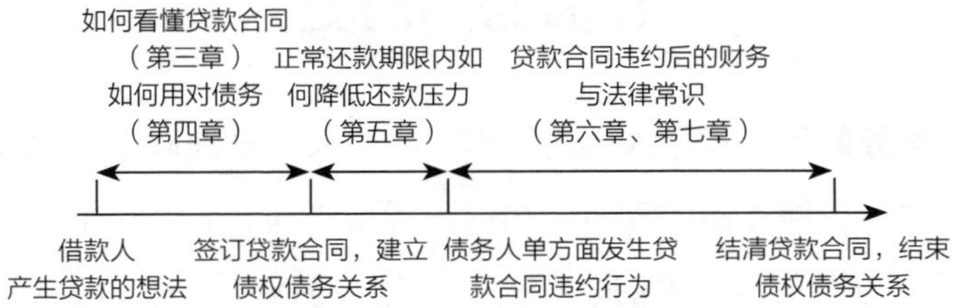

图 3–1　本书部分内容与贷款的关系

本章介绍了借款人在签订贷款合同前应具备的金融常识。贷款是人们融资（通俗而言就是借钱）的工具，但人们通过贷款购买的产品或者服务，在一般情况下会支付高于非贷款购买时的金额，因为人们通过贷款融资时，需要向债权人支付一定金额的利息和手续费。贷方（债权人或资金方）不会免费把资金借给人们使用。关于贷款的本金、利息、还款方式等信息，都会明确地写在贷款合同里。贷款人（也是借款人）应具备读懂上述关于贷款条款的重要信息。此外，贷款合同还是人们发生金融合同纠纷时的重要依据，人们在还清债务前应妥善保管好自己的贷款合同。本书中的贷款合同主要是指金融机构在信贷业务办理过程中与借款人、担保人或其他相关方签订的借款合同、担保合同、合作协议、代理协议等文本，贷款合同采用书面形式。

笔者会努力用通俗易懂的语言来解释复杂难懂的金融术语，回归常理、常规和常识。所有的学习都是从了解专业术语开始的，只有先学会了金融的语言，才能知道如何挑选适合自己的贷款产品，避免因用错贷款产品而返贫。

1. 债务的历史

债务的历史就像人类的历史一样悠久。早在有文字记载的历史之前，债务便已存在。在创造货币之前，人类的祖先通过以物易物来获得所需的一切。每一笔交易都是一次性完成的，没有延迟性。但当货币的概念一出现，一切就都变了。货币概念的出现早于纸币。

我们先了解一下西方社会的债务历史，之后再深入了解我国的债务历史。

美国公共电视台的一篇文章的观点是：早在公元前9000年，人类用羊和牛等作为“现金”。有些社会用牛皮或贝壳，有些则用珍珠或羽毛。不过，人们并没有带着这些“钱”去购物，而是用它来解决纠纷和安排婚姻。金属硬币最早出现于公元前600年至公元前500年，当时古代的工匠用铜和青铜制造了“牛皮贝壳”。这些贝壳很快就演变成了硬币，通常是穿在绳子上的，便于携带。随着社会的发展，商人阶层逐渐兴起。人们开始购买商品和服务，但大多数的购买活动都是和农业有关的——毕竟那时候尚未进入工业社会。随着社会进一步复杂化和商业活动的增多，人们的交易需求也在不断上升，市场体系逐渐形成。很快“先买后付”的模式出现，信贷和债务的概念由此诞生。

公元前3500年左右的美索不达米亚，居住在那里的苏美尔人既不依赖物物交换，也不依赖广泛流通的铸币，而是依靠债务构建了复杂的社会网络。大型债务以楔形文字记录，然后装入陶土信封，盖上借方印章。债权人将保存该信封，等到债务偿还之日再打开。人们经常用这些记录债务的泥板或陶土作为一种货币来购买他们需要的东西。因为这些泥板或陶土无论最终由谁持有，其都可以收回债权。可见，货币的起源就是一种制度化的社会关系，即债权债务关系。不管后来货币的载体（如金、银、纸币、数字货币等）发生了怎样的变化，其本质始终都是一种债权债务关系。现代社会的贷款合同，其实就是古时候陶土信封的升级版本。

大约在公元前 1754 年,《汉谟拉比法典》阐明了有关信贷和债务的规则，这也是最早的成文法典。这部法典规定了贷款可以收取利息，并且规定了严格的利率上限；还规定了借款人可以通过抵押财产来向贷款人保证他们的债务将得到偿还。

当借款人无法偿还债务时，常常选择逃离家园来逃避还债义务。身处农业社会的人无法偿还债务往往是由于遭遇天灾，比如农民的庄稼在洪水中被摧毁了。由于那时候的人类无法对抗自然灾害，农民逃离家园就变得很普遍。而农民变少了，国王所能获得的财富就变少了，于是国王在天灾频发的时候，会实行大赦，把土地归还给无力偿还借款的农民。

到古罗马时代，大量资金开始流通，贷款成为日常生活的一部分，不诚信的债务人也随之出现。于是，这个时期的人发明了用于追踪贷款和债务的记账簿，类似现代社会的征信报告。这个记账簿里详细记录了拖欠债务的借款人，以此来保护贷款人。例如，一个被认为“不可信”的农民，很难在当地找到一个贷款人来资助他去购买种子。这应该就是现代授信系统的雏形了，它对借款人偿还债务的能力和可能性进行评级。

以上是西方关于债务的历史。那么中国关于债务的历史是怎样的?

按照中国传说，中国货币的起源已有四五千年的历史。《管子》一书提供了我国关于债务的宝贵历史资料。《管子》以齐桓公与管仲的虚构对话为体裁，背景设定为战国时期。农民是《管子》所谓“月不足而岁有余”的人，平时需要借债。管子所处的那个时代最著名的放贷者是齐国的孟尝君，据说他放贷年收入高达 10 万贯。关于孟尝君的传说描述了他如何收回和核实贷款，而且时有坏账（不能收回的贷款）。

齐人有冯谖者，贫乏不能自存，使人属孟尝君，愿寄食门下……后孟尝君出记，问门下诸客:“谁习计会，能为文收责于薛者乎?”冯谖署曰:“能……于是约车治装，券载契而行……驱而之薛，使吏召诸民当偿者，悉来合券。券遍合，起，矫命以责赐诸民。因烧其券，民称万岁。”

这段古文记录了讨债人冯谖烧掉了记载百姓欠债记录的账本，一笔勾销了百姓的债务的故事。可见，我国古代就有免债的历史。

战国时期，放款取息的事情非常普遍，当时叫作“假贷”或“称贷”。《史记·货殖列传》中常常提到放债致富的例子，如曹邴氏的“贳贷行贾”。当时的借贷基本上都是信用放款，没有抵押，只凭债务人出一张券契，借贷双方各执一半，到期合券以偿。刘邦做泗水亭长的时候，交接朋友，常常赊账喝酒，据说债主看见刘邦醉卧时其上有龙，乃“折券弃责”。

信用放款是封建社会的主要（借贷）形式。对于债主并没有多大风险，因为在封建社会中，人们的行动不自由，逃债虽有可能，究竟比较困难，债户离开土地往往就难以为生，而且债主对债务人的财产以及人身往往有任意处分的自由。所以那时债务人的家产可能会被变卖或被剥夺，一家人沦为乞丐。这就是孟子所谓的“又称贷而益之，使老稚转乎沟壑”。

《论语·为政》里认为“人而无信，不知其可也”。债务关系被视为“信”的试金石。随着封建社会的逐步发展与成熟，“欠债还钱，天经地义”的文化逐渐形成。那时候，债务人若不能偿还贷款，则债权人便可以占有债务人的财产，甚至还能夺取他的子女或妻子以作奴婢。秦汉以后，欠债不还被视为犯罪。如《唐律疏议》中即规定对欠债不还者，施以笞刑、杖刑催债，如果仍不清偿则施以徒刑;《宋刑统》中除了要求债务人变卖家产劳役抵债外，还规定对债务人除以杖刑;《大明律》和清朝的刑律也规定对违约债务人处以笞杖刑。历史上，中国还逐渐形成了“父债子还”的文化。

随着技术的进步，贸易的边界逐渐扩张，国际贸易在 15 世纪得到了蓬勃发展。许多国家随之发展出了更复杂的金融系统，以应对复杂的经济活动和对外贸易。各国政府都需要筹集资金来资助扩张、贸易和战争。于是，现代银行诞生了。

1171 年意大利威尼斯共和国设立了用于管理公共债务的机

构，常被视为近代银行制度的雏形，而 1407 年成立的热那亚圣乔治银行，则是欧洲最早的存款银行之一。此后相继成立的一些银行，主要从事存、放款业务，大多具有高利贷性质。银行系统在整个欧洲缓慢发展。1694 年，英国政府成立了英格兰银行，成立其主要是为了与法国的战争筹集资金。18 世纪末至 19 世纪初，随着商品经济的不断繁荣，银行在全球盛行。我国最早的银行是 1845 年由英国人在广州设立的，名为丽如银行。约 52 年后，中国通商银行成立了，这是我国自办的第一家银行。

随着时间的推进，人类第一张信用卡在 20 世纪 50 年代的美国诞生，以此拉开了个人负债生活方式的序幕。1985 年 3 月，由中国银行珠海市分行成立的信用卡经营公司——珠海信用卡有限公司——发行了首张本地化信用卡“中银卡”。信贷的出现颠覆了人与时间的关系。在此之前，为了得到一样东西，每个家庭都得服从于等待机制，用连续好几年存下的积蓄购买房子或自己的心仪之物；但从此以后，人们可以向未来借钱，相比于垂头沮丧，人们更偏爱及时行乐。而债务也因此成为社会整体不可回避的话题，很多人其实是在负债累累后才明白债务的本质是什么。

2. 贷款的基本常识

信用活动的发生涉及借贷双方，且借贷双方在借贷关系中有不同的权利和义务。信用活动形成了债权债务关系，从债权人（贷方）看，这种义务是信用的贷予关系，权利是将来对别人偿付的要求权；从债务人（借方）的角度，是一种债务关系，将来必须履行偿还的义务，且具有强迫性。信贷与债务的关系是显而易见的：信贷增量的积累即债务存量。信贷的急剧扩张意味着债务的快速增长。信用作为债权债务关系的约定，既可以是口头方式，也可以是记账方式，还可以是书面的契约，其本质并无不同。

现代社会多依靠书面契约的形式来确定合法的债权债务关系，比如金融机构统一拟定的标准贷款合同。书面贷款合同也是解决债务纠纷的法律依据。朋友之间借钱，当金额较大时，也应写一份借条或借款协议，签订书面契约可以防止未来不必要的争议（如关于借款金额的争议），以证明钱是借的，而不是赠予的。如果涉及利息，契约中宜包括利息的计算方式以及每次付的利息的具体数额。通常来说，笔者建议大家不管是向别人借钱还是借钱给别人，都应用文字签订下来，以此保护双方的合法权益。

如何申请贷款是我们理财生涯中要解决的一大难题。比起不通过贷款而获得的财富，基于正确的分析，合理地申请贷款可以让人们更快地过上富足的生活，但如果人们未合理地进行贷款，出现错用贷款的情况，那么它就会长年阻碍人们的财富增长，甚至会把人们引入黑暗的债务世界。

贷款，通俗而言就是借款人向金融机构申请一笔资金的融资活动，而证明这笔交易的凭证就是贷款合同。每一份贷款合同都有两个主体：贷款人和借款人，即借贷双方。有的贷款合同还有第三方，比如常见的担保方或信息技术提供方等。贷款合同中明确规定贷款人的义务是同意借给借款人一些钱（货币）

并将资金转入借款人指定的银行账户里（或其他支付方式），而借款人的义务则是同意按期归还所借的资金，并为此支付一定比例的利息。此外，贷款合同里还详细说明了如果任何一方不履行其义务时应承担什么后果，以及发生争议时的解决条款。贷款合同是具有法律效力的。如果借款人违约不能足额偿还债务或者不能在规定期限内还清债务，贷款人可以通过法律手段保护自己的权益。

金融机构的贷款合同通常是格式合同。格式合同又称标准合同、定型化合同、制式合同，是指当事人一方（通常是贷方）预先拟定合同条款，对方（借款人）只能表示全部同意或者不同意的合同。根据《商业银行委托贷款管理办法》第二十三条："商业银行应制定统一制式的委托贷款借款合同。因业务需要使用非统一制式合同的，须经总行审查同意。"

对于第一次签署贷款合同的借款人，看到贷款合同中不熟悉的条款和条件可能会有在"看天书"的感觉。通常条款很长，字很小，读起来拗口，而且是用正式的法律语言编写的，但是由于这些条款会影响人们当前和未来的财务状况，而且具有法律效力，因此人们在签订贷款合同之前，务必阅读并理解合同里的关键条款，理解自己未来的义务和责任。

贷款合同里包含了复杂的金融和法律术语，很多专业人士读起来都不轻松。但即使如此，借款人还是要关注包括贷款额度、贷款期限、贷款利率、贷款用途、还款时间、还款方式、提前还款约定、逾期还款影响在内的许多要素。其中，以下这5个贷款要素十分重要：

（1）贷款额度

贷款额度指贷款申请人从贷款机构获得的贷款金额。比如某人借款 10 万元，那么他就应收到 10 万元的贷款资金。贷款机构会根据申请的贷款是否有担保、担保物价值的大小或个人的信用资质的优劣，而决定个人贷款额度的高低。通常来说，一个人的收入越高，信用资质越优，能获得的无担保信用贷款的额度就越高。

（2）贷款期限

贷款期限指贷款从发放到全部收回的时间，也是借款人偿还债务的时间。贷款根据期限的长短可以分为短期贷款、中期贷款和长期贷款。1 年以内的贷款为短期贷款；1 年以上、5 年以下的贷款为中期贷款；5 年以上的贷款为长期贷款。消费金融信贷产品的贷款周期最长一般是 12 个月；汽车抵押贷款的期限最长一般是 3 年，即 36 个月；个人住房贷款的期限最长一般是 30 年，即 360 个月。贷款期限越长，意味着使用贷款资金的时间更长，因此付出的利息也就更多。

（3）贷款利率

贷款利率指一定时期内利息额与本金的比率，通常分为年利率、月利率和日利率。贷款利率可分为固定利率和浮动利率。固定利率下贷款的利率不与市场利率挂钩，在整个贷款期间保持固定不变，比如我国大多数信用卡都是按照日 0.05% 收取透支利息。浮动利率下贷款的利率与市场利率挂钩，在贷款期间，利率会随着市场利率的变动而发生调整，比如我国的个人住房贷款基本上都是浮动利率，每个人的房贷利率都不一样。某些个人消费金融的贷款产品除了收取贷款利息，还会产生其他费用，如担保费和咨询服务费等。因此，此类个人消费金融贷款产品的成本往往高于贷款利率，人们应汇总贷款利息和其他贷款相关的费用一起计算这类贷款产品的总成本。

（4）还款方式

贷款的还款方式一般有一次性还款、先息后本和分期还款三种方式，其中分期还款又可以分为等额本息和等额本金两种还款方式。分期还款是指按合同约定的期数，定期偿还贷款，多数是按月偿还。具体请阅读本章第五节的内容。

（5）月供金额

月供金额反映贷款后借款人的还款义务，具体是指借款人定期（通常是每月）偿还给贷款人的金额，也是借款人每月需要偿还的债务金额。根据贷款额度、贷款利率、还款方式和贷款期限可计算出月供金额。图 3–2 展示了贷款合同的重要五要素。

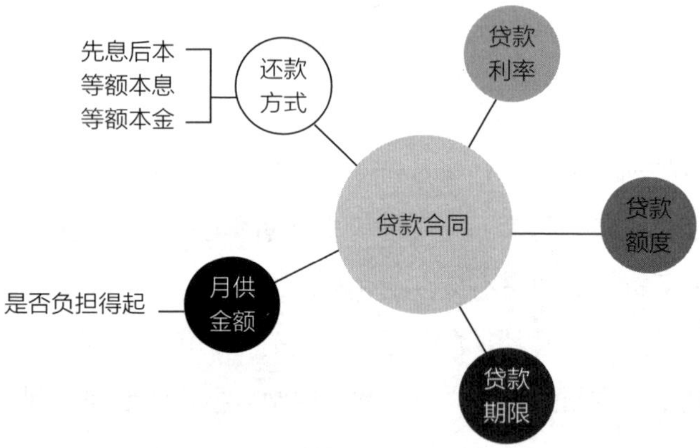

图 3–2　贷款合同的重要五要素

这5个关键要素构成了绝大多数贷款合同的基础。除上述5个要素外，对下面这些贷款信息也应有所了解。

（1）抵押物

抵押物指借款人（抵押人）为担保未来还款义务的履行而转移给贷款人（债权人和抵押权人）的担保物。抵押物可以为进行了抵押登记的不动产、人寿保险和国债等。其中以不动产作为抵押登记物的贷款十分常见，比如：个人住房贷款和汽车抵押贷款，只有当借款人还完借款金额后，方可解除房屋产权抵押和汽车产权抵押。当借款人不能履行按期偿还债务的义务时，贷款人（债权人和抵押权人）可以通过出售抵押物来回收贷款。

（2）担保人

担保人指第三人和贷款人约定，当借款人不履行按期偿还债务的义务时，担保人则需要按照合同来偿还债务或者承担责任，这里的第三人即担保人。例如，小王向贷款机构借款10万元，并约定他的母亲是他的担保人，当小王没有能力偿还这笔10万元的贷款时，金融机构可以要求小王的母亲偿还这笔10万元债务。替他人担保就意味着成为某笔贷款的债务人。因此，替他人担保需谨慎，不可意气用事。

（3）共同贷款人

共同贷款人指共同申请一笔贷款的两个或者两个以上的借款人，一般多见于夫妻共同贷款买房的情况。

（4）摊销表

摊销表指每月借款人为贷款支付的本金和利息的具体金额

明细。通俗而言，就是一系列固定的本金和利息支付表格，借款人据此在规定的时间内偿还贷款。通过摊销表，借款人可以明确地知道月供里有多少钱是用于偿还贷款本金的，又有多少钱是用于支付利息的。关于摊销表的其他说明详见本章第四节内容。

（5）提前还款

提前还款指当人们有多余可用的资金时，申请提前偿还贷款的行为。借款人能否提前还款、以什么方式提前还款，是根据签订的贷款合同中约定的内容来决定的。通常来说，大多数贷款都允许提前还款，但借款人可能需要为提前终止合同支付违约金。现实生活中，有银行规定借款人办理提前偿还部分或全部贷款本金时，须事先向贷款经办行（即贷款合同中的贷款人）通过咨询受理电话或至贷款经办行个贷中心现场提出申请。经贷款经办行同意，借款人在还清拖欠款项（若有）的前提下方可提前偿还部分或全部贷款本金。与此同时，贷款经办行有权根据合同约定收取提前还本的违约金。此外，人们办理的信用卡账单分期后若想提前还款，银行是不退还已分摊期数的手续费的，也不收取剩余未摊分期的手续费，不过部分银行会收取一定数额的违约金。

（6）贷款违约

贷款违约指借款人没有按照贷款合同约定的要求执行贷款合同。例如，擅自改变贷款用途、提供虚假的文件、提前还款和贷款逾期等。贷款合同中一般会详细列出十几项属于违约行为的事项，其中最典型的违约事项就是借款人未按期归还贷款本息，即逾期。借款人违约后，贷款人可以要求借款人立刻偿还贷款剩余部分的本金和利息，以及要求借款人赔偿因违约而给贷款人造成的损失，包括为实现债权而导致的律师费、诉讼费、保全费等相关费用损失等。借款人发生违约行为后，个人最终需要偿还的债务金额会有所增加。

（7）贷款逾期

贷款逾期是贷款违约的其中一种形式。贷款逾期是指在贷款合同约定的日期内，借款人没有进行还款。比如，小王信用卡账单的还款日是每月的 20 号，如果小王从入账日到 20 号都没有任何的还款行为，就是逾期行为，小王需要向银行支付一定金额的罚息。通常来说，贷款合同中会明确规定逾期收取罚息的计算方法。比如，某银行的贷款合同中就规定：“就逾期部分，从逾期之日起按照逾期贷款罚息利率按日计收利息，且逾期贷款罚息利率为本合同约定的贷款利率水平上加收 50%。”此外，日常中，人们看到贷款逾期 M1、M2、M3，其中 M 是指英文月（month）的简写，M1 表示逾期 1 个月，M2 表示逾期 2 个月，M3 表示逾期 3 个月。关于逾期部分的常识笔者会在第六章进行详细介绍。

通过了解贷款合同，人们对债务也应有了深刻的理解。债务因贷款而产生，贷款和债务在初期是有着难分难舍的“连体婴”式关系的。没有贷款，自然就没有随之而来的债务问题和债务逾期后的催收及诉讼问题。因此，贷款是人们进入债务世界的诱饵。现实生活中，人们喜欢贷款，却厌恶债务，这其实说明人们并未把贷款与债务的关系想清楚。

3. 利率——贷款的价格

早在货币出现之前，人类社会就已经出现借贷取息的现象了。可以说，利息影响了人类生活的方方面面。人们通过利率来计算利息。利率是一种十分敏感的社会经济指标，利率的升降会直接影响股市与汇市，影响消费信贷的规模，它是鼓励储蓄、引导投资、分配社会稀缺性生产要素——资本的重要手段。利率的变动在一定时期、一定条件下，甚至会成为影响经济周期进程的决定性因素。

在借贷合同中，贷方同意借方在一段时间内使用贷方的资本。在金融的世界里，时间是有价值的，就像本杰明·富兰克林的名言："时间很宝贵，时间就是金钱，时间构成了人生。"因此贷方需要向借方根据其占用资本的时间长短和利率来收取利息。利息是信贷的灵魂。如果放贷没有利息作为回报，那么就不会有人愿意把钱拿出来借给他人使用。因此，只要涉及贷款和债务，就不能不优先谈论利率。银行等金融机构关心利率，是因利率决定了它们放贷的利息收入。借款人更应该关心利率，是因为利率关系到其贷款后的月供，以及使用这笔贷款资金是否划算的问题。

古往今来，关于利息的争论就没有停止过。其中主张利息反自然的代表是著名哲学家亚里士多德，他认为货币本来是用来交换的，不是为生利息的。但是支持利息的奥地利经济学派则认为利息产生的唯一原因是人们有"正的时间偏好"，即利息可以被看作现在与未来"交换"的产物。这也是现在贷款利息需要按天计算的原因之一。现在，利率被认为是贷款的价格。贷款变成一种商品，而该商品的价格取决于利率，利率越低，人们越能负担这笔贷款。

影响贷款利率的因素有很多，如贷款市场报价利率、货币市场的风险、个人信用资质、贷款的形式（抵押贷款还是信用贷款）、当前的经济环境等。罗瑟曾说，在经济发展较低迷的时期内，常常发生憎恶贷款取息的现象。

从借款人角度来看，利率是选择贷款产品时，应优先考量的因素。个人住房贷款利率的细微差别，可能会带来几万元，甚至几十万元的利息支出的差距。而消费信贷也因利率的高低而分别走向普惠金融或掠夺性贷款。因此，不管是信用类贷款还是抵押类贷款，人们都应重点关注贷款的利率。

贷款计息方式主要分为单利计息和复利计息，大多数信用贷款产品和抵押贷款产品都以单利计息，而信用卡是按照复利计息的贷款产品。

（1）单利是指在贷款期限内，贷方只在原始的本金上计算利息，对本金所产生的利息不再另外计算利息。

单利的计算公式：利息 = 本金 × 利率 × 计息期数

本金与利息之和 = 本金 ×（1 + 利率 × 计息期数）

虽然公式较为烦琐，但是并不难理解。假设小王在某金融机构借款 10 000 元，年利率为 18%（值得一提的是，年利率 18% 虽高于银行体系普遍 4%~6% 的抵押类贷款利率，但在个人信用贷款、消费金融产品及非银行小额信贷市场中仍属常见水平。根据截至 2024 年的市场数据，此类产品年利率普遍处于 14%~24%），月利率 =18% ÷12=1.5%，贷款期限为一年期，以先息后本的还款方式每月偿还利息，那么这笔贷款的利息是多少？最终需要小王偿还的本金与利息之和又是多少？

具体计算如下。

每月利息 = 本金 × 月利率 × 计息期数 =10 000×1.5%×1 = 150（元）

总利息 = 本金 × 月利率 × 计息期数 =10 000×1.5%×12 = 1800（元）

或

总利息 = 本金 × 年利率 × 计息期数 =10 000×18%×1= 1800（元）

本金与利息之和 = 本金 ×（1+ 利率 × 计息期数）=10 000×（1+18%×1）=11 800（元）

（2）复利，俗称利上加利，具体而言就是利息也会产生利息，利息产生的利息会计入下一期的本金，继续产生利息。同样的贷款条件下，复利计息下的利息总额要大于单利计息。

复利计算的公式：

$$本金与利息之和=本金\times(1+r)^n$$

其中 r 为利率，n 为期限。

比如，小王从信用卡借款 10 000 元，日利率是 5‰（月利率就是 1.5%，此处按每月 30 天计算），信用卡是按月计算复利的，借款期限是一年，那么一年后小王需要偿还多少本金和利息呢？

具体计算如下。

本金与利息之和＝本金 ×（$1+r$）^{n}=10 000×（1+1.5%）^{12} =11 956.18（元）

同样的本金，同样的月利率，对比单利计息，复利计息的利息多出了156.18元，这是因为利息也会产生利息。现实生活中，信用卡需要每月按时还款，不能如期还款会产生滞纳金，日利率也会增长为7.5‰（逾期后日利率上涨50%，5‰ ×50%=7.5‰），因此信用卡债务10 000元如果逾期，最终需要偿还的债务总额是比11 956.18元还要多的。

由此可见，信用卡贷款需要支付较高的利息。人们如果需要短期小额贷款，应优先考虑申请单利计息的信贷产品，如银行的个人消费贷款或互联网金融的小额贷款等，次优选才是信用卡借款。

4. 摊销表

摊销，英文是amortization，源自拉丁语，意味着“杀死”。在贷款术语中，它指的是通过偿还贷款来“杀死”贷款。债务也有“死亡”的那一刻。债务的消灭也叫作债务的终止或债权债务关系的终止，是指债务的当事人之间的债务关系在客观上已经不复存在。债务被清偿是债务被消灭的主要原因。

摊销表主要用于等额本息的分期贷款，债务人每月支付固定的还款额，这笔固定的还款额里包含本金和利息。第一期的固定还款额中，利息占比比较大，本金占比比较小，但随着时间的推移，同样的固定还款额，本金的占比逐渐变大，利息的占比逐渐变小。摊销表的建立需要用到贷款的其他五要素，即贷款额度、贷款利率、还款期限、还款方式和月供金额。

摊销表是一个还款时间表。银行等金融机构的贷款合同中一般会向借款人提供摊销表。比如小王 2018 年 12 月 15 日向某金融机构借款 10 000 元，第一个还款日是 2019 年 1 月 15 日，该贷款需要小王每月还款 916.8 元，还款周期总计为 12 个月，利率为 18%。表 3–1 就是这笔贷款在等额本息还款方式下的摊销表，表中的数字因四舍五入可能存在细小偏差。

表 3–1　某贷款在等额本息还款方式下的摊销表

单位：元

还款日	月供金额	本金	利息	利息累计	剩余本金
2019-01-15	916.8	766.80	150.00	150.00	9233.20
2019-02-15	916.8	778.30	138.50	288.50	8454.90
2019-03-15	916.8	789.98	126.82	415.32	7664.92
2019-04-15	916.8	801.83	114.97	530.30	6863.10
2019-05-15	916.8	813.85	102.95	633.24	6049.24
2019-06-15	916.8	826.06	90.74	723.98	5223.18
2019-07-15	916.8	838.45	78.35	802.33	4384.73
2019-08-15	916.8	851.03	65.77	868.10	3533.70
2019-09-15	916.8	863.79	53.01	921.10	2669.91
2019-10-15	916.8	876.75	40.05	961.15	1793.15
2019-11-15	916.8	889.90	26.90	988.05	903.25
2019-12-15	916.8	903.25	13.55	1001.60	0.00

通过表 3–1，我们知道这笔 10 000 元的贷款，最终需要借款人偿还的本金和利息总计为 11 001.6 元，其中利息为 1001.6

元。第一个月的还款额916.8元中，有766.8元用于偿还本金，有150元用于偿还利息，而最后一期的还款额916.8元中，有903.25元都是用于偿还本金，只有13.55元用于偿还利息。由于每月利息 = 上月剩余本金 × 月利率，随着借款人还款越多，其剩余本金将不断减少，利息也会随之减少。在等额本息这一还款方式下，随着还款月份的增加，每月偿还的本金占比逐渐提高，每月偿还的利息占比逐渐降低。

个人住房贷款、汽车抵押贷款和消费信贷，一般都是等额本息分期的贷款，它们都有类似的摊销表，摊销表一般都包含以下内容。

（1）等额分期付款。

（2）固定利率。

（3）固定付款计划。

（4）固定到期日。

（5）剩余本金余额持续减少（非循环贷款）。

基于这些特征而建立的摊销表，可以让人们清晰地看到每笔还款将如何影响这笔贷款，以及人们在贷款期限内支付的总利息是多少。借款人根据摊销表可以快速了解自己的还款义务以及贷款合同的其他四要素（贷款额度、贷款利率、还款期限和月供金额）。贷款合同中通常会列明摊销表，如果没有明确列出该表，借款人可以让银行等金融机构出具一份摊销表，或者通过贷款五要素自己计算。

5. 还款方式

贷款的还款方式一般有一次性还款、先息后本和分期还款三种方式。

一次性还款是指按贷款合同上约定的时间，到期一次性偿还本金和利息。例如，2019 年 1 月 5 日，小王向金融机构借了 10 000 元，约定年利率为 18%，期限为 1 年。在 2020 年 1 月 15 日，小王将本金 10 000 元以及利息 1800 元一次性归还给贷款机构。一次性还款和先息后本的还款方式的主要区别在于利息的分配。先息后本需要按期偿还利息（通常是每月偿还），而一次性还款则不需要。

一次性还款的还款方式比较少见，先息后本、等额本息和等额本金这三种还款方式比较普遍。消费金融产品一般包含上述三种还款方式，个人住房贷款一般提供等额本息和等额本金这两种还款方式。下面我们就通过具体例子结合摊销表，来了解这先息后本、等额本息和等额本金还款方式的区别，并分别说明它们的优缺点。

先息后本，是指贷款后前期只偿还利息，本金在最后一期偿还的还款方式。利息统一按照贷款的原始本金计算，每一期的利息金额都是相同的。一笔 10 000 元的贷款，每月还款，还款周期为 12 个月，月利率为 1.5%，前 11 期的还款利息均为 150 元，最后一期的还款金额为 10 150 元，还款明细（先息后本）如表 3–2 所示。

表 3-2　还款明细（先息后本）

单位：元

还款日	月供金额	本金	利息	利息累计	剩余本金
2019-01-15	150	0	150	150	10 000
2019-02-15	150	0	150	300	10 000
2019-03-15	150	0	150	450	10 000
2019-04-15	150	0	150	600	10 000
2019-05-15	150	0	150	750	10 000
2019-06-15	150	0	150	900	10 000
2019-07-15	150	0	150	1050	10 000
2019-08-15	150	0	150	1200	10 000
2019-09-15	150	0	150	1350	10 000
2019-10-15	150	0	150	1500	10 000
2019-11-15	150	0	150	1650	10 000
2019-12-15	10 150	10 000	150	1800	0

先息后本还款方式下的 10 000 元贷款，需要支付的利息总额为 1800 元。只需要用贷款本金乘以月利率（月利率可以通过日利率乘以 30 天计算得出，也可通过年利率除以 12 个月得出）就可以。先息后本贷款的最后一期，借款人需要一次性偿还本金以及当期的利息，这会导致最后一期的还款压力激增。如果借款人不能在最后一期的还款日偿还本金和利息，就发生了贷款逾期和违约的行为。贷款逾期行为会触发金融机构进行催收。

目前我国金融市场上的先息后本贷款类产品有企业经营贷、小额消费信贷等。一些借款人只能看到先息后本贷款前期偿还的小金额利息，就误以为自己负担得起这笔贷款，却因看不到最后一期要偿还大额本金，而使未来的自己承受偿债能力范围之外的压力。这也是部分借款人走上“以贷养贷”错误理债之路的原因之一，他们误用了先息后本的贷款产品。

先息后本的还款方式适合收入不完全固定的人，比如商人或工资薪水中年终奖占比较大的人，这些人具备一次性偿还大额本金的实力。他们可以利用先息后本只支付利息的期限，减轻前期的财务压力。

接下来，我们来了解一下等额本息和等额本金的还款方式。

消费信贷、个人住房贷款和汽车贷款等，基本都会提供这两种还款方式，到底该选哪一种呢？个人住房贷款是人们一生中十分重要的，也是金额比较大的贷款，因此，笔者就通过个人住房贷款来具体说明这两种还款方式的优缺点。

等额本息的还款方式，是指每一期的还款额（利息 + 本金）都是一样的，第一期还款额中利息比重比较大，本金比重比较小，随着还款次数增多，本金比重逐期增大，利息比重逐期递减。

比如，小王个人住房贷款的本金为 400 万元，年利率为 5%，还款期限是 30 年，还款方式为等额本息，在等额本息的计算公式下每一期（一期为一个月）的月供金额就是 21 472.86 元。他在 30 年内偿还本金 400 万元，这 30 年间的利息支出是 3 730 231.37 元，约 373 万元，因此累计还款总额一共是 7 730 231.37 元，约 773 万元。图 3–3 为中国建设银行个人贷款计算器等额本息还款方式下的计算结果。

由于期限为 30 年的贷款摊销表难以全部展示出来，因此表 3–3 展示的是这笔贷款发生后前 12 个月的还款现金流。通

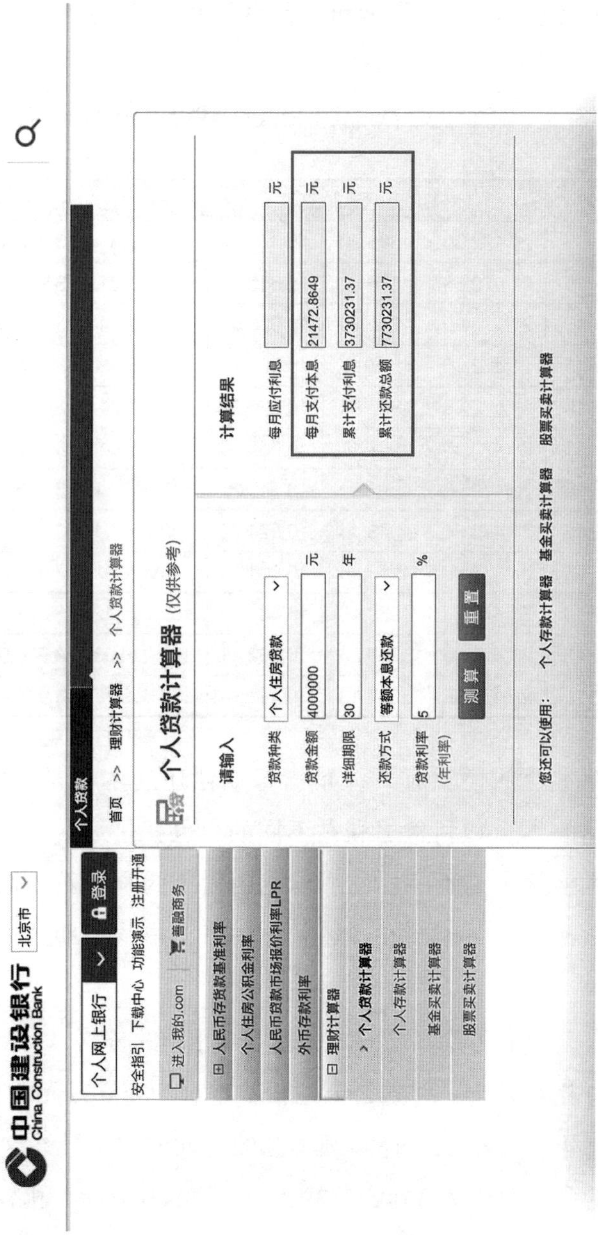

图 3-3　中国建设银行个人贷款计算器等额本息还款方式下的计算结果

过表 3-3 大家可以看出本金和利息的变化趋势，表中的数字因四舍五入可能存在细小偏差。

表 3-3　等额本息还款方式下贷款的摊销表（前 12 个月）

单位：元

还款日	月供金额	本金	利息	利息累计	剩余本金
2019-01-15	21 472.86	4806.20	16 666.67	16 666.67	3 995 193.80
2019-02-15	21 472.86	4826.22	16 646.64	33 313.31	3 990 367.58
2019-03-15	21 472.86	4846.33	16 626.53	49 939.84	3 985 521.24
2019-04-15	21 472.86	4866.53	16 606.34	66 546.18	3 980 654.72
2019-05-15	21 472.86	4886.80	16 586.06	83 132.24	3 975 767.91
2019-06-15	21 472.86	4907.17	16 565.70	99 697.94	3 970 860.75
2019-07-15	21 472.86	4927.61	16 545.25	116 243.19	3 965 933.14
2019-08-15	21 472.86	4948.14	16 524.72	132 767.91	3 960 984.99
2019-09-15	21 472.86	4968.76	16 504.10	149 272.02	3 956 016.23
2019-10-15	21 472.86	4989.46	16 483.40	165 755.42	3 951 026.77
2019-11-15	21 472.86	5010.25	16 462.61	182 218.03	3 946 016.52
2019-12-15	21 472.86	5031.13	16 441.74	198 659.77	3 940 985.39

等额本金的还款方式，是指每期偿还的本金是一样的，但是每期的本金和利息之和是不同的，也就是每期的还款金额（月供金额）是不一样的。前期因偿还的利息较多而使得每期还款额较高，因此在该还款方式下，贷款初期的还款压力较大。

但等额本金还款方式下，贷款本金相同的贷款，需要支付的总利息相对较少。比如，上述贷款本金为 400 万元的贷款，其他因素不变，小王选择等额本金的还款方式，最终这笔 30 年贷款的利息总额为 3 008 333.33 元，约 300 万元。相较等额本息的还款方式，等额本金的还款方式可以为小王节约70多万元的利息。图3-4为中国建设银行个人贷款计算器等额本金还款方式下的计算结果。

由于难以完全展示30年贷款的摊销表，因此表3-4仅展示等额本金还款方式下贷款后前12个月还款现金流，表中的数字因四舍五入可能存在细小偏差。

表3-4 等额本金还款方式下贷款的摊销表（前12个月）

单位：元

还款日	月供金额	本金	利息	利息累计	剩余本金
2019-01-15	27 777.78	11 111.11	16 666.67	16 666.67	3 988 888.89
2019-02-15	27 731.48	11 111.11	16 620.37	33 287.04	3 977 777.78
2019-03-15	27 685.19	11 111.11	16 574.07	49 861.11	3 966 666.67
2019-04-15	27 638.89	11 111.11	16 527.78	66 388.89	3 955 555.56
2019-05-15	27 592.59	11 111.11	16 481.48	82 870.37	3 944 444.44
2019-06-15	27 546.30	11 111.11	16 435.19	99 305.56	3 933 333.33
2019-07-15	27 500.00	11 111.11	16 388.89	115 694.44	3 922 222.22
2019-08-15	27 453.70	11 111.11	16 342.59	132 037.04	3 911 111.11
2019-09-15	27 407.41	11 111.11	16 296.30	148 333.33	3 900 000.00
2019-10-15	27 361.11	11 111.11	16 250.00	164 583.33	3 888 888.89
2019-11-15	27 314.81	11 111.11	16 203.70	180 787.04	3 877 777.78
2019-12-15	27 268.52	11 111.11	16 157.41	196 944.44	3 866 666.67

通过对比表3-3和表3-4，可以发现等额本金还款方式下，还款12个月后剩余的本金要比等额本息还款方式下少了74 000元左右。同时，等额本金还款方式下每月还款额都要比等额本息还款方式下多出五六千元。随着还款期数的增加，到了第

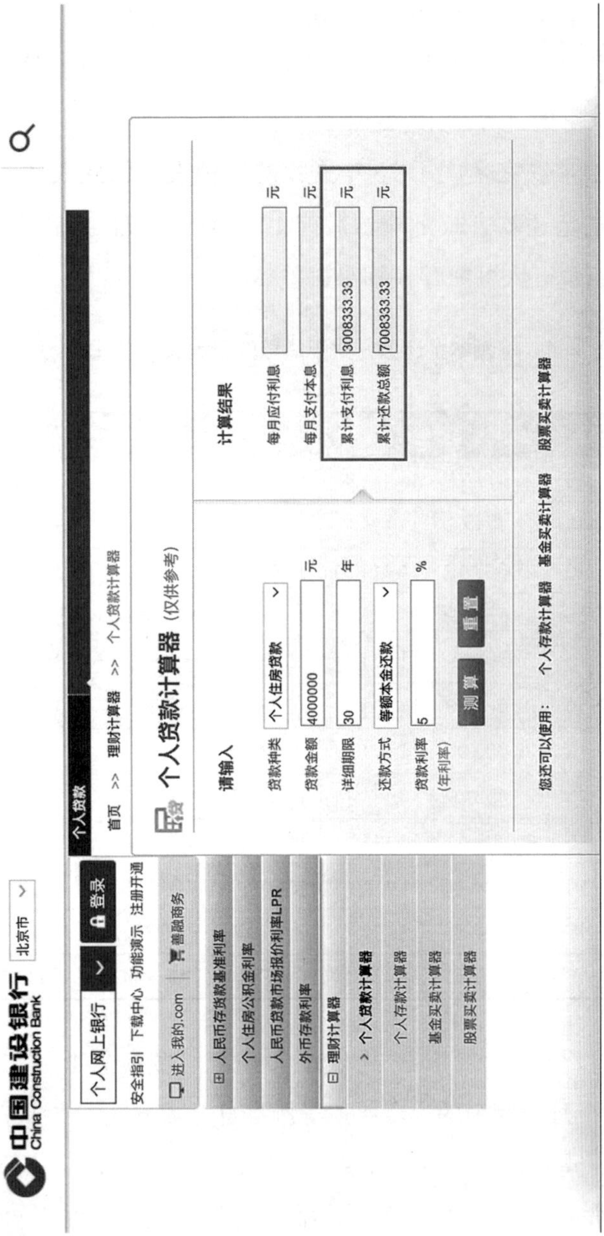

图 3-4 中国建设银行个人贷款计算器等额本金还款方式下的计算结果

138 期，等额本金还款方式下的月供额会小于等额本息还款方式下的月供金额。

等额本金的还款方式属于“先苦后甜”，越到还款后期还款压力就越小。而等额本息则具有“平滑”还款额和可预测的好处（每期还款金额都是一样）。但如果仅从利息支出的角度看，等额本金的还款方式更划算。

6. 不同类型的贷款

个人贷款产品的类型有很多，大致可以根据产品用途、有无担保和是否可循环授信来分类，图 3-5 为个人贷款产品的种类。

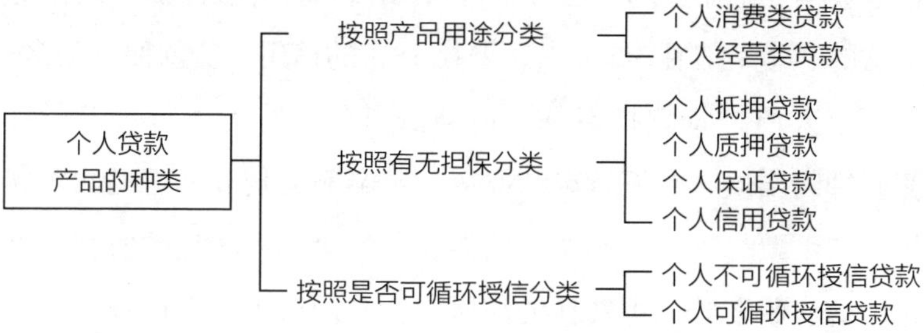

图 3-5　个人贷款产品的种类

（1）根据产品用途的不同，个人贷款产品可以分为个人消费类贷款和个人经营类贷款。其中个人消费类贷款包括：个人住房贷款、个人汽车贷款、个人教育贷款、个人住房装修贷款、个人耐用消费品贷款、个人旅游消费贷款和个人医疗贷款等。个人经营类贷款是指向从事合法生产经营的自然人发放的，用于满足企业（包括个体工商户）生产经营流动资金需求和其他合理资金需求的贷款。

（2）根据有无担保分类，个人贷款产品主要分为个人抵押贷款、个人质押贷款、个人保证贷款和个人信用贷款，其中个人抵押贷款和个人信用贷款比较常见。

个人抵押贷款指借款人以符合银行规定条件的财产作为抵押物向银行申请取得一定金额的贷款。常见的抵押物有：房屋、土地使用权、汽车等。如果借款人不能如期足额偿还贷款，发生债务违约的行为，贷款人有权获得抵押物的所有权。常见的个人抵押贷款就是个人住房贷款，人们以自己的房产作为抵押物向银行申请贷款。通常有抵押物的贷款，贷款利率相较于没有抵押物的贷款会低一些，比如2024年首套个人住房贷款的利率一般在3%左右，要比18%的信用卡贷款便宜很多。

个人质押贷款指借款人以合法有效、符合银行规定条件的质押物出质，向银行申请取得一定金额的贷款。常见的质押物有：汇票、支票、本票、债券、存款单、可转让的股权、可转让的应收账款、可转让的注册商标专用权中的财产权等。质押贷款与抵押贷款的主要区别就是担保物品的存放区别，质押要求质押物品必须移交贷款人。因此，质押只能是动产或者权利。例如，房子不能被质押，因为房子是不动产，无法移交给贷款人。股权质押贷款是常见的个人质押贷款。在股票市场剧烈波动时，股权质押贷款的借款人（通常是企业的股东）可能出现无法偿付本金的情况。很多上市公司董事长或大股东就因股权质押贷款而让企业和个人都陷入了严重的债务危机，损失大量财富。

个人保证贷款指银行以银行认可的，具有代位清偿债务能力的法人、其他经济组织或自然人作为保证人，向自然人发放的贷款。如果个人保证贷款的借款人发生债务违约，银行可按合同约定直接向保证人扣收贷款，出现纠纷可通过法律程序予以解决。为他人担保或成为保证人，是增加自身负债的行为，因此人们要三思而后行。不少保证人在签署担保合同时，并不是很了解其应该承担的责任，待借款人违约时，才发现自己需要替借款人还款。

个人信用贷款是目前消费金融行业较常见的贷款类型。个人信用贷款是指依据借款人的个人信用资质（如征信记录、收入、职业、还款能力等）来确定贷款的可得性和贷款额度的一种贷款。个人信用贷款的额度一般都较小，还款周期通常在一年左右，也有三年期的。个人信用资质越优，个人信用贷款的额度就越大，利率越低；反之，个人信用贷款额度越小，利率越高，甚至根本不能成功申请个人信用贷款，被排斥在金融系统之外。

（3）根据是否可循环授信（贷款的信用额度是否可循环使用），个人贷款产品可以分为个人不可循环授信贷款和个人可循环授信贷款。

个人不可循环授信额度贷款是指按照每笔贷款实际出账金额进行累计计算的贷款方式。即使单笔贷款提前还款，但该笔贷款所占用的额度也不能再循环使用。即使授信额度仍然在有效期内，如果出账金额累计达到最高授信额度，也不能再贷款。银行发放的某些“个人信用消费贷款”就是不可循环的，如房屋装修贷款、教育贷款等一次性支用项目通常采用这种贷款方式。

个人可循环授信额度贷款是指借款人被银行或其他金融机构授予较高的信用额度，借款人可在信用额度有效期内随借随还、循环使用信用额度的一种个人贷款产品。信用卡就是典型的个人可循环授信的贷款产品，借款人偿还上月的账单金额后，信用卡的信用额度就会随之恢复，可供借款人循环使用。

信用卡是金融产品中独特的存在，接下来我们就一起来系统地认识信用卡。

7. 信用卡

信用卡是金融机构最伟大的发明之一，其能允许人们身无分文时还具备购买力，但用信用卡消费积累的债务也能像抛锚那样让人们不堪重负。更重要的是，信用卡不仅是一种信用工具，还是一项革命性的支付手段，相当于一种新的货币形式。这具体是什么意思呢？希望读完这一节的内容，大家能深刻理解这句话的含义。

具体来说，信用卡是一种由商业银行（含邮政金融机构）向社会发行的具有消费信用、转账结算、存取现金等全部或部分功能的信用支付工具。信用卡于 20 世纪 50 年代诞生于美国，1985 年进入我国，属于“舶来品”。现在，申办一张信用卡已经非常简单了，人们在手机上便可申请。信用卡提高了支付效率，却也让人们能够更加随意、不知不觉地花钱。

凯文·凯利在他的《宝贵的人生建议》一书中表达了他对信用卡的态度："绝不要使用信用卡来获得信贷。唯一可以接受的信贷或债务是这样的债务：你可以通过借这笔债，获得交换价值极有可能增加的资产，比如房子。大部分东西的交换价值都会持续减少，或者在你购买的那一刻消失。不要通过借债来购买价值不断贬损的东西。"

想要同意凯文对信用卡的论断，则需要全面了解信用卡的历史、运行系统、还款管理，才能对信用卡的利与弊有相对理性客观的评价。

（1）信用卡的历史

世界上第一张信用卡的诞生，富有戏剧性。20 世纪 50 年代的一天，美国一个名为弗兰克·麦克纳马拉的商人，在纽约一家饭店招待客人用餐，就餐后他发现自己忘记带钱包了，于是不得不打电话叫妻子带现金来饭店结账。为此他深感难堪，于是麦克纳马拉产生了创建信用卡公司的想法。后来，麦克纳马拉与他的好友施奈德合作投资 1 万美元，在纽约创立了"大来俱乐部"（ the Diners Club card），即大来信用卡公司的前身。大来俱乐部为会员们提供一种能够证明其身份和支付能力的卡，会员凭该卡到指定的 27 家餐厅可以记账消费，不必付现金。这些卡就是最早的信用卡。

20 世纪 60 年代，信用卡受到社会各界的普遍欢迎，并得到迅速发展，信用卡不仅在美国，而且在英国、日本、加拿大以及其他欧洲国家也盛行起来。中国银行珠海市分行在 1985 年发行了境内第一张信用卡。信用卡的出现改变了消费者的交易方式，在一定程度上替代了现金。如今移动支付则让信用卡从实体塑料卡片里解脱出来，嵌入二维码里，其交易量呈现爆发式增长。

截至 2023 年年末，我国共开立银行卡 97.87 亿张，同比增长 3.26%。其中，借记卡 90.20 亿张，同比增长 3.92%；信用卡和借贷合一卡 7.67 亿张，同比下降 3.89%。人均持有银行卡 6.93 张，其中，人均持有信用卡和借贷合一卡 0.54 张。这些数据证明我国居民已逐步养成了使用信用卡的习惯。

（2）信用卡的运行系统

大多数人在不知道信用卡如何运作的时候，就已经开始使用信用卡消费了。利用信贷来满足消费需求的方式有很多，其中一种方式就是信用支付。信用支付是指消费者在信贷机构申请信用贷款从而支付购买商品或服务的费用，信贷机构直接打款给相应的商户，之后，消费者再进行还款的支付方式。信用卡其实是作为信用支付工具而被发明的，它有效扩大了商业交易的规模。换言之，信用卡实际上是发卡银行、持卡人和特约商户之间的一种信用契约协议。持卡人可以凭信用卡向特约商户购买（借钱购买）商品和服务，特约商户可以凭持卡人签字的购买发票向发卡银行要求支付发票金额，发卡银行然后再要求持卡人偿还已垫付的金额。信用支付所建立的经济交易网络，使得银行成为债务合约的主要产出机构，即消费者的借款行为最终转化成借款人对银行的欠条。

通过了解信用支付，人们可以把抽象的信用货币体系具象化，即人们日常生活中关于信用支付的交易，其本质是债权债务的交易。具体来说，信用卡的运行系统主要包括五个步骤，分别为：审批和发卡、持卡人管理、商户管理、授权和清算。

1）审批和发卡。当人们申请信用卡时，会被要求填写发卡银行格式化的信用卡领用合约（协议），名称一般为“某某银行信用卡领用合约”。信用卡领用合约的内容一般有信用卡的申领、信用额度、信用卡的费用与利息、信用卡的使用、信用卡账单的核对与还款、合约的解除等。

除此之外，人们还需要按照银行的要求，提供收入、学历、职业、家庭情况和经济财产状况的相关信息。经发卡银行审批并同意后，人们会收到信用卡卡片，激活卡片正式成为持卡人后，人们和发卡银行签署的信用卡领用合约正式开始履行。

2）持卡人管理。当人们通过激活信用卡卡片成为正式的持卡人后，就可以通过信用卡消费或通过银行的自动取款机取现。从持卡人申请信用卡之日起，银行就会为持卡人建立个人电子档案，之后持卡人的透支、还款、提高信用额度等一系列信用行为都会被记录在档案里进行管理。发卡银行会定期把持卡人的信用信息上报给中国人民银行征信中心。

3）商户管理。为了促进更多商业交易，银行会在计算机系统中为商户建立详细的资料档案，内容包括：商户的基本情况、信用卡业务情况、交易状况等。银行通过电子计算机系统来分析商户的交易状况，可掌握信用卡的交易情况。

4）授权。授权是信用卡管理中重要的一环。授权制度的存在，使信用卡交易的安全性和准确性得到了保证。通常而言，所有使用信用卡的交易都必须事先请求授权，且授权是由发卡银行或根据发卡银行的指示做出的。

授权程序一般包括以下步骤：

- 检查信用卡是否为注销卡；
- 检查信用卡是否为合格卡；
- 检查信用卡在规定周期内的交易次数是否超过限定；
- 检查信用卡交易金额是否超过限额。

授权处理的结果可能有：

①批准，并发出授权号；

②拒付，认为该卡有瑕疵或操作程序有误；

③没收卡，认为该卡为伪卡、挂失卡或信贷问题户。有的发卡银行要求获得更多的信息才进行授权处理。

5）清算。信用卡的清算是指对信用卡收付交易进行债权、债务和损益的处理过程，主要包括：持卡人到商户消费产生收付行为，发卡银行通过各种渠道收到持卡人使用信用卡的凭证后，借记持卡人账户，从而完成清算流程。银联搭建的银行卡清算网络专门处理银行卡的跨行交易，如 POS 机消费、自动取款机取款、线上支付等。清算网络就好比“高速公路运营商”，专营银行卡交易通道。此外，人们熟悉的 Visa（维萨）和 Mastercard（万事达）也是国际信用卡组织的重要成员。如果收单银行与发卡银行不是同一银行，则需经过“交换”和“清算”两个过程。图 3-6 是简易的信用卡运行系统。

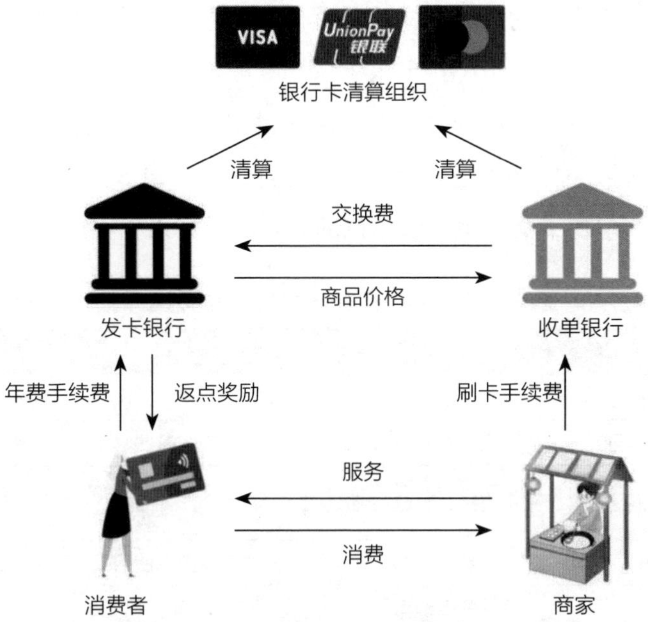

图 3-6　简易的信用卡运行系统

举例来说，小王在书店购买一本书，通过把关联了信用卡账户的移动支付二维码展示给商家来结账，商家的信用终端读取这张信用卡的信息，如果该信用卡信息没有问题，交易授权得到批准，那么商家就会收到交易成功的信息，之后小王就可以拿走这本书，完成交易。

这笔交易的金额会出现在小王下个月的信用卡账单里。但商家不会等到小王下个月支付账单后才获得这笔交易对应的收入，否则一个月的收款周期会影响商家的运营。其实，当小王扫码后，银行就会替小王预先支付款项给商家。这意味着小王通过信用卡消费，是先向银行借到了一笔款项来购买书，然后承诺在下个月的还款日向银行偿还这笔书款。这笔信用交易的资金路径为：小王（持卡人）信用卡账户→发卡银行→清算网络→收单银行→商户账户。信用支付有助于加快全社会资金的周转次数，提高整个社会的经济运行效率，但这并不是没有成本的。信用卡交易里关键角色的利益分配如表 3–5 所示：

表 3–5　信用卡交易里关键角色的利益分配

参与方	核心职能	收益来源
发卡银行	发行卡片、授信、风险承担	年费、利息、交换费、分期手续费
收单银行	拓展商户、处理交易	商户服务费、终端租赁费
清算网络	路由交易、制定规则	品牌使用费、跨境交易费、数据服务费
持卡人	信用消费、分期还款	免息期资金使用权、积分奖励
商户	接受信用卡支付	提升销售额（需支付手续费）

从表 3–5 可知，信用卡交易的过程中产生了一系列的费用。为了直观展示这些成本，我们举例来说明，比如：小王使用信用卡在某商店购买了 1000 元的商品。假设该行业的收单服务费费率（总成本）为 2.6%，其中 1.5% 属于发卡银行，0.1% 属于清算网络，1.0% 属于收单银行，那么商店在扣除了上述的信用交易费用后，最终可以获得多少钱呢？表 3–6 列出了详细的 1000 元信用卡交易的成本结构示例：

表 3–6　1000 元信用卡交易的成本结构

项目	金额	流向
商户实收	974 元	商户账户
收单服务费（总成本）	26 元	收单银行（2.6%）

续表

项目	金额	流向
其中：交换费	15 元	发卡银行（1.5%）
清算网络费	1 元	银联（0.1%）
收单行利润	10 元	收单银行（1.0%）

由表 3–6 可知，一笔 1000 元的信用卡交易的总成本为 26 元。该成本由商户支付给收单银行，收单银行收到 26 元后，分配给发卡银行 15 元和清算组织 1 元，剩余的 10 元归收单银行所有。这笔成本看似是由商户支付，但其实这笔成本早已包含在商品的定价之中了，因此真正承担信用交易成本的人还是广大消费者。目前，我国的收单服务费已充分实现市场化（足够竞争），且发卡服务费、卡组织网络服务费费率也较低，已有部分收单银行在政策指导下将费率降至极低甚至为0的情况。

2016 年，国家发展和改革委员会、中国人民银行联合发布《关于完善银行卡刷卡手续费定价机制的通知》，取消行业分类，改为上限管理，同时大幅下调刷卡手续费费率。具体内容包括：

①不再按行业区分商户类型；

②降低发卡行服务费费率，对借记卡、贷记卡差别计费，费率水平降低为借记卡交易不超过交易金额的 0.35%（单笔收费金额不超过 13 元），贷记卡交易不超过 0.45%；

③银行卡清算机构收取的网络服务费不区分借记卡、贷记卡，费率水平统一降低为不超过交易金额的 0.065%，封顶调整为 6.5 元，由发卡、收单机构各承担 50%；

④对非营利性的医疗机构、教育机构、社会福利机构、养老

机构、慈善机构继续实施发卡行服务费、网络服务费全额减免；

⑤收单环节服务费实行市场调节价。收单机构收取的收单服务费由现行政府指导价改为实行市场调节价，由收单机构与商户协商确定具体费率。

信用卡除了帮助银行赚取信用交易服务费外，更重要的意义在于信用卡实现了信用货币的创造。具体来说：人们在拿到发卡银行授权的信用卡后，信用卡账户显示的是信用额度而非存款货币。这本质是银行与人们之间的信贷契约：银行基于风险评估授予持卡人消费额度，人们承诺按约定利率偿还债务。当人们使用信用额度消费时，银行通过发放贷款创造新的存款货币（M2），而人们未来需用劳动报酬偿还债务。还款时，货币随贷款核销被消灭，形成“创造–流通–消灭”的完整货币周期。简易的信用货币创造过程如图 3–7 所示：

信用货币创造过程

信用货币创造过程

↓

消费行为触发贷款发放→银行资产端（贷款↑）负债端（存款↑）→ M2 货币供应↑

↓

用户劳动获得收入→偿还贷款→银行资产端（贷款↓）负债端（存款↓）→ M2 货币供应↓

↓

风险控制（信用评分、抵押品、法律威慑）维持货币创造可持续性

图 3–7　简易的信用货币创造过程

注：

1. 银行放出的贷款，是银行“要收回来的钱”，在银行的资产负债表上属于资产，而人们存入银行的存款不是银行的收入或资产，而是“欠客户的钱”，因此是银行的负债。
2. M2，即广义货币，是由流通于银行体系之外的现钞加上活期存款（M1），再加上定期存款、储蓄存款等构成。M2 包括了一切可能成为现实购买力的货币形式。

阅读到这里，不知道读者会不会同意本节开篇对于“信用卡不仅是一种信用工具，还是一项革命性的支付手段，相当于一种新的货币形式”的论断呢？可以说，每个使用信用卡消费的人都参与到信用货币的创造过程当中。反之，倘若某人获得银行授予的 10 万元信用额度但从未使用该信用额度去消费，那么经济体里的货币供应量就不会增加这 10 万元。从这个层面来说，信用消费不仅能够助力释放人们潜在消费需求，增强消费对经济发展的拉动作用，更符合信用货币的底层逻辑。信用货币体系是人类经济史上最精妙的“信任工程”，其本质是将国家信用、社会协作与未来预期编织成可流通的价值符号。

信用作为一种制度，广泛弥漫于经济生活之中，是市场经济活动赖以存在的环境，就像阳光、空气和水一样，信用对于人类是不可或缺的。而我们只有在缺水的时候才能意识到水的重要性，实际上，我们也只有在信用缺失的时候，才更能认识到信用的价值。信用卡的信用额度，可以让人们提前购买产品和服务，即刻拥有购买力。如果一个人的信用资质在金融系统内比其他大多数人都好，那么他将获得黄金信用卡或白金信用卡，信用额度甚至可以高达百万元；如果金融体系不相信一个人的支付能力或不相信某人具有偿还借款的意愿，那么这个人就可能无法获得信用卡。对比这两种情况，人们的购买能力可以说是天差地别的。

信用交易极大地方便、促进和丰富了交易，但同时也带来了一定的风险，即信用风险。信用风险最主要的是指借款人偿债能力与偿债意愿的不确定性。当贷款逾期未还，意味着借款人无力偿还，银行必须在其资产负债表中对该笔贷款进行减值处理，资产负债表的负债栏中也必须以扣减银行资本的方式做相应的减值。如果银行的资本都被贷款或其他投资的损失抵销掉，银行就破产了。作为金融消费者或借款人，人们的微观借贷行为不仅影响其个人的日常生活，也会间接地影响整个金融系统，尤其是银行。因此，人们贷款时理应量力而行，不要过度冒进，在贷款后应认真履行自己的偿债义务。

信用体系的运作依赖多重保障：源于个人信用评分的技术信任、来自央行流动性支持的制度信任、由法律强制执行的权利信任。若银行风控失效（如次贷危机）或司法系统无法追偿债务，货币创造链条将断裂，引发系统性危机。因此，现代信用货币体系本质上是制度化信任的产物。

金融体系——以银行为主体，其他金融机构共同参与——构成了一个有能力扩展经济体内部的债权债务关系的整体。每一组债权债务关系都涉及支付承诺的时序分布：借款人在当前获得现金流，代价是在未来偿付债务，即“倒转的现金流”。这些支付承诺之间是相互关联的，一个支付承诺的断裂有可能导致与之相关的别的支付承诺的断裂。因此可以说，金融体系提供的信用支付把该经济体下的所有人（个人、企业和政府）都按照债权债务关系紧密地连接起来了。这也是金融行业成为现代经济核心的原因之一。

接下来我们就一起来了解一下信用卡的还款管理。

（3）信用卡的还款管理

信用卡的还款管理是人们需要特别注意的，因为一旦管理不善，不仅要支付罚息，还会在征信报告上留下逾期记录。在进一步讨论信用卡的还款管理之前，需要先了解信用额度、可用额度、交易日与记账日、账单日、免息期、还款日和违约金等信用卡账单上的专业名词。人们需要具备把金融语言翻译成日常生活用语的能力，这样才能更好地理解信用卡这个特别的金融产品。

1）信用额度。信用额度是指发卡银行根据持卡人的资信状况等为其核定，在卡片有效期内可循环使用的金额。

信用额度又分为固定额度和临时额度。临时额度是发卡银行为方便持卡人的超额消费而设置的。临时额度在一定时间内有效，超过期限自动恢复到原有额度。临时额度失效后，已使用的临时额度不享受循环信用便利，将计入最近一期账单的最低还款额，需在还款日一次还清。

举例来说，小王的某张信用卡，开卡时的信用额度为 30 000 元，这 30 000 元的额度是小王可以循环使用的信用额度，也可以视为小王在某银行通过信用卡举债的上限金额。小王为了庆祝升职，计划去海外旅行，这 30 000 元的信用额度不能满足他的消费需求。这种情况下，小王可以致电发卡银行，向银行申请增加临时额度。

此外，银行会不定期地根据持卡人的收入和资产状况，以及历史消费和还款情况，来确定是否要调整持卡人的固定额度。很多人刚获得信用卡时，信用额度都很低，随着个人工资的上涨，以及过去一系列按期还款的行为，银行会逐步提高其信用额度。人们常说的“养卡”这就是这个意思，即把一张低信用额度的卡“养”成一张高信用额度的卡。信用额度的高低和人们的信用资质有着非常密切的关系。

2）可用额度。可用额度是指信用卡账户当前可以使用的信用额度。人们每次使用信用卡消费或取现，该卡的可用额度就会相应地降低，而人们每次还款后，可用额度就会相应地增加。

比如，小王上个月旅行用完了 30 000 元的固定额度，还透支（用完）了 15 000 元的临时额度，这时候小王的可用额度为 0 元。当小王一次性还款 45 000 元后，他信用卡的可用额度就恢复到了 30 000 元，临时额度失效。

很多时候，由于人们没有一次性全额还款，将这个月的账单拖到下个月支付，因此会产生相应的利息。这种情况下，可用额度的计算就比较复杂了，计算公式是：

可用额度 = 信用额度 + 上期还款多缴部分（贷方余额）–本期发生的未偿还已列入账单的交易金额–本期发生的未列入账单的交易金额

不过多数情况下，银行的 App 会帮助大家计算出可用额度并展示在个人页面上。人们只需要知道如何解读这个数字就可以了。

3）交易日与记账日。交易日是指持卡人实际使用信用卡消费或取现的日期。交易日和记账日是不一样的，记账日一般为交易日的次日。

比如，小王于 2023 年 11 月 1 日用信用卡支付了 500 元，这笔交易的交易日是 2023 年 11 月 1 日，而记账日则是 2023 年 11 月 2 日。

这两个概念之所以重要，是因为它们会涉及利息的计算。通常，银行是以自记账日（而不是交易日）起至该笔账款还清日止来统计计息天数，从而计算信用卡的利息。此外，记账日也是银行根据规定将费用、利息等项目正式计入持卡人信用卡账户的日期。

4）账单日。每期账单中所记录的信用卡交易的截止日期称作账单日。通常情况下，账单日是指发卡银行每月定期对持卡人的信用卡账户当期发生的各项交易、所产生的费用等进行汇总结算，并计算利息，计算当期总欠款金额和最低还款额，并为持卡人发送电子对账单，同时告知当期还款金额的日期。

还款日一般在账单日后的 18 天左右（以账单所示为准）。一般来说，还款日后 3 个自然日为还款宽限期（不同银行的还款宽限期可能不同，大多为 3 个自然日）。

不同持卡人的账单日可能互不相同，比如，小王所持的某银行信用卡的账单日为每月 25 日，因此，他每期的账单记录的是他上月 26 日至本月 25 日的所有入账交易，对应的到期还款日是次月 13 日。25 日当天的消费，一般于 26 日才入账，因此记入下期账单。

为了方便还款，大家可以把账单日设置在工资发放日之后。一般银行会提供修改账单日的服务，比如某银行信用卡账单日每半年能修改一次，修改范围必须在 1~20 日（含），且修改后的账单日与原账单日前后不超过 8 天，修改后次月生效。具体情况还需要人们去咨询相关银行。

5）免息期。人们使用信用卡支付的一个重要原因就是信用卡提供免息期。免息还款期，简称“免息期”，是指持卡人在到期还款日（含）之前偿还全部应还款项的前提下，可享受免息待遇的非现金类交易（不包含取现）自银行记账日至到期还款日之间的时间段。

人们想要享受信用卡的免息期，需要同时满足下面的两个条件：

- 持卡人只有在到期还款日前全额还款的情况下，才能享受免息期；如果持卡人在到期还款日前不能全额还款（分期还款或以最低还款额还款），就享受不了免息期，利息会从记账日开始计算。不同银行的免息期各不相同，短的在 18~20 天，长的可达 50 天。需要特别注意的是，有些银行即使全额还款，也会对部分特殊交易收取手续费或提前计息，持卡人应在使用前了解相关规则。
- 用信用卡取现不享受免息期，免息期内的交易是指非现金类交易。

6）还款日。还款日是指发卡银行要求持卡人偿还应付款项的日期。发卡银行规定的持卡人应偿还其全部欠款或最低还款额的最后日期称为最后还款日。信用卡账单和银行 App 个人页面中都会明确列出每期的最后还款日。

7）违约金。违约金是指持卡人未能按时归还当期的最低还款额，导致逾期而收取的费用。各家银行关于违约金的规定各不相同，需要持卡人查看各家银行的信用卡章程。

举例来说，某银行的信用卡章程中规定向没有按期偿还信用卡最低还款额的持卡人收取最低还款额未还部分的 5% 作为违约金，最低10元。比如：小王5月的最低还款额为500元，小王没有偿还一分钱，因此这一逾期行为会产生25元（500×5%）的违约金。

此外，持卡人提前结清分期还款的行为，在不少银行的信用卡章程中也属于违约行为。比如，某银行的信用卡章程中就明确规定："若提前结清分期还款，则按未偿付本金的3%或按协议定价收取提前结清违约金，提前结清违约金仅对个人客户收取。"举例来说，小王有一笔10 000元的消费，选择了信用卡分期还款，还款周期为12个月，每个月需偿还本金833.33元、支付手续费65元，每月总计还款额为898.33（833.33+65）元。小王偿还了2期后，获得了一笔年终奖，于是他决定一次性结清这笔信用卡分期债务。这时候小王需要支付的违约金约为250（833.33×10×3%）元。

小王之所以需要支付提前还款的违约金，是因为小王发生了违约行为。他本应该分12期来偿还这笔债务。按照分12期还款的约定，银行本可以获得780元的手续费收入，但现在小王单方面违约造成银行失去了剩余的650元的手续费收入，因此银行需要向小王收取250元的违约金。持卡人为分期还款所支付的利息叫作手续费，但其本质还是持卡人为占用银行资金所支付的成本。信用卡分期产品广告宣传中常用"零利率"为噱头吸引顾客，但一般都需要人们每期支付手续费，因此实际贷款成本并不为零。不过自从2021年3月起，根据中国人民银行的要求，所有贷款产品均应明示贷款年化利率，即包括利息和费用的年化利率，市场上宣称零利率的产品也越来越少了。通常来说，金融机构不会以零利率借出资金，金融机构的运营成本（人力支出、办公室租金、广告宣传费用、昂贵的数字化系统等）都是一笔不小的开支。这些开支都需要依靠贷款的利息收入来覆盖。

接下来，我们来全面认识一下信用卡的三种还款方式，分别是：全额还款、分期还款和最低还款额还款。

1）全额还款。全额还款指持卡人在账单到期还款日前，还清账单上列示的全部欠款。选择全额还款的，非现金交易款项可享受 20~50 天的免息期。全额还款，理论上应该是所有持卡人偿还信用卡债务的方式。但在现实生活中，全额还款的人其实并非多数人，而且银行也鼓励人们使用信用卡的分期还款（银行想要赚取分期手续费）。

2）分期还款。分期还款是指持卡人向银行申请分期偿还债务的一种方式。信用卡的分期还款服务一般分为账单分期、消费分期和现金分期这 3 种。

- 账单分期。账单分期是指在账单日至到期还款日期间对上期账单全部或部分消费交易一次性完成消费转分期的业务。账单分期仅支持对最近一期已出账单进行分期服务设置，且只支持对账单中的部分金额进行分期服务设置。使用账单分期需要向银行支付手续费（其实是利息）。

比如，某银行的账单分期 12 期基准手续费费率 7.2%，近似折算年化利率 13.03%。举例来说，小王 5 月多次用信用卡吃饭买单、购买机票和购买其他物品等，最终到账单日积累了5万元债务，无力一次性偿还5万元债务的小王，申请了信用卡的账单分期服务，准备用12个月来还清这笔5万元的债务，每月分期金额为4166.67（50000÷12）元，每期分期手续费为300（4166.67×7.2%）元，每月分期还款总额为4466.67（4166.67+300）元。12期的手续费总额为3600元。根据等额本息贷款的利率计算可知，这笔信用卡账单分期的年利率在13.03%左右。银行喜欢用分期手续费费率来介绍账单分期服务，弱化消费者对实际贷款利率的感知。人们会误以为7.2%的手续费率很划算，但真实情况却并非如此，因此，人们应具备自己计算贷款利率的能力。图3–8是中国建设银行个人贷款利率计算结果。

- 消费分期。消费分期是指持卡人对未出账单的消费申请分期付款的业务，且是针对单笔消费交易的全额进行分期服务设置。比如，小王在6月中旬想购买一台智能洗地机，价值3000元。由于小王5月进行了大额消费，目前资金紧张，但他又特别需要这台洗地机，于是他便通过申请信用卡的消费分期服务购买了这台洗地机，用12个月来还清购买这台洗地机的费用。这笔分期服务也需要每月支付手续费，分期手续费会包含在每期消费分期的还款金额里。
- 现金分期。现金分期是指持卡人将信用卡中一定额度的资金转入本人借记卡的业务。现金分期业务经发卡银行核准后，现金分期本金将占用持卡人的现金提取额度和

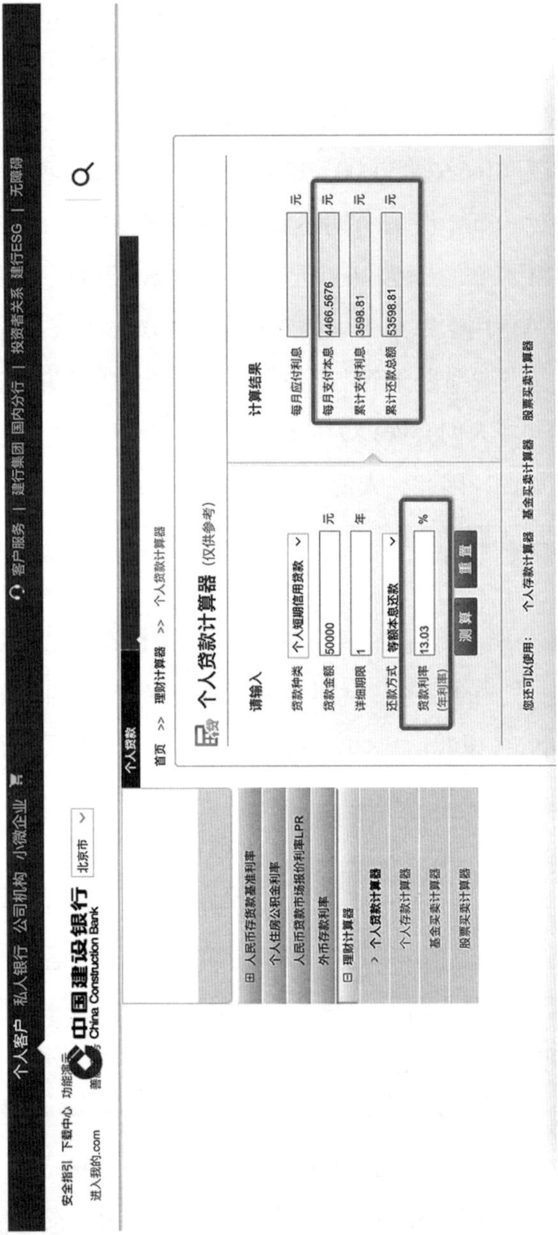

图 3-8 中国建设银行个人贷款利率计算结果

信用额度。信用卡的现金分期业务其实就是现金贷业务，适用于只能用现金支付的交易。

3）最低还款额还款。最低还款额一般为除去年费、利息等特殊项目后普通消费金额的 10%，每家银行各不一样，计算公式比较复杂。

比如，某银行在某人 2022 年 11 月的信用卡账单中是这样计算最低还款额的：

信用卡的最低还款额 = 信用卡账户当期消费欠款 ×5%+ 账户内当期预借现金欠款 ×100%+ 账户内当期分期欠款 ×100% + 账户内所有往期欠款 ×5% + 上期最低还款额未还清部分 ×100% + 超过账户信用额度使用的全部款项 ×100% + 当期费用 ×100% + 当期利息 ×100%。

每期信用卡账单和银行 App 个人页面中会明确列示最低还款额，因此人们不需要自己计算。按照信用卡账单中列示的最低还款额还款，属于正常还款，没有发生逾期行为，因此不会影响个人征信报告；但是因为没有全额还款，所以会失去享受免息期的待遇，进而产生利息。

举例来说，小王于 6 月 1 日用信用卡支付了 1000 元，该笔金额于 6 月 2 日入账，小王的账单日是 6 月 7 日，这时银行给小王提供了还款选择，分别是全额还款 1000 元，最低还款额还款 100 元。小王选择了最低还款额还款，并于 6 月 25 日的还款日支付了 100 元的最低还款额。7 月 7 日，小王发现他的账单上多了一笔 17.35 元的利息。该笔利息的计算见图 3–9。

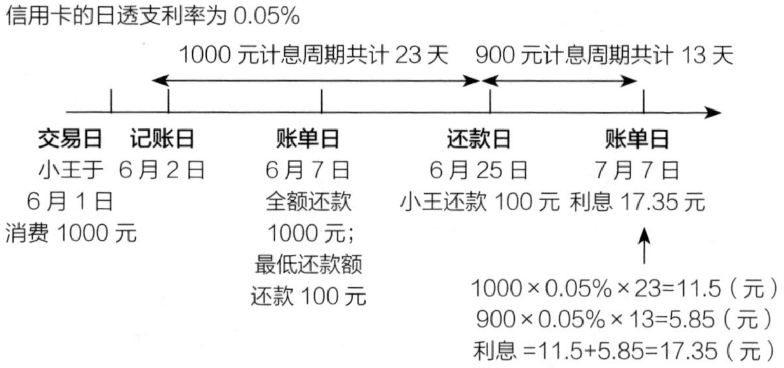

图 3-9　信用卡最低还款额利息计算解释

由图 3-9 可知，这笔 17.35 元的利息由两部分构成。

第一部分是小王在 6 月 25 日没有全额还款，因此小王透支的 1000 元不享受银行的免息期待遇，需要从记账日起按照日利率 0.05% 计算利息，即 1000 × 0.05% × 23=11.5（元）。

第二部分是小王在 6 月 25 日偿还最低还款额后，剩余 900 元债务所产生的利息，即 900 × 0.05% × 13=5.85（元）。

最终小王这笔 1000 元的债务在 7 月 7 日这一账单日需要支付总计 17.35 元的利息。如果小王在下一个账单日前还是不能全额还款，那么这 17.35 元的利息就会被计入下个账单日的本金里，产生新的利息。这个例子中的借款金额只有 1000 元，如果把借款金额变成 10 000 元，那么利息就是 173.5 元。若借款金额很大，利息长年累月地积累下去，最终可能就是好几千元，甚至上万元。

循环利息是指持卡人名下的信用卡债务所产生的利息的总和。通常情况下，上期账单列示的待偿还金额为计息本金，自该笔账款记账日起至该笔账款还清日止为计息天数，日利率为

0.05%。简单来说，只要持卡人没有全额还款，使用最低还款额还款的方式，就会产生循环利息，又因为信用卡按月计算复利，所以利息又会产生利息，并计入循环利息里。

大多数信用卡债务的日利率为 0.05%（某银行针对优质客户推出了 0.035% 的日利率），换算成月利率就是 1.5%（一个月按 30 天计算），换算成年利率就是 18%。如果再考虑复利，那么信用卡的年化利率可能会在 20% 左右。说到复利，就不得不科普一下“72 法则”。

“72 法则”指的是以 1% 的年利率（复利）计算，经过 72 年后，本金会翻一倍。如果将 72 除上投资报酬率，就是资产翻一倍所需要的时间。比如，小王有一笔投资，他希望 10 年后本金翻一倍，那么根据 72 法则，72 ÷ 10 = 7.2%，他投资目标的年利率就是 7.2%，且投资计息方式为复利计息。

信用卡是以复利计息的贷款产品。银行是投资人，使用信用卡借钱的人们就是银行投资的“标的”或“资产”。如果人们按照 20% 的年化利率回报银行的投资，那么银行借给人们的债多久会翻一倍呢？计算方法很简单：用 72 除以 20，即 3.6 年。换言之，使用信用卡借钱，持续按照最低还款额来还债，那么债务本金在 3.6 年就会翻一倍。

根据“72 法则”，理论上人们应使用单利计息的贷款产品，投资的时候应选择复利计息的投资产品。正确使用信用卡的方式是用其购买消费能力范围内的东西，最多透支信用额度的 30%。透支全部信用额度是一件相对危险的财务决策，尤其是当信用卡的信用额度是人们月收入的 5~6 倍，甚至十多倍的情况下。

8. 个人住房贷款

贷款买房是大多数人都要面对的一个财务决策。不管人们是第一次买房，还是打算置换房子，可能都需要接触个人住房贷款。个人住房贷款，究其本质，是一份贷款合同，也是一笔借款。人们因不能全款买房，所以才需要借助金融产品来完成购买住房的交易。至于人们为什么不能全款买房，这就是关于资产价格和劳动力价格的问题了。

简单来说，在信用货币时代，金融机构通过发放贷款来推高资产的价格，但劳动力价格却因为科技的发展而贬值。著名的经济学家托马斯·皮凯蒂用了15年时间对过去200年的数据进行了整理、分析，他在其著作《21世纪资本论》中提出了下面的不等式：r代表资本收益率，g代表经济增长率。r大于g表示资本收益率大于经济增长率。这意味着，利息、股票分红、贷款收益等资本收益，比工资收益要高。过去的几十年里，全球的资产价格和劳动力价格之间均出现了巨大差距。因此，单纯赚取劳动收入的人就需要借助金融产品购买固定资产（房子）。也可以理解为，人们通过银行的个人住房贷款合同向未来的自己借钱，把自己未来30年的劳动收入一次性折现到当下，用来购买固定资产（房子），以期待自己拥有的资产价格在未来能持续上涨进而可以获得资本收益。结果就是个人住房贷款成为很多人一生之中金额最大的一笔债务。有学者综合质性和量化的研究发现，与助学贷款和消费信贷相比，人们更多地将抵押贷款（个人住房贷款）视为投资而非债务，这在一定程度上反映了个体对抵押贷款（个人住房贷款）的掌控感更高，感知威胁程度更低。

多数富裕的人都是那些拥有资产的人，这些资产可以是房屋产权、股权和债权等。创造财富的是资产，而不是收入。收入仅能维持人们日常生活的开支，甚至在通货膨胀的情况下，当收入不够维持日常生活的开支时，人们可能还需要向信用卡求助。全球通货膨胀的时代，人是没办法仅依靠把收入存起来就致富的。因此，人们应有意识地增加个人或家庭的资产。家庭资产主要分为金融资产和非金融资产，金融资产主要包括银行存单、债券、股票、基金、退休基金、人寿保险等；非金融资产主要包括房子、商铺、黄金、汽车等。投资人们不了解的金融产品，有可能会让人们多年的储蓄在一夕之间化为泡沫。而所有资产中，房子是人们都需要且相对了解的商品。因此，不管房子价值如何浮动，房子始终都是一个看得见用得着的投资产品。通过个人住房贷款投资房产是很多家庭或个人增加财富的方式。

房子动辄几百万元，做出购买决策时确实需要认真权衡利弊。买房是绝大多数人一生中最重大的财务决策之一。贷款买房不仅是财务决策，它还关系到个人情感归属、对未来生活的规划，以及生活方式的综合选择。现代社会，人的流动性日益增强。人会随着工作机会的变动而迁移生活的城市，但漂泊一段时间后，很多人的内心深处其实是非常渴望安定的，这种心理驱动常常促使人们在其工作的城市买房。此外，即使人们不在城市买房，也需要按月支付房租费用。房租费用是一次性的支出，而个人住房贷款则更类似于一种“储蓄”，人们寄希望于未来（尤其是退休后）可以通过变卖房产而获得一大笔现金。图 3-10 是关于贷款买房的 SWOT（强弱危机）分析。

每个人的情况都不一样，大家不妨根据自己的情况做一个详细的 SWOT 分析，看看自己（或和另一半一起）是否有能力贷款买房。讨论完是否应该贷款买房的问题，下面我们就从金融视角来认识一下个人住房贷款这个金融产品。

个人住房贷款又叫房屋抵押贷款或房贷，是银行向自然人发放的用于购买、建造和大修理各类住房的贷款。个人住房贷款相对其他个人贷款而言，贷款的金额更大，贷款的期限也更长，通常为 10~30 年，贷款的还款方式一般为等额本息和等额本金。

贷款买房的 SWOT 分析

优势	劣势	机会	威胁
· 获得安定感和生活上的稳定 · 拥有房屋对落户和结婚生子有益 · 拥有资产能够增强年老时对抗风险的能力 · 相当于每月工资定向储蓄在房产中	· 需要支付房贷利息 · 还债周期可能长达 30 年 · 不如租房自由 · 房产变现速度不如其他金融产品变现速度快，比如股票和基金	· 房屋价值若继续升涨，便能获得资本利得 · 通过出租房屋来赚取偿还房贷的资金，增加现金流	· 失业风险引发断贷风险 · 断贷后可能会遭遇司法拍卖，损失资金 · 自然风险导致财富损失 · 房价下跌导致损失

图 3-10　贷款买房的 SWOT 分析

个人住房贷款是在以房子作为抵押物这一前提发生的资金借贷交易。个人住房贷款的实质是融资关系，而不是商品买卖关系。对申请个人住房贷款的人而言，其目的是希望通过借款融资而取得购买房子的全部资金，实现拥有房子并住进去的梦想。对个人住房贷款的贷款人（银行）而言，其通过取得房子的抵押登记权来借出资金。银行的目的并不是实际占有房屋，而是在贷出资金未能按期收回时，以房屋为保障手段进行追偿。

贷款买房，需要从下面四个角度来慎重考虑。

（1）首付

个人消费贷款不需要首付，部分汽车抵押贷款也是零首付的，而个人住房贷款则明确规定了首付的比例。假如，首套住房商业性个人住房贷款的最低首付款比例统一为 20%，二套住房商业性个人住房贷款的最低首付款比例统一为 30%。不过，在 2024 年 9 月 24 日的国务院新闻办公室就金融支持经济高质量发展有关情况举行新闻发布会上，有关负责人为更好支持城乡居民刚性和多样化改善性住房需求，全国层面的商业性个人住房贷款将不再区分首套房和二套房，最低首付比例统一调整为15%。但人们购房首付的具体比例还需根据具体地方具体分析。

购买房子时，人们需要自备首付，这笔首付可以来自人们多年的储蓄、家人的存款或者向亲戚朋友借来的钱（私人借款属于金融系统外的债务），但不能是利用信用卡的信用额度，或者申请个人信用贷款来凑齐这笔首付。这种做法不仅会让人们未来面临很大的债务压力，还可能涉嫌信用卡犯罪。

试想一下，小王通过 30 万元信用卡债务凑齐了 50 万元的购房首付，但接踵而来的 250 万元的房贷和 30 万元的信用卡债务，可能会让小王不堪重负，之后他可能会面临如下两种结果：

第一种结果是，小王费了大量精力入住新房，但没住多久就得想办法出手，因他无力维持两笔债务的每月还款金额。房子一买一卖，小王可能会损失不少钱。但好处是他终于可以摆脱超出自己还款能力的债务了。

第二种结果是，小王无力偿还信用卡债务，不得不逾期所有信用类债务，只偿还个人住房贷款。虽然之后小王可以用未来收入慢慢偿还信用卡债务，但他却必须为此付出征信逾期的代价，甚至有可能被金融机构起诉，沦为"失信被执行人"。

不管哪种结果，小王都为用信用卡债务来凑首付这个错误的经济行为付出了惨痛的代价。事实上，类似小王的人们（需要依靠金融机构信用贷款来凑首付的人），其实不具备贷款买房的能力，租房可能更适合他们。

2008年发生在美国的次贷危机，起因就是银行和抵押贷款经纪人集体人为地降低了房屋抵押贷款的审核门槛，使得大批低收入人群以零首付的方式购买了房子。而美国房屋抵押贷款的还款方式为先息后本，当美联储上调利率后，这些次贷人群就无力偿还房贷的利息了，从而引发了一系列贷款合同违约和止赎的行为，最终造成房地产市场价格大跌。危机之后，一些从事抵押贷款的经纪人承认，之所以设计出那些内置了陷阱的贷款合同，就是为了让借款人违约，并强迫他们进行再融资，类似人们熟悉的"套路网贷"，但因房贷的金额通常较大，所以给社会造成的信用风险也更大。

（2）个人住房贷款的利率

除了首付外，人们还需要特别关注个人住房贷款的利率。利率是资金的价格，也是人们挑选贷款产品时最重要的参考要素之一。2019年12月28日，中国人民银行发布的《中国人民银行公告（2019）第30号》称，为深化利率市场化改革，进一步推动LPR运用，现就存量浮动利率贷款的定价基准转换为LPR。目前，LPR包括一年期和五年期以上两个期限品种。

具体来说，我国个人住房贷款利率以2019年10月8日为界，之前与之后的利率挂钩对象不同。在2019年10月8日以前，商业性个人住房贷款利率是与贷款基准利率挂钩，即贷款基准利率 ×（1+ 浮动比例）。在2019年10月8日之后，商业性个人住房贷款利率与LPR挂钩，根据LPR的变动而变化，贷款利率是基于LPR加点浮动确定，即LPR+ 加点。

加点幅度不仅和房子是第几套住房有关，还和贷款申请人所在城市银行的规定有关，更和贷款人个人信用资质有关系。贷款利率的加点幅度一经确定后，就不再修改，只需要按合同约定的周期，更新LPR，重新计算。

举例来说：2023年8月买房的小王，他的个人住房贷款合同里写明他的房贷利率是LPR+0.75%。当时5年期以上的LPR是4.2%，那么小王签订房贷合同时的利率就是用4.2%加上0.75%，即4.95%。合同约定利率重新计算周期为1年。那么到2024年8月，如果5年期以上LPR下降到4.10%，小王的房贷利率也随之更新为4.85%；如果到了2024年8月，5年期以上LPR上涨到了4.3%，那么小王的房贷利率就会更新为5.05%。利率的变化会影响人们每月的房贷还款金额，因此人们应定期关注利率的变化，不要因错过利率的变化而未足额偿还房贷的月供，进而产生逾期记录。

每个人的信用资质不一样，所以个人住房贷款的利率也各不相同。由于房贷的本金金额一般都较大，动辄数百万元，因此利率的较小差别都会严重影响每月还款额。人们可以多询问几家银行，努力争取最低的房贷利率。维护个人信用的意义就在于此，拥有良好的征信记录，才能申请到相对较低的个人住房贷款利率。

（3）警惕过度贷款

申请多少个人住房贷款合适呢？

通常情况下，对于依靠唯一劳动收入的人来说，正确的态度应该是尽可能少地贷款，并在还款时遵循“三一定律”，努力让房贷的每月还款额不超过自己能轻松偿还的水平。个人住房贷款的“三一定律”是指人们每月房贷金额要控制在家庭当月总收入的三分之一，超过三分之一，就会手头紧张，一旦碰到意外开支，就会捉襟见肘。比如：月收入1万元的工薪阶层，应尽量将房贷的每月还款额控制在3000~3500元，超过这个范围可能会压垮人们。这可能意味着其需要买小一些的房子，或者买非核心地区的房子。贷款要量力而行，因为付不起个人住房贷款会让人们付出惨痛的代价。

此外，人们还要警惕拥有住房可能会使部分消费者产生经济学所说的“财富效应”，因拥有住房可能会使人们觉得自己更富有并愿意花更多的钱，甚至更敢于借贷。通常而言，当人们贷款买房后，信用卡的信用额度也会相应地提高（银行的心思不过是希望有资产的人们能多借钱），这就为一些人持续增加信用债务埋下了伏笔。

（4）警惕贷款过程中的信息不对称问题

通常情况下，为什么贷款中介希望人们多贷款？人们多贷款对贷款中介有何益处？

人们贷款金额越大，贷款中介得到的中介费就越多，因此贷款中介可能会引导借款人多贷款，甚至会说“个人住房贷款的利率低，而个人信用贷款的利率高，所以多申请个人住房贷款通常是一件聪明的事情”，这其实是片面的观点。因为个人住房贷款的期限一般为30年，一笔资金被分摊到30年来偿还，是需要多支付很多利息的。贷款的利息不仅和利率有关，还和还款期限的长短有关。

经济学里有一个专业术语来形容上述借款人和贷款中介之间的问题，即“委托–代理”问题。现代经济学建立在分工的基础之上，不同专业的人在各自的岗位上发光发热，即“专业的事交给专业的人去做”。于是，就产生了中介这个行业。人和人之间随之就建立了一种新的关系——委托–代理关系。委托–代理关系因存在信息不对称，于是就产生了委托–代理问题。

委托–代理问题，是指一个人（或代理人）代表另一个人（或委托人）采取行动时出现的利益和事项优先排序冲突（如看待风险的态度的差异）。代理人当然不都是坏人，但有时候他们会有自己的盘算（如多赚佣金等），未必跟委托人的目标总是一致。当委托人和代理人之间的利益和信息差异变大，以及当委托人缺乏监督和惩罚代理人的手段时，二者关系极度不对等，委托–代理问题会更加恶化。代理人对委托人利益的偏离称为“代理成本”。

具体来说，当人们找到贷款中介申请贷款的时候，贷款中介拥有更多内部信息，按照委托–代理关系，贷款中介应该以委托人的利益为先，但现实是，贷款中介会为了自己的利益而损害委托人的利益，而他们也不用为此承担任何代价，反而可以获取更多利益。于是，借款人贷款金额越多，贷款中介得到的中介费就越多。

职业经理人、律师和金融中介等都是代理人。职业经理人代表股东管理和运营企业；律师代表委托人去法庭为其辩白；金融中介代表委托人去申请金融产品，但在信息不对称的环境里，缺少道德自律的职业经理人、律师和金融中介，很多时候会优先考虑自己的年终奖金、律师费和金融中介费，进而做出损害委托人利益的决策。

减少类似问题的好办法就是人们自己懂一些基础的法律和金融知识，缩小自己和代理人之间的信息差，这样就可以避免被代理人忽悠和欺骗。现实生活中，部分缺少道德自律的贷款中介，为了赚快钱，甚至不惜把借款人推进债务深渊。人们不能因被他人的漂亮话或所谓的“专家”身份迷惑，而停止独立思考。

最后，提前还清个人住房贷款可能需要支付违约金。各银行的规定各不相同，需要读者朋友们自己去了解。

但这里笔者想解释一下银行收取违约金的理由。首先，个人住房贷款违约金是指个人住房贷款尚未到期，借款人提前还款而必须向银行支付的违约金。银行收取违约金是为了减少人们提前还款的行为，以减少对银行正常的经营管理的干扰，从而避免对其资金运作产生太大压力。简单来说，借款人单方面违约后，需要补偿银行失去的利息收益。设置提前还款违约金，可以有效阻止更多人提前还贷。金融行业不喜欢不确定性，很多创新金融产品的底层逻辑都是试图把不确定性事件简化为客观的、定量的确定性概率事件。债务合约之所以成为金融工具的载体之一，就是因为它具有确定性和可预测性。借款人还款的不确定性越高，金融机构所面临的风险就越大。

贷款买房是人们利用杠杆扩大个人资产负债表（第四章会详细介绍）的方式，但也存在不少潜在的风险，人们应权衡利弊后再采取行动。

9. 掠夺性贷款

纵观人类金融史发展，金融监管的法制变迁往往伴随着重大金融危机或丑闻而产生，呈现“后生性”特点，因此，金融创新总是领先于金融监管，结果就是部分金融机构会向人们过度放贷或利用贷款人的无知放出充满掠夺性的贷款。掠夺性贷款并不是现代社会才有的。旧社会民间经常流传着类似的故事：农民运气不佳，因遭受天灾急需用钱，无奈落入掠夺性放贷者的手中，于是，农民的田产被掠夺，被迫在曾经属于他们自己的土地上劳作，并且上交昂贵的租金。

掠夺性贷款是指对借款人施加的不公平或滥用贷款条款的贷款行为。它也指通过欺骗、胁迫、剥削等行为，让借款人接受不公平条款的行为，从而让借款人负担不需要或负担不起的贷款。更直白的解释是，掠夺性贷款其实就是让没有相关经验、对贷款条件毫不知情的借款人选择次级贷款，这些人本有机会申请普通贷款（利率合理的贷款）。

许多情况下，掠夺性贷款的利率极高且伴随高额的服务费用，这些贷款从贷款初期就注定会出现贷款逾期的情况。此外，掠夺性贷款主要针对收入不足，急需贷款来还债，或者迫切需要现金来维持生计的人。掠夺性放贷者经常使用激进的销售策略，比如投放大量的贷款广告，利用部分人看不懂金融合同、不懂利息的计算方法等来赚钱。

虽然掠夺性放贷者经常会假装自己是在帮助借款人，但其唯一的目标是以尽可能高的利率放出尽可能多的贷款，从而实现自身利益的最大化，他们并不在乎借款人的债务是否太多、能否还清。而借款人一旦用上了这样的贷款，往往会陷入危险的债务循环，个人信用会被影响，甚至有人会因此失去自己的房子，人生陷入绝境。

了解了掠夺性贷款的定义和危害后，我们该如何识别掠夺性贷款呢？

如果某种贷款的广告说不审查征信报告就能放款，那么这种贷款大概率属于掠夺性贷款。此外，若某些互联网消费金融产品的利率虽然在合法范围内，却无限接近合法的利率上限，则这类贷款通常也属于掠夺性贷款。

懂相关金融常识的人，看到上述贷款就会远离它，但部分人根本就不会注意到奇高的利率，盲目相信真有不审查征信报告就能放款的合法金融机构，从而在掠夺性放贷者的甜言蜜语中迷失自己，做出错误的金融决策。这些掠夺性放贷机构的中介大都知道前来咨询贷款的人正处于财务困境，于是他们会说出各种直击人心的诱导性话术，利用人们对金钱的渴望，诱使人们在面前的合同上签字。他们承诺会为人们的财务困境提供“轻松的出路”，但这个所谓的承诺其实是精心编造的谎言。

人们不负责任的借贷行为也许是其陷入债务危机的原因之一，但是更应该被谴责的是存在掠夺性行为的放贷机构。此外，个人信用制度如果没有考虑个人信用消费者的权益保护问题，显然是不完善的。

10. 征信报告

公元前 3500 年的美索不达米亚，商人在泥板或陶土上记录债务，并盖上借款人的印章。这就相当于征信报告。征信算是一个古老的词汇，《左传》里就有“君子之言，信而有征”的说法，意思是说一个人说话是否算数，是可以得到验证的。个人信用是一个人在社会中的立身之本。一个人在经济活动中有信用说明他的财务管理做得不错，不仅能从金融机构中借得到资金，而且其偿还债务能力还很强。现代社会，虽然征信报告的形式从泥板或陶土记录演变为今天的电子数据，但它们的本质是一样的，即作为一种用于评估和记录个人信用的工具。

个人征信报告，是由中国人民银行提供的个人信用报告产品，根据相关规定，合理合法地采集个人和企业的信用情况，加以整理、保存、加工后，形成信用报告并对外提供的活动。

个人征信报告就像个人的经济身份证一样，只要个人发生过信贷交易，尤其是与金融机构发生的信贷交易，都会被一一记录下来。因此，个人征信报告也是查看个人负债情况的权威信息来源。截至 2022 年 8 月末，个人征信系统接入金融机构 4081 家，收录 11.5 亿自然人信息，日均提供查询 1084.4 万次。

个人征信报告是全面记录个人信用活动、反映个人信用状况的文件，是个人信用信息基础数据库的基础产品。中国的个人信用信息基础数据库的建设始于 1999 年，2005 年 8 月底完成与全国所有商业银行和部分有条件的农信社的联网运行，2006 年 1 月，个人信用信息基础数据库正式运行。个人征信非常复杂，征信部门往往要从多个源头获得个人信用数据，例如，从银行获取信贷记录、信用卡申请和还款记录等，获得数据后还需进一步加工处理，并最终输出有用的个人信用信息，形成个人信用报告。征信系统采集的信息对确保金融市场的稳定性至关重要，因此人们应认真对待与个人征信相关的信息，发现错误信息要及时纠正。

我国的征信报告里具体记录了下面五大类信息。

①基本信息：包括身份信息、居住信息、职业信息等。

②信贷信息：借债还钱信息，是征信报告中最核心的信息。

③非金融负债信息：先消费后付款形成的信息，如电信缴费。

④公共信息：社保和公积金信息、法院信息、欠税信息、行政执法信息等。

⑤查询信息：过去两年内，何人何时因为什么原因查过此

征信报告。

这些信息被中国人民银行征信中心收集后，会被客观地记录在每个人的征信报告里，只有向中国人民银行汇报的金融机构有权上报修改这些数据信息。

这些信息可以被分为两大类：正面信息和负面信息。正面信息是指人们拥有贷款且正常还款的数据信息，比如信用额度、账户类型、贷款机构、贷款类型，以及按时还款等信息；负面信息是指人们未按合同约定还款的信息，比如：欠税、贷款逾期或违约的信息。仅有负面信息的数据库有时也称“黑名单”，其建立的初衷是帮助贷款人（金融机构）有效地筛选和排除已经积累了大量债务敞口的高风险借款人。

征信报告对金融机构至关重要。完善的征信体系是普惠金融和互联网消费金融的基础。缺乏征信信息会使金融机构的放贷风险变高，既增加了机构的借贷成本，又降低了借贷人的信贷获批概率，金融机构不愿将信贷发放给不了解的借款人，因此希望通过更高的利率来抵销违约成本。如果没有完善的征信体系，金融市场可能会出现过度放贷、掠夺性放贷的情况，进而衍生出暴力催收等恶性事件。

对个人而言，征信报告就像人们的数字信用身份证。征信报告背后的逻辑是：人们都需要通过借钱、还债的历史记录来证明自己是拥有良好信誉的人。因此不借钱的人或征信记录一片空白的人并不代表其信用“好”。这里所谈论的“好”或“不好”是指人们的个人信息能否有效帮助金融机构快速识别其信用资质，即识别人们是属于优质借款人、次优级借款人，还是劣质借款人。征信白户就是指缺乏信贷记录，甚至没有信贷记录的人，银行等金融机构难以根据现有信用记录来判断其信用情况，故金融机构可能不会为其提供所需的贷款额度。

在金融机构申请一笔新的贷款时，一个具有良好征信记录的人和一个拖欠巨额债务乃至破产的人，他们的信用资质是完全不一样的，要面临的评估结果也是截然不同的。保持良好的征信记录可以帮助人们更容易通过贷款或信用卡的审批，并且贷款利率会相对较低，信用额度则会相对较高；反之，拥有不良征信记录（债务逾期和个人破产）的人可能很难通过贷款或信用卡的审批，即使侥幸可以申请到一笔贷款，贷款利率也会相对较高，信用额度则会较低，甚至金融机构会要求追加抵押物或额外的担保人。

虽然目前中国人民银行征信中心没有具体展示个人信用评分，但相信在不久的将来，我们每个人都能通过征信报告提供的信用评分客观地认识自己的信用资质了（当前，已有一些市场化机构已推出信用评分产品，如蚂蚁集团“芝麻信用”、腾讯“微信支付分”等）。在国外，以美国为代表的发达经济体都在用 FICO 评分模型（Fair，Isaac and Company 的缩写，全称为美国个人消费信用评估公司）来评估个人的信用情况。了解 FICO 评分模型的具体内容可以帮助人们对信用评分有一个基础的理解，该评分模型的具体组成部分及其占比如下。

①缴款记录，占 35%。

②欠债金额，占 30%。

③信用历史，占 15%。

④新信用申请记录，占 10%。

⑤信用形态，占 10%。

具体来说，金融机构可以通过人们缴款的历史记录来预测其未来的违约概率。如果存在逾期记录，那金融机构肯定会警惕这类借款人。

当下的欠债金额反映了借款人目前的财务状况。这其中还包括人们的信用利用率，信用利用率是指人们已使用的信用额度（债务）与银行给予的信用额度之间的百分比。比如：信用卡的信用额度为 10 000 元，某人使用了 1000 元的信用额度，那么他此时的信用利用率就是 10%；如果某人在下个月使用了全部的信用额度 10 000 元，那么此时他的信用利用率就是 100%。信用利用率越高，金融机构顺利收回贷款资金的风险越大（这很好理解，人们偿还 1000 元与偿还 10 000 元的难度是不一样的，人们更容易负担不起 10 000 元的还款额），个人的 FICO 分数就越低，因此借款人应将个人信用利用率保持在 30% 左右。

信用历史则反映了借款人和金融机构之间的交往时间有多长。如果有两位从未发生过逾期行为的借款人，一位是和金融机构建立了长达 20 年关系的老客户，而另一位是刚建立 2 个月关系的新客户，哪一位的 FICO 分数会更高呢？肯定是前者。常言道“日久见人心”，借贷关系里也是一样的道理。

新信用申请记录是指人们最近申请新贷款的次数和频率。如果一个人频繁申请新的贷款，且次次被拒绝，那么就可能留下负面信息。因为借款人的这一行为，可能被金融机构解读为借款人正处于“财务饥渴”状态，即借款人处于非常缺钱的状态，这种情况下会提高金融机构的“坏账预期”，认为借出去的贷款有可能会收不回来。反之，如果一个人间隔了很久才再次申请新的贷款，那么就可能留下正面信息。金融机构更喜欢向当下不缺钱的人放贷。人们越表现出缺钱的行为，金融机构就越是谨慎对待此类借款人。这很合理，因为贷款资金的安全性（能否顺利收回贷款）始终都是金融机构要考虑的重要因素。美国喜剧演员鲍勃·霍普曾这样说道：“银行这种地方，只有你能够证明你不需要钱，才能从那里借到钱。”这句话真是一语道破天机。

信用形态是指人们的信贷种类，比如个人信用卡、个人汽车抵押贷款和个人住房贷款等。通常来说，拥有个人住房贷款会增加人们的 FICO 评分，因为其代表长期稳定的负债管理能力。

在 FICO 评分模型中，所有信用分数都是靠贷款与还债的行为获得的，因此没有借过钱的人信用分数就低。人们在金融系统里可获得的信用额度就像人们的无形资产一样。人们可以不拿来使用，但一定要有这个无形资产，且还需要人们定期维护这个无形资产，让它持续增值，这样才能在需要的时候立刻拿出来使用。因此，人们应该合理地和银行建立起信用关系，用一次次按期还债的信用记录为自己未来贷款买房、贷款买车等做好准备。

信用管理关乎选择权——良好的信用状况不仅能提高贷款获批的概率，还能让人们在贷款额度、利率、还款期限等方面拥有更多选择，实现更灵活有利的理债和理财方案。

第四章

如何更好地使用债务

古语里用“晴天借伞，雨天收伞”来形容银行。很多人理解为这句话是在嘲讽银行的势利，但其实这句话是在告诉人们借钱的最佳时机是在人们不缺钱的时候。这时候人们的收入稳定、信用良好、净值较高（尤其是当人们有一些资产，而这些资产可以很快转化为现金的时候），金融机构则会像勤劳的蜜蜂一样不停地追着这些不缺钱的人，希望为他们提供各种低利率且大额度的贷款。

为什么金融机构会这样？因为此时这类现金流健康且拥有资产的人们，一般在金融机构的信用评价系统里属于优质客户，即他们贷款违约的风险极低，这同时也意味着金融机构可以从放给他们的贷款中赚取到确定性的利息收入。因此，当人们处于财务非常健康的状况时应该主动去金融机构里借钱（也叫加杠杆）。

杠杆，或称财务杠杆，是指通过举债参与具有一定风险的事业或投资活动，以放大潜在收益的方式。杠杆是“借钱”的另一种表达方式，但隐含了人们贷款资金的特定用途，即用于投资行为。举债投资，运用得当，人们的资产会增加；运用失误，人们则有可能遭受损失，一夜返贫。使用杠杆就好比站在弹簧上，不需要动用全部力气，就能跳得更高、看得更远；反之，也有跌得更惨的风险，甚至还会有摔倒并爬不起来（破产）的情况发生。

具备获得贷款的信用资质，是人们的一种“隐形生产力”，就像知名品牌的商标价值一样。在科技助推下的时代，各行各业的发展速度都是极快的。一个人从根本上赖以生存的最终手段——技术、技能、知识、判断能力，也许一夜之间就会被彻底推翻。因此，当人们发明了一种新商品、想要推广新技术或新创意，希望快速扩大生产规模并占领市场的时候，可能不得不借助金融杠杆的力量。

人们不能只看到贷款需要支付利息，而没看到贷款也能帮助人们赚取更多收益的一面。贷款（或债务）可以为人们的事业或生活赋能的。比如：部分高净值人群在投资股票或债券的时候，他们一般不会使用手里的现金，而是拿现有的股票、债券去银行做质押进行贷款，再购买股票、债券进行投资。这种“高杠杆”（用大量借款进行投资）的投资方式虽激进，但成功后的回报也高。普通人也许并不具备高杠杆投资股票或债券的抗风险能力，但人们可以学习这类高净值人群使用杠杆（债务）的思维方式，待人们在未来赚到第一桶金的时候，就知道该如何利用杠杆变得更富有。

使用杠杆来赚取收益是一件有认知门槛的事情，这要求投资者除了要具备从微观上读懂贷款合同的能力，还需要具备从宏观上预测经济运动趋势的能力，即能在对的时间对未来可实现增值的资产进行加杠杠投资。即使某贷款条件很划算，但被用于错误的时机或背离经济趋势，也一样会带来灾难性的后果。因此，不论是投资股市、房市还是债市，不仅需要投资人具备基础的宏观的经济学理论知识，能够明白和利用各种经济指标之间的因果关系，并以此来做出投资决策，才可以说他们具备了利用债务（杠杆）来赚钱的基础技能。

1. 经济周期与债务

今天人们所知道的金融——对货币、信贷、债权、银行、资产和负债进行管理、创造和研究的机构、规章、资产类别、理论、模型和基础设施的组合——是在过去几十年的历史中逐渐形成的。金融是现代经济的核心，金融市场一旦出现动荡，整个经济和社会都会受到波及。历史上曾多次出现金融危机蔓延到各行各业并演变为经济危机，最终导致经济发展停滞，甚至引发社会动荡的情况。因此，各国的中央银行都把维护金融市场稳定当成重要的工作任务。

中央银行在一国金融体系中处于核心地位。各国中央银行在制定经济政策时，主要以金融部门的统计数据作为依据。中央银行时刻密切注视金融市场上的各种动向，利用统计数据研究分析金融市场的运行情况，识别并评估金融风险。一旦出现不好的苗头，中央银行就会及时采取针对性措施，堵住漏洞，消除隐患。如果把一国经济比作一个人，金融业就是这个人身体里流动的血液，医生（中央银行、经济政策制定者）通过“验血”可快速找到这个人存在哪些潜在疾病（哪里即将要出问题？），然后提前干预。维护金融稳定，最重要的是防患于未然。

经济则是比金融范围更广的概念，包含实体经济和金融经济，它主要关注的是整个社会的物质生活水平，以及这个生活水平是如何受到个人和机构的某些决定影响的。当经济出现波动时，会引发一系列人们在日常生活中就能有所察觉的现象，如物价上涨、货币贬值或者就业困难等。而想要准确界定宏观经济是处于通货膨胀还是通货紧缩状态，就需要借助金融统计数据了。

金融统计数据是把成千上万个微观个体（个人和企业）的经济活动（尤其是借贷活动）所产生的数据进行分门别类的统计而形成的数据，比如：这个季度居民总体的存款余额是多少，居民贷款增加了多少，货币供应量是多少，货币流通速度是多少，信用卡逾期半年未偿信贷总额是多少，等等。通过汇总一国所有个体（个人和企业）的金融数据，并对这些数据的变化做出分析，便可以对当前的经济发展趋势做出明确客观的判断。一国的经济想要有活力地发展，就需要有效率地配置信贷。因此，个人通过贷款合同获得信贷（债务）这件事，不仅是微观层面的个人金融活动，还是宏观经济活动的组成部分。

经济周期是指经济运行中会持续出现的规律性扩张和收缩变化，就像大海的潮起潮落一样。一个人的贷款行为不仅在他的个人生活中创造出经济周期，还会间接地影响宏观层面的经济周期。如何理解呢？比如：小王贷款10万元，年利率为8%，用于购买一台他目前无力全款购买的汽车，将分三年还清车贷。在可预见的未来三年里，小王因需每月按期足额偿还汽车贷款，将降低其他的生活开支（假设未来三年小王的工资增长速度刚好等于我国通货膨胀率）。小王为了现在拥有汽车，必须降低未来的消费水平，以偿还当前欠下的这笔债务。个人先借款消费、后紧缩开支的模式与整体（经济）周期非常相似。当无数笔类似的贷款同时作用于经济体时，就形成了宏观层面的经济周期。

经济扩张期开始的时候，类似小王的人普遍抱着比较乐观的心态看待未来，他们普遍预期未来的自己会赚到更多钱，因此当下的他们才敢于举债，或用于投资、或用于消费。一个人的支出就是另一个人的收入，这些信贷资金会在后续进入实体经济或金融经济，最终将拉动整体经济的增长。一笔笔贷款营造出了一种繁荣的氛围。而没有贷款的人，在看到此时繁荣的景象后，也会陆续加入贷款投资或消费的狂潮，从而使经济活动更加活跃。这时候的经济体一片欣欣向荣：人们的收入在增加，资产价格在上涨，每个人都感觉自己变得更富有了。而那些没有进行贷款投资的人则认为自己错过了利用杠杆增加财富的机会。收入增加和资产涨价会导致人们进一步借债，增加在商品和金融资产上的支出。这时总体借债基本上会将支出和收入提升至超出经济生产力稳定增长所对应的水平。当经济因长期借债扩张接近债务周期的顶峰时，人们预期以贷款维持的经济会继续以高于趋势水平的速度发展下去。但显然这是不切实际的幻想，贷款始终是需要偿还的债务。

宽松货币政策带动信贷规模的增长，信贷规模的增长又引发大量的投机行为。当中央银行通过一系列金融统计数据察觉到了经济过热的危险信号（如物价指数的全面持续上涨等），就必须实施抑制信贷无序扩张的货币政策。这是因为如果信用扩张不及时停止，表面的繁荣就要变成“崩溃的繁荣”。这时候，中央银行就必须通过货币政策给市场“降温”。一旦商业银行和其他金融机构按照中央银行的指示开始提高贷款的门槛，信贷规模的扩张就会放缓，经济开始收缩。之后，人们意识到，在那些利用银行创造的新贷款来融资的投资项目中，有相当数量的项目无利可图，因为它们无法满足消费者的真实需求。只是因为“钱太好借”，大量投资人盲目跟风，忽略市场调研。因此，很多投资都失败了。简言之，银行客户的经济困难（信贷扩张不可避免的后果之一）使得很多贷款无法收回，更加速了信贷紧缩的过程（扩张过程的反面）。最终，经济泡沫破裂，人们的信心也开始消退，经济迅速下滑，最终到达谷底，社会整体弥漫着悲观的情绪。尽管有些人可能在这一波的经济周期里增加了个人财富，但绝大多数人都会为繁荣期的错误投资和过度消费付出惨痛代价。著名的投资人瑞·达利欧在其《债务危机》一书就曾指出：“从信贷诞生的那天开始，就有了债务周期，同时也就有了经济周期。”图 4–1 展示了信贷与经济周期的关系：

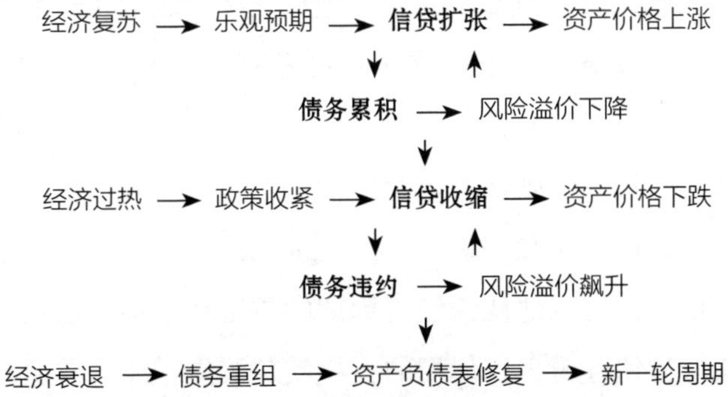

图 4–1　信贷与经济周期的关系

前文描述的是以信贷规模扩张为起点的简化版的经济周期。关于经济周期的理论有很多。不同经济学家对经济周期诱因的阐释角度各不相同，有人从过度投资角度来阐释，有人从房地产市场来阐释，还有人从企业家精神角度来阐释，但不管经济学家从哪个角度入手，都发现了类似的经济趋势。

美国著名经济学家伯恩斯和米歇尔对经济周期的定义是：

“经济周期是在由商业企业来组织活动的国家总体经济活动中所观察到的一种波动：一个周期由几乎同时在许多经济活动中所发生的扩张，随之而来的衰退、收缩和与下一个周期的扩张阶段相连的复苏所组成；这种变化的顺序反复出现，但并不是定时的；经济周期的持续时间在一年以上，又或者十年到十二年。”

《逃不开的经济周期 2》的作者拉斯·特维德则认为，经济周期本质上就是一个循环。这意味着，所有能制造“泡沫”的力量都可以在相反的方向发挥作用，而“泡沫”可以宽泛地定义为一组资产，其价格在短短几个月或几年之内就会升至疯狂水平，随后破裂。债务不仅可以助长泡沫，还能在一段时间内维持泡沫。放宽贷款条件意味着更多的乐观者都能获得贷款，这将促使人们相信未来会有人用更高的价格来购买这些资产。

欧文·费舍尔则认为，经济萧条之所以反复出现，有两个主要因素，即“负债过度”与“通货紧缩”，这两个因素相互关联、相互作用。他认为经济周期的关键在于银行信贷。债务人需偿付的债务越多，他们的负担就越沉重。经济航船越是歪斜，它就越趋向倾覆。

一个经济周期一般包含四个阶段：低谷期、扩张期、高峰期、收缩期。图 4–2 展示了经济周期的变化趋势。

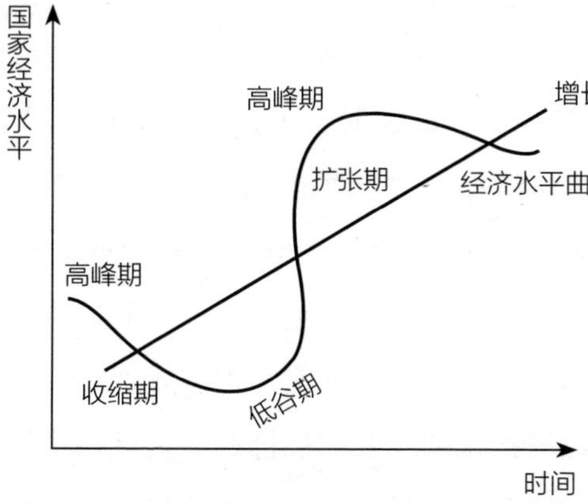

图 4–2　经济周期的变化趋势

扩张就像贷款，一开始就会产生繁荣的幻觉，它特别受欢迎，人人都追捧它。反之，收缩就像债务，人人都厌恶它，甚至咒骂它为祸患，但其实它们是一体两面的。在信贷扩张的过程中会不可避免地释放出逆转信贷扩张的力量，即信贷紧缩。

通过对经济周期的了解，人们应意识到经济不会一直繁荣，也不会一直衰败，而是波动发展的。根据经济周期的变化趋势可以直观地看到，当经济大幅下滑后，通常要在底部徘徊一段时间后才能逐渐复苏。对于想要利用杠杆的人们，关键是判断经济是否已经到底、何时开始复苏，也就是经济的“拐点”是否真的来临了。了解目前处于经济周期的哪个阶段，才能知道接下来该如何制定投资策略。每一个经济阶段都有与之对应的理债和理财方法，人们应顺势而为，即人们在经济周期的扩张期和高峰期，应胆子大一点，主动加杠杆，积极拥抱资产上涨带来的红利，勇于下注；而当意识到经济一旦进入了收缩和低谷期，就要及时收手，早日还清债务。换言之，在经济扩张期，人们应积极成为“债务人”，以低成本负债购买可升值的资产；而在经济收缩期时，人们应努力成为“债权人”，通过优先债、可转债等方式获取稳定的现金流。

无论是刚刚进入社会的企业员工、要创业的年轻人、要开始投资的中年人，还是依靠毕生积蓄生活的退休人员，人人都会受到经济周期的影响。但现实是很多人都不懂经济周期的规律。他们在经济扩张期不敢加杠杆购买资产，错失财富增值的机会；反而在资产价格最高点的时候盲目入场，加超出自己能力范围的杠杆，导致生活压力极大。金融行业每爆发一次危机，就会导致一大批人的生活会陷入困境，从此一蹶不振，而这些人通常是误判经济趋势而盲目加杠杆，在最后时刻入场的人。不过，处于经济衰退期的人们也不用过度悲观，因为根据经济周期理论，经济还会再次繁荣的。

社会的整体情绪也会随着经济周期的变化而变化。具体来说，比如曾经被人们认为是“大而不能倒”的企业竟然在一夜之间因欠债倒闭了，人们最初的反应是否认，会觉得这种事情怎么可能会发生；不久后，否认让位于震惊和担忧，人们逐渐意识到经济形式可能发生转变了；随后，便是深深的恐惧，人们开始担忧个人的经济处境；之后，恐惧逐渐被愤怒所替代，人们开始咒骂那些不负责任的投机者或诈骗者，社会恶性事件频发；一段时间后，人们开始逐渐接受经济已经陷入衰退的客观事实；情绪也会逐渐趋于平稳；直到某一天，乐观情绪再次卷土重来，人们又开始举债投资和消费了。因此，人们还可以通过社会新闻渲染的整体氛围，来大致推测当前的经济处于经济周期的哪个阶段。

未来，随着科学技术的革命，人类对于经济周期的管理，可能会建立债务的“预警系统”：如通过 AI 实时监测家庭、企业和政府的债务风险、利用智能合约自动调整信贷条件、通过逆周期资本缓冲吸收冲击等。也许唯有将债务周期纳入可计算、可控制的框架内，才有可能避免人类经济在繁荣与萧条的循环中重复坠崖。

最后，人们除了要在恰当的经济阶段使用杠杆，还应注意到使用杠杆后，现金流的流出会增加，因为人们要负担贷款的利息支出。如果资金链断裂，即使最后的投资结果是获得巨大的财务收益，人们可能也不得不提前出局。总而言之，人们使用了杠杆后一定要保持相对充足的现金流，因为一旦资金链断裂，前期的投资会打水漂，后果将不堪设想。

2. 明斯基时刻与债务

海曼·明斯基于 1919 年出生在美国，就读于芝加哥大学。在受到美籍奥地利经济学家约瑟夫·熊彼特的影响后，明斯基开始研究市场结构、银行业，总需求的决定机制与经济周期之间的关系。

明斯基认为金融市场的过剩会加剧经济波动。例如，经济处于扩张阶段的繁荣期时，往往会出现过度风险投资的现象并导致信贷规模的快速增长，而在随后的收缩阶段则会出现信贷规模急剧萎缩的情况。明斯基观察到，信贷的过度供给往往源于人们在危机尚未出现时低估风险而过度自信的心理。因此，如果市场已经长时间地持续扩张，人们会认为市场运行良好，扩张会持续下去，即人们会凭过去的经验推断未来。因此，明斯基认为金融体系本身就是经济不稳定的根源，并使得投机泡沫和债务紧缩交替产生。

明斯基在经济金融领域提供了完全不同的视角，它挑战了传统新古典经济学“市场自动稳定”的信念，形成了最早的“金融脆弱性假说”，即私人信用创造机构，特别是商业银行和其他相关的贷款人的内在特性，使得它们不得不经历周期性危机和破产浪潮，银行部门的困境又被传递到经济体的各个组成部分，产生经济危机。

明斯基时刻这个概念由太平洋投资管理公司的保罗·麦克里在 1998 年提出，用来描述当年俄罗斯金融危机，并以海曼·明斯基的名字命名。此后当全球金融危机来袭，很多评论者也称之为“明斯基危机”或“明斯基时刻”，以此来表明明斯基对经济研究的贡献。

明斯基时刻被用来形容经济周期的某一时间点：人们在进行非理性过度金融投机的一段时间后，开始意识到可能将有不好的事情发生（比如借不到款、资金链断裂等），随后恐慌情绪发酵蔓延，导致大量资产被抛售。

明斯基时刻表示的是市场繁荣与衰退之间的转折点，这个转折点反映在人们使用杠杆的趋势上。图 4–3 为信贷曲线和实际国内生产总值（GDP）曲线之间的关系，从图中可以看出，实际 GDP 的增长依赖于信贷规模的扩大。人们使用杠杆或举债的行为路径可以被划分为三个阶段。

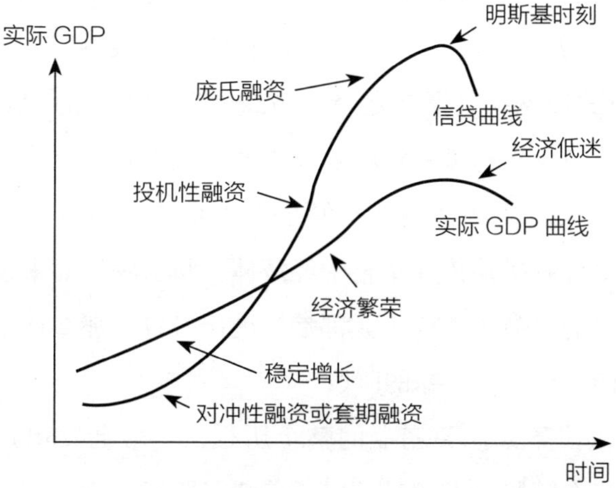

图 4–3 信贷曲线和实际国内生产总值（GDP）曲线之间的关系

第一阶段：对冲性融资或套期融资，即借款人可以通过加杠杆（借钱）投资，获得可以覆盖贷款本金和利息的收益，甚至收益远大于债务支出。这是比较安全也是人们理想的借钱方式，人们几乎感觉不到偿还债务的压力。

第二阶段：投机性融资，即借款人从投资项目中获得的现金流仅能覆盖贷款的利息。当未来需要偿还本金的时候，借款人可能需要进行债务重组（如续贷），或者不得不变卖资产来偿还债务。在这种借钱方式下，人们会开始感受到偿还债务的压力。

第三阶段：庞氏融资，即借款人从投资项目中获得的现金流既不能覆盖贷款的本金，也不能覆盖利息。借款人为了支付到期的本息，不得不采用滚动融资的方式，并且会不断地增加借款，即“以贷养贷”。这种借钱方式下，人们会感受到巨大的偿债压力，甚至伴有一种资金链随时要断裂的恐惧感，命悬一线。

从微观层面来说，个人或企业使用庞氏融资（“以贷养贷”）方式以维持其财务运行的方式是非常脆弱的。随着个人或企业债务积累超过一定限度，这些个人或企业可能会走向破产。金融风险便从这些破产的个人或企业逐渐传导到金融机构，再由金融机构传导至整个经济体。从宏观层面来说，如果经济体里的多数个人或企业都参与庞氏融资，那么这个经济系统很可能处于债务通缩的阶段。

回顾债务人债务崩盘的整个历程，一般会发现其都存在上述的三个阶段，尤其是“以贷养贷”阶段。当人们“以贷养贷”一段时间后，直到最终借不到任何贷款时，就可以说个人正在经历“明斯基时刻”，后续爆发个人债务危机的概率极大，除非人们能从金融系统外（私人借钱）获得一笔资金以应对到期的金融债务。

企业借钱的逻辑和个人借钱的逻辑是相通的。在经济持续向好的乐观预期和企业追求更高利润的背景下，金融机构逐渐放松贷款条件，借款企业受宽松的信贷环境的鼓励，倾向于增加负债。越来越多的企业呈现风险较高的两种状况，即投机性融资和庞氏性融资，而真正稳健运营、具备自我偿债能力的抵补性企业的数量则在减少。经济运行的周期性决定了经济持续繁荣之后，经济形势开始走向收缩。此时，经济已处于衰退的前夕，任何会引起生产企业资金链中断的事件，都将引发企业拖欠债务和破产，而企业的债务风险反过来又影响金融部门，导致银行破产。用“牵一发而动全身”来形容现代经济，是再合适不过的。

了解“明斯基时刻”，可以帮助人们更好地管理自己的债务。一发现自己开始“以贷养贷”，就要立刻意识到危险性，或向家人求助，或变卖资产，或寻求增加收入的方法来填补债务缺口。持续走在“以贷养贷”的路上，则可能会经历“明斯基时刻”。此外，了解“明斯基时刻”还能帮助人们更好地理解企业的财务报告，通过对企业借钱原因的深入分析，人们可以拨开迷雾，了解企业的真实运营情况，进而可以做出有效的投资决策。

3. 以会计学思维看债务

“资产负债表”和“利润表”是会计学的核心知识。有些人仅仅因为觉得会计太难了，害怕面对复杂术语和数字带来的挫败感而放弃理解这两张表；还有一些人则觉得他们可以将会计问题留给专业人士解决。但会计是现代商业社会的共同语言，人们不管是管理自己的财务还是管理企业，都需要具备看懂这两张表的能力（可以不具备制作这两张表的能力）。其实，人们可以把自己想象成一家“个人公司”。对“个人公司”的资产负债表和利润表进行积极的管理，可以消除人们内心对债务的不安感和焦虑感。

把债务放到这两张表里审视，便可追本溯源。在移动支付场景越来越丰富的时代，人们的收支几乎都已经数字化了。对个人的财务数据进行汇总分析，不仅能看出数据的变化趋势，还能快速找到财务失衡的根源，从而制订出适合自己的补救方案。

更重要的是，当人们拥有会计思维后，人们会重新定义“钱”。“钱”不再是静态的纸钞，它以不同的形态在资产负债表和利润表中流动。这些形态是：收入、支出、负债、投资和资产。在会计思维下，金钱每次流动后，其形态会发生变化，因此我们先来认识一下金钱的五种形态：

（1）收入。收入是人们赚到的钱。其可以是劳动收入，如工资、兼职收入、年终奖金等，这部分收入也叫劳动所得；还可以是非劳动收入，如房租、债券利息、股票分红等。想要获得非劳动收入，就需要有前期的投资，如投资房子得到租金，投资债券得到利息，投资股票得到股票分红。此外，还有一种收入叫资本收入，指资产价值上升所带来的收益，如房产价值上升带来的收益。但只要人们没有卖出资产进行“变现”，那么这部分收益就还是属于“纸上财富”，因为只有当人们卖出资产的时候才能将资产收入转化为真金白银的实际收益。这也意味着“纸上财富”的价值是随着市场变化而变化的。当人们卖出资产的时候，资产的价格可能已经发生了巨大的变化，资本收入可能会变成资本亏损。因此资本收入不应被当作日常生活中可以拿来使用的收入，而应该被当作心理上的预期收入。

（2）支出。支出是人们花出去的钱，可以根据是否具有返还可能分成两类。一次性的支出主要指用于日常生活的开支，如房租、餐费、电费、水费、话费支出等；未来有返还可能的支出是指那些日后可以成为资产的支出，如房贷、人寿保险、黄金、名贵古玩字画支出等。

（3）负债。负债是人们借来的钱。负债也可以理解为“他人资本”，包括银行的贷款、欠朋友的借款等。拥有负债通常说明人们有信用，可以借到钱，但同时也意味着人们拥有利息支出。

（4）投资。投资是指可以创造收益的钱。比如人们为了获得收益而将过去几个月的收入投资到某一项事业里，期待未来可以获得收入。

（5）资产。资产是指可以变成现金的财产。比如土地使用权、房产、股票、股权、债券、珠宝首饰、特许经营权等。

金钱的五种形态分布于资产负债表（资产、负债和投资）和利润表（收入与支出）中。会计学是伟大的学科，而会计学最伟大的发明就是复式记账（double entry accounting）。其核心原则是：每一笔交易都至少影响两个账户，即“借方”与“贷方”，且双方必须相等。借方和贷方是复式记账中记录账户增加或减少的方式，双方反映会计要素数量变化的增减性质是不固定的。不同性质的账户，借贷方所登记的内容是不同的。资产类账户和支出（费用）类账户的增加额会被记录在借方；负债类账户、所有者权益和收入类账户的增加额会被记录在贷方。有人曾说，如果没有复式记账系统，商业的业务规模和复杂性就不可能实现如此快速的增长。图 4–4 为个人简易资产负债表和利润表。

由图 4–4 可知，在资产负债表和利润表中，左栏均为借方（debit），右栏均为贷方（credit），且借贷必须相等。会计思维的核心是平衡。对于企业来说，资产负债表的会计等式是：资产 = 负债 + 所有者权益。因为企业一般有多个所有者，所以使用“所有者权益”来表示股东在企业中所占的剩余权益。而对于个人，其资产负债表的会计等式则是：资产 = 负债 + 净资产。个人对其资产和负债享有百分之百的归属权，因此在个人资产负债表中通常用净资产来替代所有者权益。

资产负债表

资产	负债
现金（存款）	负债 = 借款（房贷、车贷、助学贷款债务、信用卡债务等）
有价证券（股票、基金、债券、信托等）	
保险	
不动产	**净资产**
其他（名人字画、贵重手表等）	净资产 储蓄 = 留存收益

利润表

支出	收入
餐费、交通费、水电费、房租等	劳动收入（月薪、奖金、兼职收入等）
房贷、人寿保险等支出	非劳动收入（利息收入、股票分红收入、房租收入等）
债务支出	
利润	资本收入（纸上财富）
利润（结余）	

图 4–4　个人简易资产负债表和利润表

利润表的会计等式是：利润 = 收入–支出。笔者要再次强调一次（因为这是很多人因市场波动而出现过度贷款的根本原因）：人们在计算收入时，不应计算未确认或未变现的资本收入，只有当人们卖出资产后才能确认资本收入。这里笔者还想补充一个有趣的小常识：人们使用的信用卡，英文为 credit card，而人们使用的借记卡，英文为 debit card。这其实体现了复式记账思维在金融领域的运用。了解了资产负债表和利润表的基本会计等式后，人们需要了解这两张表的意义和联系。

资产负债表展示了人与物（有形之物如房和车，无形之物如金融债券）之间的经济关系，它表明了人们在经济生活中所拥有的东西和在法律上所拥有的所有权。资产负债表记录了某一个特定时刻（如年底）人们的财务状况，就像年底复盘形成的财务记录快照。资产与负债，处于会计等式的左右两边，看似完全相反，但其实两者互为表里，有时还能相互转换。换言之，某一商品在某一时刻可以是某人的资产，但在另一种情况下可能就是负债。比如，一些会持续产生额外费用的资产，乍看之下是资产，但其实是负债，最具有代表性的商品就是汽车。汽车是一种快速贬值的消耗品，当人们把车开出 4S 店的那一刻起，汽车的价值可能就折损了 10%。此外，拥有汽车会持续给带来的额外费用或开支，如停车费、保险费、维修费、清洁费、油费或电费等。因此，不考虑其他因素（如增加人们生活便利、提供情绪价值等），仅从会计思维出发，拥有汽车对很多人来说都是一项负债。房子虽然一直被认为是一种资产，但当人们失去稳定的收入以致无力负担房贷时，房子也许就是人们的负债了。总而言之，具备上述的开放思维，也许会让人们理智地看待利用杠杆买房、买车等人生中的“大事”。

利润表则不同，其内容是动态的，有明确的起止时间。它就像一部个人某月生活的“Vlog”，详细记录了人们在某个时间段内的日常生活的收支情况。当一个月结束的时候，人们收支的结余（利润）就会反映在个人资产负债表里的净资产（以存款储蓄的形式）上，也就是留存收益。如果利润表的数字是赤字（负数），那么人们的存款金额就会不断缩水；反之，如果是黑字（正数），那么存款就会越来越多。利润表的盈亏最终会反映到人们的资产负债表中的净资产变化上。

如果人们在2022年年底和2023年年底都做一次个人财务记录快照（编制个人资产负债表），会发现自己的资产可能增加了，负债可能减少了，而2023年的个人利润表就可以解释形成这种变化的经济活动原因。

《穷爸爸，富爸爸》的作者之一罗伯特·清崎曾说，资产负债表和利润表是我们离开学校后的“成绩单”。如果仅通过经济叙事来解读人生，那这两张表确实可以说明一个人一生经济活动的成果。但生活不仅包含经济叙事，还包括人际关系、精神世界、人生体验等，其价值无法用金钱来衡量。

回到单一的经济叙事框架下，人们每一个金融决策最终都会体现在其利润表和资产负债表上。比如：一个人遭遇了失业，就失去了劳动收入来源，可能无法继续维持过往的生活方式。为了生存，他可能需要变卖一些资产来获得生存所需的资金（用于支付日常生活的费用）；但当一个人没有可变卖的资产时，他可能就会依靠负债，通过借钱来生存。

很多出现债务危机的人是因为他们长期把借到的钱和信

用卡的信用额度当作劳动收入来使用，这是非常错误的财务观念，其结果就是个人资不抵债，走向破产。从利润表来看，人们工作获得劳动收入，便能负担日常生活的开支。一个人陷入贫穷的根本的原因可能就是他失去了劳动收入。

为了直观地理解债务对财务状况的影响，我们可以看一个典型的贷款买房的案例。人们贷款买房会同时影响资产负债表和利润表。比如：2021 年 10 月，小王依靠 50 万元的存款首付，并从银行获得了 200 万元、年限为 30 年、年利率为 4.9%（该利率接近2021年中国商业银行首套房贷款的市场平均水平）的个人住房贷款，购买了一套市场价值为 250 万元的房子。人们在买入资产后，按照实际花费的金额记入账本，这称为账面价值。这里的 250 万元便是小王房产的账面价值。图 4–5 是小王买房前后的个人资产负债表。为简化展示，图中未列出小王未来 30 年分期偿还的利息支出。因为这些利息尚未实际发生，不符合当期负债确认条件，按照会计原则不计入资产负债表，而是在实际发生时计入当期利润表。

图 4–5　小王买房前后的个人资产负债表

由图 4–4 可知，买房后小王扩大了他的资产负债表。“资产负债表扩张”，这一概念通常是指个人通过举债购买资产的行为，这一行为会使人们的资产和负债同时上升。买房后，小王需要每月按期偿还个人住房贷款的月供，每月还款金额为 10 614 元，因此他的每月利润表上会持续产生 10 614 元的支出。

随着小王持续偿还房贷，他的资产负债表上的负债会相应地减少，而他的净资产也会同步有所增加。当小王还清房贷时，小王便完全拥有了这套房子的所有权。假设那时房子的市值还是 250 万元，那么小王的个人资产就变为了 250 万元，负债为 0，净资产为 250 万元。这意味着小王通过工资收入偿还房贷月供，不仅减少了自己的负债，同时还增加了自己的净资产。现实里，当人们还清房贷时，房子的市值可能会高于当初的买入价。比如：小王还清房贷时房子的市场价值已增值为 400 万元。在这种情况下，小王通过房贷买入房产，赚到了 150 万元的资本收入。这一部分账面增值部分被视为资本收益。但需要注意的是，只要小王没有将该房屋出售，那么小王的 150 万资产收入就还是属于“纸上财富”，是一种心理预期收入。至于小王这笔投资是否成功，则需要使用净现值（Net Present Value, NPV）方法来进行计算分析。NPV 是将未来所有现金流（包括初始投资、期间现金流出和流入）以适当的折现率折现到当前时点，然后求和。如果 NPV 为正，表示该投资创造了价值，是成功的；如果 NPV 为负，则表示投资亏损，是失败的。感兴趣的读者可以找一本专业的金融书籍来阅读。

房地产不仅仅是占比最大的财富形式，同时也是最重要的一种借款抵押品。这种以房子作为抵押物而申请贷款，目的是把房产市值上涨的部分提前变现，或用于消费，或用于创业的行为，俗称“房产套现”。这种贷款行为是非常危险的，因为人们可能会出现过度抵押的情况。

比如：小王 2021 年以市场价值 250 万元购入的房子，在 2022 年增值到 400 万元，于是 2022 年的小王以他的房子作为抵押物再贷款了一笔 150（400–250）万元，作为他 AI 项目的创业启动资金。现实里，小王贷款的最高额度不得超过房价的 70%—80%。笔者为了展示房产套现的危害采用了夸大处理，旨在让读者认识到过度贷款所导致的资不抵债局面。

遗憾的是，2023 年小王的房子市值大幅回落，同小区同户型的房子的市场价格只有 260 万元了。这时小王的财务状况就非常危险了（见图 4–6 和图 4–7）。为便于说明，笔者暂不考虑一年内小王因偿还房贷而减少的负债部分以及由此带来的净资产增长。

图 4–6　小王创业前后的资产负债表情况

2022 年

资产	负债
房子 400 万元	房贷 200 万元
	创业贷 150 万元
	净资产 50 万元

资产（400 万元）= 负债（350 万元）+ 净资产（50 万元）

↓

2023 年

资产	负债
房子 260 万元	房贷 200 万元
	创业贷 150 万元
	净资产（-90 万元）

资产（260 万元）= 负债（350 万元）+ 净资产（-90 万元）

图 4-7　小王 2023 年的资产负债表情况

由图 4-7 所知，小王目前的债务总额为 350 万元，而与总债务对应的个人资产却只价值 260 万元了。2023 年的小王已经处于资不抵债的局面。造成这样被动局面的主要原因就是小王对抵押物（房子）的市值过于乐观，误以为房价会一直上涨，却忽视了房价下跌的风险。如果小王创业失败且无力偿还这笔 150 万元的贷款，那么小王大概率会失去这套房子，甚至还倒欠银行一大笔债务。房子作为抵押物，其市值是波动的，因此不建议人们过度抵押自己的房子，尤其是不懂经济周期理论的人。过度抵押房子，会让人们陷入资不抵债的糟糕境遇，最终可能不得不申请个人破产。

人们建设信用，目的之一就是希望不错过借钱投资的机会，为日后把握赚钱机会提前做好准备。不管人们是借钱投资不动产，还是借钱投资自身的人力资本，若想要这笔债变成良性债，就需要保证收益大于利息。人们在做与金钱相关的重要决策，尤其是贷款决策时，应认真思考“会不会产生利润”的问题。久而久之，人们就可以利用会计思维来思考经济生活中的各种问题了。

4. 用三个因素定义好的债务

借了钱，就会产生债务。拥有债务并不一定是坏事，完全没有债务则意味着人们可能错失利用杠杆增加财富的机会（也可以说人们没有利用杠杆来扩大其资产负债表）。如果可以回到 2000 年，相信不少人都会通过举债的方式来买房，甚至不惜大量贷款买下多套房产。房产具有杠杆能力，能成倍地放大投资收益。虽然区分债务好坏的方法有很多，但其中有些判断标准明显比较主观。如果仅从财务角度来评估一笔债务，可以具体到分析三个维度的因素，分别是：可控性、收益和净资产收益率（return on equity，简称 ROE）。

好的债务可以帮助人们通过投资来增加个人的净资产，其目的是增加个人的财富或提升个人未来获取财富的能力；反之，坏的债务则会侵蚀人们的净资产，危及个人当前和未来的财务健康。比如：用债务去购买不能带来任何收益的消费品或消耗品，或者为满足个人的虚荣心和攀比心而透支消费等，这样的债务就属于坏债。了解好坏债务之间的差异可以帮助人们做出更好的贷款选择。但人们也不必因为拥有坏的债务而自责，毕竟谁也不可能完全避免它们。

此外，债务并非从一开始就已经被划定为好的债务或坏的债务，而是要根据人们的收入和资产变动的情况来做动态判断的。债务本身只是一个工具，关键在于人是如何使用它的。如果人们想把债务变成生活中的助力，则应该做到以下三点。

（1）还清一笔消费贷款后再开启下一笔消费贷款。消费是不少人第一次举债的目的，他们为了买最新款的手机或球鞋，采用了“先消费、后还债”的做法，就像第一章借钱买平板电脑的小王那样。不少人总以为自己能控制自己的欲望，但是在可以轻易获得的信贷面前，很多人都会败下阵来。对自己管理欲望的能力过度乐观的结果大多是残酷的。如果人们能做到特定时期内只贷一笔款且在还清这笔贷款后再去借下一笔债，那么这样的债务不仅能提高人们的生活品质，增加人们生活的幸福感，还不会造成财务上的负担。在这种情况下，该笔贷款就可被判定为一笔好的债务。但如果人们借钱仅仅是为了享受生活，并没有考虑自己实际的赚钱能力，同一还债期限内持续举新债，那可以确定的是这些借款属于坏的债务。太多的坏债一定会拖垮人们的生活和工作，失控的债务往往意味着失控的人生。

（2）在自己拥有固定收入的基础上，利用债务创造稳定的收益。这并不是一件容易的事情。再好的投资，如果没有稳定的现金流加以保障，最终可能也会以失败而收场。企业和个人走向破产大多是因为失控的债务。一旦连债务的利息都不能负担，那么债务很可能会变成压垮企业和个人的最后一根稻草。因此，人们举债时一定要确保自己能够持续负担债务产生的利息，或者债务投资的项目本身所创造的收益能够覆盖利息支出。

（3）投资的净资产收益率要高于债务利率。举债投资的收益低于负债利率，这笔债就成了坏的债务，也可以说这笔投资是失败的投资。用年利率5%的贷款购买年回报率为10%的商铺，偿还利息后还有收益，这就是一项好的投资。总之，如果人们能用较低的利息创造出高额的收益，那么这笔负债就是优良的债务。但想要识别出好的投资标的，是需要具备相关专业知识的，还需具备一定的阅历和魄力。投资未来是一件充满不确定性的事情。如果一个人没有勇气，害怕冒风险，可能很难获得高额收益。但也不是任何风险都值得承担，尤其是可能会摧毁人们正常生活的风险。因此，人们应对风险进行理性评估，然后再决定是否要冒险投资。预留“犯错空间”可能是对冒险投资的理性态度。

归根结底，坏的债务是掏走人们现有收入的债务，好的债务则能在未来给人们带来收益。换言之，在一定程度上，人们无法掌控的债务就是坏的债务，而在个人控制范围内且运转良好的债务就是好的债务。因此，债务的好与坏并不是绝对的，而是需要根据特定情况从上述的三个维度具体分析。

5. 如何建设自己的信用

金融是现代经济的核心，而信用则是现代金融的核心。现代经济中常使用的货币本质上是信用货币，资金供应和融通主要通过信用活动实现，金融机构以经营信用活动并创造各种金融资产，金融宏观调控主要通过调节信用的扩张和收缩完成，整个国民经济表现为信用经济。

良好的信用记录能让人深受裨益，反之则会让其吃尽苦头。人们可以把信用理解为一种个人财富的形式，人们应细心经营它、认真呵护它，让它不断增值。很多人在日常生活中，都不会有意识地去建设或维护自己的信用。忽略信用建设可能会让人们在需要资金的时候无法从金融机构处获得贷款，只能依靠家人和朋友，融资能力受限。此外，信用不良的人，即使看到了赚钱的机会，但因为缺乏融资能力，可能就不得不看着机会从眼前溜走。

那么人们应该如何建设个人信用呢?

首先，选择好的信用起点至关重要。随着各行各业逐渐细分，针对不同人群提供的产品和服务也日趋精细化，金融机构也是一样的。在工业革命时期，银行应运而生。银行服务曾经是为富人提供的服务，这种服务一度与社会身份、威望和声誉有一定的联系。人们可能会因为持有某银行的白金信用卡而感到骄傲，可能会因此享受到机场贵宾（VIP）候机室的服务，但人们却不会因为拥有某网贷平台的会员而感到荣耀。在具备发放贷款资格的金融机构中，占据主导地位的始终是银行。在现代社会，一切信用活动体现为价值的运动，而价值的表现形式是货币，银行作为“经营货币的单位”，自然成为信用活动的核心和枢纽。银行对客户通常有一定的要求，如学历、收入和职业等。对于刚出校园的年轻人，在第一次接触信用时，可从银行开始。好的信用起点能帮助人们在日后的借贷活动中减少大量的利息支出。这是因为银行，尤其是大型国有银行的个人贷款利率相对较低。此外，考虑到未来人们的个人住房贷款也多来源于大型国有银行，因此早日同这些银行建立起信用关系是明智的策略。

其次，只要申请了一笔贷款或有了一笔信用卡债务，就要按期足额偿还，应做到每月全额还款。如果实在无力全额还款，也要按信用卡的最低还款额进行还款，不要留下逾期违约的记录。建立良好的信用记录很难，可能需要多年的积累，而一次不良信用记录（逾期违约的行为）就可以将之前的积累全部打破。

最后，应尽量将信用利用率保持在 30% 左右。信用利用率是指人们已使用的信用额度（债务）与银行给予的信用额度之间的百分比。比如：小王某张信用卡的信用额度是 10 万元，而他这个月用信用卡消费了 1 万元，这个月小王的信用利用率就是 10%。下个月，小王依旧不知节制，用信用卡消费 6 万元，那么他这个月的信用利用率就变成了 60%。如果小王能在下个月全额还款，那么这 60% 的信用利用率并不会影响小王的信用评级。而如果小王只能部分还款，甚至只能偿还最低还款额，那么他的信用利用率就会长期维持在 60% 左右。在这种情况下，小王就可能被金融机构解读为过度使用信用，或出现借超出自身偿还能力的债务的经济行为。这将是一种负面信号，从而影响到小王的信用评级。总之，建议大家将信用利用率维持在 30% 左右。这样既不会增加自己的还债压力，又不会让金融机构觉得有太大的风险（透支金额越大，发生债务违约的风险也越大）。

人们不应过度使用信用额度，但还是要保持一定的信用卡的使用频率。因为如果人们申请了信用卡，却长期闲置，就不会产生借钱和还债的数据。没有这些数据，银行就很难判断人们的信用状况。此外，当个人经济情况发生变化时应及时告知银行，这样有利于银行更新用户的个人信用信息档案。当人们出现了诸如收入增加、购买新房、结婚等情况，应及时告知银行，这有助于银行为人们提高信用卡的信用额度。事实上，银行对个人的真实情况越了解，对个人的信用评估越准确，银行给予个人的信用额度也会越高。此外，人们还应定期查看（如每年查询一次）自己的征信报告，如果发现错误信息，应即时纠正，避免影响自己在金融系统中的信用评级。

综上所述，人们应该在不缺钱的时候就开始建设自己的信用。如使用银行的信用卡来支付日常消费和各类账单，以此为自己创建借钱、还债的历史数据，进而使自己在该银行拥有较高的信用额度，这样才能在未来有机会利用金融杠杆来增加个人财富。

请注意，信用卡主要是用来建设信用的，不是用来积累债务的。

第五章

未逾期，如何远离债务困境

> 只要收支平衡，你的口袋就不会有空的时候。
>
> 不重视小事情的人，必定会被这些小事情所摧毁。
>
> ——所罗门箴言

人们进餐厅吃饭时通常会遵循一套“脚本”：进入餐厅，入座，点菜，等待食物，品尝食物，买单，然后离开。类似地，人们使用贷款（负债）也有一套“脚本”：打开银行 / 网贷平台 App，申请借钱，签订贷款合同，获得资金，使用资金，随后的负债“脚本”会有 5 种走向。详细的负债“脚本”如图 5–1 所示。

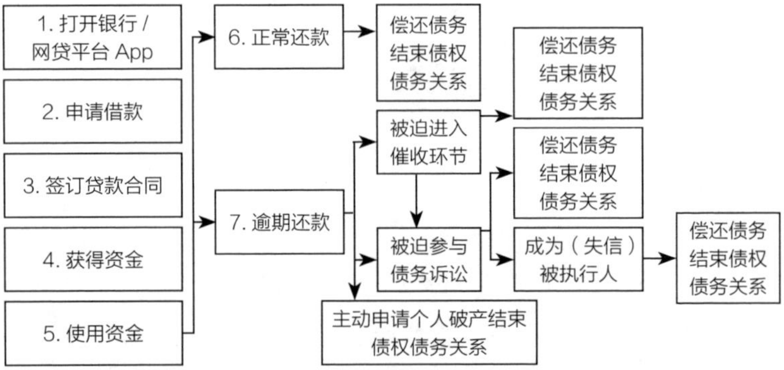

图 5–1　负债“脚本”

图 5–2 所示的是债务生命周期。人们签订贷款合同是债权债

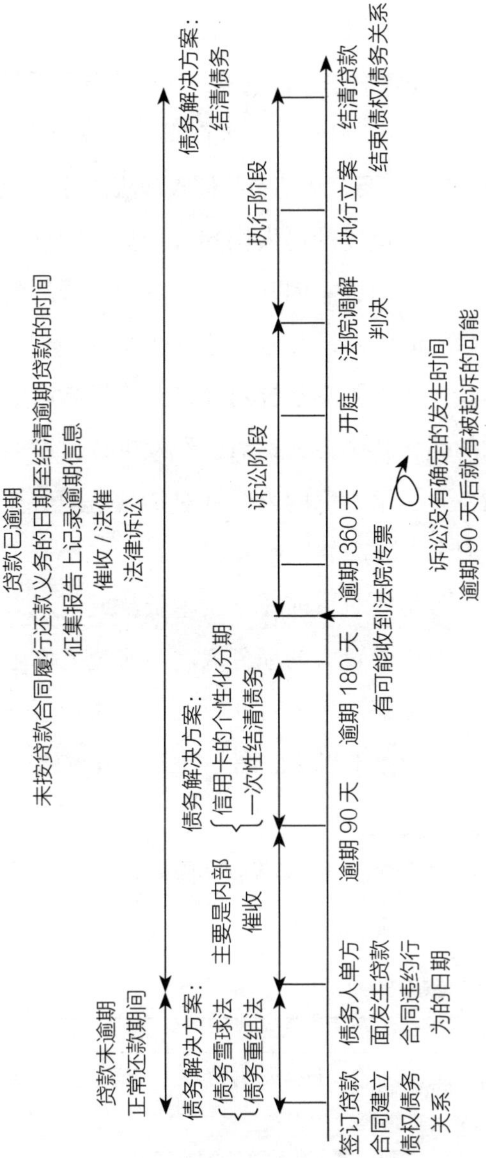
贷款未逾期
正常还款期间
贷款已逾期
未按贷款合同履行还款义务的日期至结清逾期贷款的时间
征集报告上记录逾期信息
催收 / 法催
法律诉讼
债务解决方案：
债务雪球法
债务重组法
主要是内部催收
债务解决方案：
信用卡的个性化分期
一次性结清债务
诉讼阶段
执行阶段
债务解决方案：
结清债务
签订贷款合同建立债权债务关系
债务人单方面发生贷款合同违约行为的日期
逾期 90 天
逾期 180 天
有可能收到法院传票
逾期 360 天
开庭
法院调解
判决
执行立案
结清贷款
结束债权债务关系
诉讼没有确定的发生时间
逾期 90 天后就有被起诉的可能

图 5-2 债务生命周期

务关系的起点，随着借方违约，贷方会聘请第三方催收公司和律师事务所来催促借方还债，最终双方可能会“对簿公堂”。目前在个人破产法尚未完善的法律背景下，债权债务关系只能以借方结清贷款的方式来结束。贷款前，人们需要具备看懂贷款合同的能力；贷款后，人们需要了解基本的催收和法律诉讼的常识。

第五章到第七章讲述的是人们签订贷款合同后，开始偿还债务直到结清债务的内容。因此在这三章中，贷款前的借款人就变成了贷款后的债务人，因为其已经进入还债阶段。

第五章的债务解决方案是针对尚未出现贷款逾期行为的债务人；第六章的债务解决方式针对已经发生贷款逾期行为但还未被起诉的债务人；第七章的内容针对贷款逾期后被起诉的债务人和想要申请个人破产的债务人。

第五章的内容是针对目前还未发生贷款或信用卡债务逾期行为，但当期还债压力较大的债务人。为避免人们走向“以贷养贷”的错误理债之路，笔者将介绍两种可减轻还债压力的方法：债务雪球法和债务重组法。图 5–3 是第五章的内容简介。

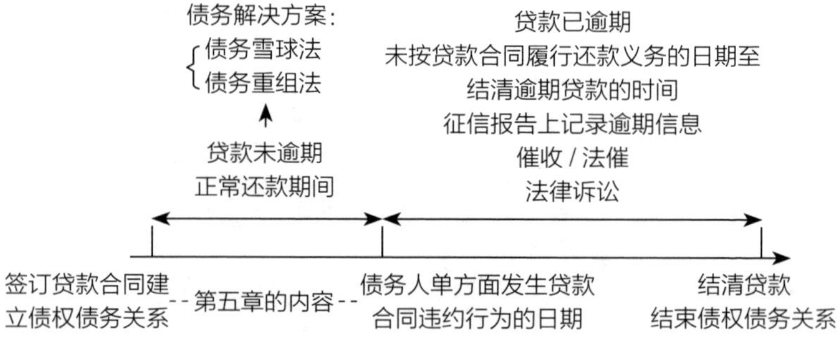

图 5–3　第五章的内容简介

为更好地理解第五章至第七章的债务解决方案，让我们先以全局视角来对债务人群体做一个详细的分类。不同的债务解决方案对应不同的债务人。

1. 债务人的分类

如果债权人确切知道与债务人互动会发生什么，就不会有信任问题了。关于借贷问题，还可以从博弈论的角度来思考。借钱涉及两方，债权人和债务人。一旦两个主体发生互动，其结果就存在不确定性。债权人面对债务人借钱的请求，可以选择答应借钱（合作），也可以选择拒绝借钱（不合作）。如果债权人答应了借钱，债务人后续也有两种选择，分别是债务人按期偿还债务（合作）和债务违约不还债（不合作）。表 5–1 是简单的债务人与债权人的博弈结果。

表 5–1　简单的债务人与债权人的博弈结果

债权人行为 / 债务人行为	合作	不合作
合作	共赢	不良债权增多
不合作	个人信贷缺乏	双输

从表 5–1 可知，借贷双方博弈的结果不仅取决于债权人的行为，而且还取决于债务人的行为。如果相互作用的双方中一方不能做出对另一方行为的预期，往往会导致对方采取短期行为，即为了眼前利益忽视长期发展。最坏的结果就是，债权人拒绝放出贷款，而有幸拿到借款的债务人拒绝偿还债务，于

是债权人穷尽一切办法向债务人进行毫无成果的追索，债务人则完全从正常经济生活中消失了。债权人与债务人之间不合作的结果，使得社会范围内的信用交易骤减，人们的生活品质整体大幅降低，经济停滞。为避免上述最坏的借钱结果，授信制度、征信制度、催收制度、诉讼制度、失信被执行人制度、个人破产制度等应运而生。可以说，与债务相关的制度的形成就是债务人和债权人长期博弈的结果，其目的是促进债权人与债务人之间的合作，达到互利互惠的共赢结果。如果一个社会没有“守信获益，失信失利”的信用制度，就无法形成公平、公正的经济发展环境。

最后，笔者想要强调被社会广泛忽视的一个常识，即在健康的金融环境里，债权人与债务人的利益并不是矛盾对立的，而是互相信任、合作共赢的利益共同体。遗憾的是，在人类无节制的贪欲驱使下，借贷的天平往往不再平衡，债权人与债务人都忘记了对彼此的承诺与责任，忘记了合作的重要性。换言之，当债权人群体与债务人群体彼此对立、各自追求自身权益最大化时，社会很容易陷入零和博弈的逻辑，进而导致群体之间的不信任和敌意升级。债权人与债务人因不合作（信任的匮乏）而造成的各种冲突和矛盾，其代价不仅是经济徘徊不前，还会引发其他社会问题。而这些代价均是由生活在这个社会里的所有人共同承担。重塑债权人与债务人之间的信任可以增加一个社会的“社会资本”，这里的社会资本是指群体或组织内部的人们为了某些共同目标而合作的能力。政治学家弗朗西斯·福山认为“社会资本”丰富的社会具有“自发的社会性”

（spontaneous sociability），能迅速地聚集人群并使其达成共识，一起努力；反之，“社会资本”匮乏的社会则难以建立信任，不仅经济运作成本上升，社会还容易分裂。因此，帮助债务人走出债务困境，就是帮助债权人，更是帮助整个社会以更和谐的姿态共处。

债务人的分类绝非简单的标签化，而是理解人们出现债务危机本质的钥匙。笔者根据债务人的还债意愿和还债能力，把债务人分为以下四类，如图 5-4 所示。

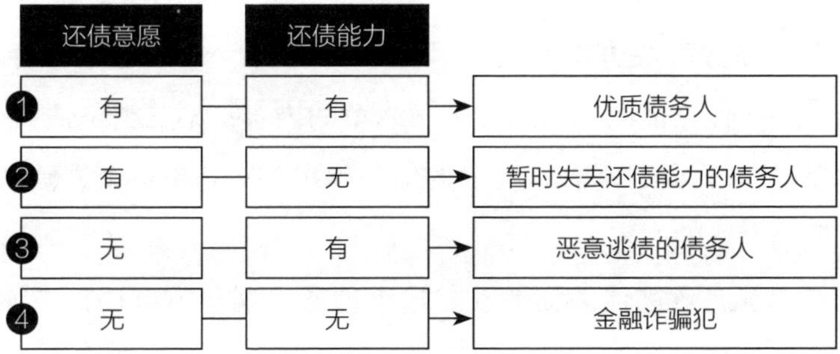

图 5-4　债务人的分类

（1）优质债务人。优质债务人是债务制度下理想的债务人类型。他们尊重契约精神，对借钱持量力而行的态度，严格按照贷款合同来履行还债义务。每一家金融机构都希望尽可能多地和这类债务人做交易，因为他们违约的概率很低。但现实生活中，即便是优质债务人也会遇到现金流紧张的情况，他们虽然没有违约，但某时段也可能会出现收支不平衡，甚至一些人已经开始“以贷养贷”了。对出现上述情况的债务人，适合他们的债务解决方案包括债务雪球法和债务重组法，详见本章第四节与第五节的内容。

（2）暂时失去还债能力的债务人。这类债务人具备强烈的还债意愿，但迫于现实经济条件，他们无力按照贷款合同的约定继续偿还债务。他们可能是因为遭遇了失业，也可能是因为经营的企业倒闭，甚至是因为长期“以贷养贷”导致债台高筑且回天乏术，但这并不意味着他们永久失去了偿债的能力。只要给予他们时间，延长他们的还债周期，他们是有能力逐步清偿债务的。根据所欠债务金额的高低，可以把失去还债能力的债务人又分为两类：第一类是债务金额低于 50 万元，适合这类人的债务解决方案是庭外和解，如信用卡个性化分期和逾期后一次性结清的方法，详见第六章的内容；第二类是债务金额超过 50 万元，适合这类人的债务解决方案是申请个人破产，详见第七章的内容。

（3）恶意逃债的债务人。这类债务人属于没有还债意愿，却有还债能力的人，他们懂得如何钻法律的空子，恶意逃避还债义务，不仅给债权人，还给全社会都带来了巨大的经济损失，而自己却住着豪宅、开着豪车。对于此类债务人，需要依法对他们实施一系列惩戒措施，如强制执行制度和失信被执行人制度等。通过国家的强制手段来唤起他们的还债意愿，并遏制其逃债行为。

（4）金融诈骗犯。根据《中华人民共和国刑法》规定，金融诈骗罪是指以非法占有为目的，采用虚构事实或者隐瞒事实真相的方法，骗取公私财物的行为。金融诈骗是一种犯罪行为，金融诈骗犯将会面临刑事诉讼。这类债务人通过恶意骗取银行贷款来谋利，不仅给银行和储户造成了巨大的损失，还破坏了社会的信用基础。

从上述债务人的分类可知，发生债务违约或逾期行为的债务人并不都属于恶意逃债的“老赖”，其中包含暂时失去还债能力的债务人（这类人在进入个人破产程序后被称为“诚实而不幸的”债务人）。这类债务人和“老赖”有着本质的区别。失去还债能力的债务人并不是不愿意还债，而是因客观原因（如生计窘迫）而导致其不能还债。个人破产制度可以帮助诚实而不幸的债务人从庞大的债务负担中解脱出来，重新参与社会经济活动。

因此，笔者希望人们在以后的生活中不要把所有债务逾期人都称为“老赖”。人们应意识到任何优质债务人都有可能因为一场意外而成为诚实而不幸的债务人。本书罗列的具体债务解决方案主要是服务于第一类和第二类的债务人，希望帮助债务人在法庭外以最小的代价远离债务困境，重回幸福人生轨道。

此外，上述四类债务人的身份不是永恒不变的，而是时刻变动的。今日的优质债务人，可能就是明日的诚实而不幸的债务人；而今日暂时失去还债能力的债务人，也可能是明日的优质债务人。因此，人们应以动态的眼光看待债务人这个身份。真正的文明尺度，不在于消灭债务人，而在于构建让每个债务人都能有序“重生”的制度生态。当我们用手术刀般的精准度剖析债务人群像时，最终照见的是整个经济体的健康密码。

接下来，我们来具体了解适用于优质债务人可降低还债压力的方法。

2. 每月可支配金额

在开始讨论具体如何解决债务问题之前，我们需要做一个预算，计算出每月可支配金额，如表 5–2 所示。这个数字至关重要。

表 5–2　每月可支配金额

项目	1月	2月	3月
收入（劳动收入和非劳动收入）			
住房相关支出（房租或房贷及其他住房相关费用）			
每月生活必需支出（食品、交通、通信、保险等方面的费用）			
每月可支配金额			
每月最低还款额			

每月可支配金额等于人们所有的收入（工资收入、兼职收入等劳动收入和非劳动收入，如利息收入、股票分红、租金收入等）减去住房相关支出和每月生活必需支出。

人们不能指望将其所有的收入都拿来偿还债务，这既不现实，也不可持续。不管债务压力有多大，人们都需要用收入优先保障自己的“衣食住行”，即收入扣除住房相关支出和每月生活必需开支后的剩余部分才可用于偿还债务。这样分配金钱的逻辑意味着人们需优先对自己的生存负责，然后才能对债权人负责。每月可支配金额就是人们可以拿来还债的最上限金额，代表了人们在正常生活状态下最大的还债能力。以下文的例子进行说明。

案例 1：小王每月工资收入是 12 000 元，每月房租 4600 元，每月生活必需支出一般在 3500 元左右。按照每月可支配金额的计算公式，可知他每月可用于偿还债务的资金上限为 3900 元。如果小王没有债务，那么这笔钱既可储蓄起来，也可以用于其他消费。

案例 2：小王每月工资收入还是 12 000 元，但他买房后每月房贷还款额是 8000 元，生活必需支出因拥有房子而增加 2000 元（物业费和其他费用），现在每月的生活必需支出变成了 5500 元，这时他的每月可支配金额就是–1500 元。这表明小王不仅不能偿还过去的债务，每月还会产生新的债务。

案例 2 的情况就属于图 5–5 所示的每月可支配金额是负数的情况，表明个人财务处于不健康的状态。这种情况下，人们可能无法解决已经积累的债务问题，因为根本没有多余的收入可用于偿还债务。如果债务人的全部收入连目前的生活必需支出都无法覆盖，又怎么有能力去解决旧债呢？

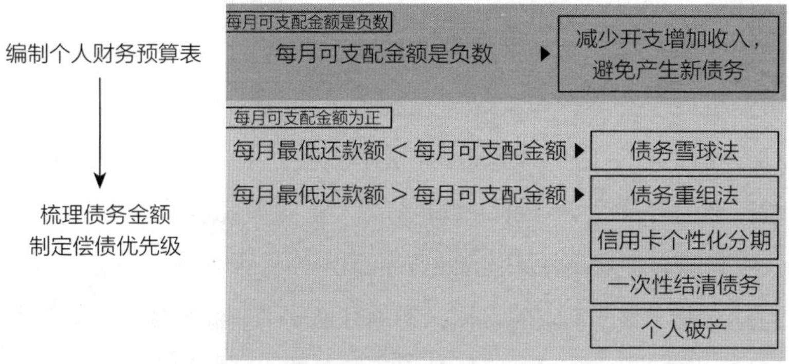

图 5–5　每月可支配金额与还债方法之间的关系

有人可能会觉得世间没这样糊涂的人。但当人们把信用卡透支金额统计进来后，就会发现其实很多人的日常财务状况都是这样的情况。有的人为了缓解买房后的拮据，就养成了先依靠信用卡来维持日常生活开支的习惯，反正到了还款日可以按照信用卡的最低还款额来还款；有的人则觉得用信用卡消费可以赚积分，于是就把信用卡支付当作快捷支付的主要渠道，等等。久而久之，这些人就忽视了日常生活的开支应控制在月收入范围以内，更缺乏必要开支和非必要开支的认知，总是不加节制、随心所欲地花钱。这些支出通常都是小额支出，起初人们并没有在意。但一笔又一笔的小额开支经过日积月累，再加上“利滚利”，最后就形成了巨大的债务。面对这笔巨大的债务，人们既觉得困惑又觉得不可思议。

在另一些人的认知里，只要信用卡还有剩余的信用额度，就表明他们是负担得起各种生活开支的。与此同时，这些人也往往懒得查看、甚至惧怕查看信用卡账单。于是他们长期处在入不敷出的状态里，每个月都在产生新的债务。旧债还没还清，又持续产生新债，自然很难远离债务困境、实现债务自由。生活中有不少人，他们人到中年，蓦然回首，才发现自己已经在债务的汪洋大海里漂浮了十多年，至今没有上岸。这时候，他们普遍会有一种“如梦初醒”的失落和震惊。

出现以上状况原因主要是人们没有财务预算意识，没有养成为自己设定支出上限的习惯，即每月可支配金额的概念。不管人们是想要实现债务自由，还是想要拥有健康可控的个人财务，抑或是拥有用于投资的储蓄，第一步都是制定个人财务预算。制定个人财务预算是防止人们乱花钱的好手段。绝大多数人的支出都是有上限的，赚取固定收入的人是不能随心所欲地花钱的。

此外，制定个人财务预算还能帮助人们分清必要支出和非必要支出，比如：当人们清楚地知道自己每个月的必要支出后，就不会冲动地把应该支付房租的钱拿去购买一件并不必要的漂亮衣服，或者把应支付水电费的钱用于网购。财务预算应以人们的收入为上限，而不是以信用卡的信用额度为上限。

大家可以回想一下自己过去几个月的消费行为，是不是都是在没有规划的情况就把一大半的工资花掉了？比如因工作压力产生负面情绪后，就打开购物网站，用购物来宽慰自己；或在和另一半吵架后，就直奔商场，买了很多自己很久前就想买的商品；抑或是在收到升职加薪消息后，就直奔商场用购物来大肆庆祝。很多人的无节制消费都是在情绪的刺激下发生的。这时的人只顾得上情绪，而不会理性思考未来还款压力。消费是很多人在应对情绪问题时首选的解决方法。

管理个人开支，某种意义上其实是管理情绪。人们常说，人是感情动物，很容易被感情支配，今天更是如此。相比于依赖理性或者传统，情感更多地决定了我们对职业和伴侣的选择，以及我们与金钱的关系。虚荣、焦虑、恐惧、压抑、愤怒、悲伤、绝望、兴奋、快乐等都可能成为促使人冲动消费的情绪诱因。即使月入十万元，但如果不加节制地任性消费，一样会负债累累。管理收入并不困难，难的是管理支出，尤其是对情绪丰富或容易情绪化的人来说。人在随心所欲地花钱的时候几乎都不会记得“预算”这件事。

经济学理论假设人们都是相对理性的“经济人”，但现实却是人常常被情绪驱使着去做某些事情，然后再用理性给自己的行为找理由。比如，人们想拥有更多储蓄，但在行动上却没有这样做，而是继续举债消费；还比如，人们想要投资，可是一年又一年地过去了，人们依旧没有开始行动，连证券账户都没有开。人总是“想一套、做一套”。这是因为人类并不总是合乎逻辑地、理性地处理信息。相反，人们会依赖诸如“感知显著性”这样的心理捷径。当人们在做与金钱相关的决策时，情绪、创伤以及压力等因素会密切影响人们有限的理性。

负债消费通常是非理性的，这意味着从某种意义上说，个人可能会在将来后悔自己当初的决定。因此，人们应警惕自己的非理性、不负责任和短视的财务行为，并为自己情绪化的超支行为设置一些人为的限制，就像决心减肥的人不会在家里囤积大量零食一样。为防范人们因情绪化负债消费而人为设置障碍的行为，其实就是理性的体现。如果人们已经发现自己特别情绪化或者总是控制不住地消费，并且已经积累了大量债务，那么就应该考虑是否要从源头上断绝与信用的关系或限制非理性超支的最上限。管理情绪就是管理自己，管理自己就是掌握自己的命运。建设信用很重要，但是没有过量的债务同样重要。

理解了管理支出背后的逻辑，人们应该有意识地让自己的每月可支配金额变成正数，且大于每月还款额，这样人们才能在既不产生新债务的前提下，又有钱（收入）来偿还过去积累的债务。具体来说，人们可以用 Excel 来制作个人财务预算表，如表 5–3 所示。

表 5-3 通过 Excel 制作个人财务预算表

个人财务预算表														
	1月	2月	3月	4月	5月	6月	7月	8月	9月	10月	11月	12月	总计	每月平均
收入：														
工资收入													-	-
兼职收入													-	-
奖金收入													-	-
投资收入													-	-
其他													-	-
收入总计	-	-	-	-	-	-	-	-	-	-	-	-	-	-
房屋相关支出：														
房租或房贷													-	-
水费													-	-
电费													-	-
煤气费													-	-
维修费													-	-
物业费													-	-
其他房屋相关支出													-	-
房屋支出总计	-	-	-	-	-	-	-	-	-	-	-	-	-	-
交通支出：														

续表

个人财务预算表														
	1月	2月	3月	4月	5月	6月	7月	8月	9月	10月	11月	12月	总计	每月平均
停车费													–	–
油费													–	–
车辆保险费													–	–
车辆维修费													–	–
出租车费													–	–
公交地铁费													–	–
其他													–	–
交通支出总计	–	–	–	–	–	–	–	–	–	–	–	–	–	–
饮食支出：														
买菜													–	–
外出就餐													–	–
零食													–	–
饮食支出总计	–	–	–	–	–	–	–	–	–	–	–	–	–	–
个人医疗护理支出：														
头发护理													–	–
美容、按摩													–	–
看病就医													–	–

续表

个人财务预算表														
	1月	2月	3月	4月	5月	6月	7月	8月	9月	10月	11月	12月	总计	每月平均
指甲护理													–	–
健身房会员													–	–
干洗衣服													–	–
社团组织会费													–	–
牙齿护理													–	–
眼镜、隐性眼镜													–	–
衣服和鞋													–	–
其他													–	–
个人医疗护理支出总计	–	–	–	–	–	–	–	–	–	–	–	–	–	–
娱乐支出：														
电影门票													–	–
视频会员费													–	–
演唱会门票													–	–
美术馆门票													–	–
活动门票													–	–
礼物													–	–
宠物开销													–	–
过节费、红包费													–	–

续表

个人财务预算表														
	1月	2月	3月	4月	5月	6月	7月	8月	9月	10月	11月	12月	总计	每月平均
旅行费用													–	–
其他													–	–
娱乐总计	–	–	–	–	–	–	–	–	–	–	–	–	–	–
家庭成员支出：														
孩子教育													–	–
父母养老													–	–
孩子书籍													–	–
个人再教育金费													–	–
其他													–	–
家庭成员支出总计	–	–	–	–	–	–	–	–	–	–	–	–	–	–
可用于债务还款额	–	–	–	–	–	–	–	–	–	–	–	–		
债务支出：														
信用卡													–	–
网贷													–	–
债务还款总计	–	–	–	–	–	–	–	–	–	–	–	–	–	–
每月结余	–	–	–	–	–	–	–	–	–	–	–	–	–	–

首先从收入开始统计，然后是与房屋相关的支出。不管债务压力有多大，都要优先安排好自己日常生活所需的开支。偿还债务不是一天、两天的事情，可能是半年，也可能需要一年到两年的时间，甚至更长。因此，漫长的还债过程中，如果人们通过持续借钱维持日常生活开支，进而持续产生新的债务，显然不是聪明的决策。

如果债务人同时存在房贷和其他债务，应优先缴纳房贷。比如：小王在 2019 年买入一套房子，房贷月供是 15 000 元，而他的每月工资只有 20 000 元，除房贷之外他还有一些信用卡债务。这种情况下，小王应努力履行他每月的房贷还款义务，即使以逾期其他信用类债务为代价。所有债务里，个人住房贷款享有优先偿还的待遇。因为一旦个人住房贷款逾期，银行可能会通过司法拍卖出售房子，人们可能会损失房子的首付。

每月可支配金额之所以重要的另一个原因是当人们不得不逾期贷款时，每月可支配金额就是其能用于偿还所有债务的最大金额。比如：小王每月需偿还 30 000 元的债务，而他的每月可支配金额只有 6000 元，为了按期足额偿还贷款，他不得不“以贷养贷”，债务压力也随之加重。小王为了满足债权人的还债要求一直无视自己的实际偿还能力，即每月可支配金额，但“以贷养贷”终有尽头。但其实小王可以转变一下思维，即不管他欠了多少债务，都应按照他的最大的还款能力来偿还债务，即以每月可支配金额来偿还债务。类似上述情况的债务人，第六章会深入讨论。

在此，笔者要重申一下：每月可支配金额是扣除了住房相关支出和每月生活必需支出后的剩余收入，这部分剩余收入可用来偿还人们的信用卡债务和其他的债务。想要在理债之路上走得更加顺畅，那么重要的一步便是每周或每月腾出一点儿时间来梳理一下财务数据，人们应摆脱“钱花到哪里去了”的茫然状态。只要投入时间来规划自己的收支，人们就能实现自己的理债与理财目标。

算清楚每月可支配金额后，接下来就是统计债务每月最低还款额了。

3. 每月最低还款额

统计债务往往是一个令人沮丧的过程。笔者遇到的每一位债务人，几乎都害怕知道自己真实的负债金额。他们害怕面对自己已支付的债务利息；同时也害怕得知未来需要支付的债务金额。当人们发现自己过去已向金融机构支付了几万元，甚至十几万元的利息时，他们都是既心痛又懊悔的。

面对债务，人就是会产生无助感或失控感，这些感觉最终会变成对债务的恐惧，并影响人们生活的方方面面。但真正破坏我们幸福生活的，不是债务，而是我们面对债务的态度。有些人试图用娱乐、工作或者其他东西来分散注意力，而不去面对债务。这种不敢正视现实的做法反而加剧了其对债务的恐惧。浑浑噩噩地工作和生活，尽量避免痛苦或延迟痛苦事件的发生，是不少债务人内心的真实写照。债务就像一个随时可能引爆的“虚拟炸弹”，即使债务人目前能勉强维持收支平衡，但长期生活在对个人债务发生崩盘的恐惧中终究是不健康的。即使知道梳理自己的债务对财务健康有帮助，但一些人还是会选择逃避和忽视，能拖延则拖延。不少人面对压力时会采取回避态度，明知问题即将发生也不想对策，这样会使问题更趋复杂、更难处理。

20 世纪美国著名作家詹姆斯·鲍德温曾说："不是所有事情你面对了就会改变，但如果你不去面对，就一定无法改变。"债务问题是人造成的，也是人可以解决的，前提是人们要愿意行动，并要知道怎么做。因此，与其因害怕债务崩盘而殚精竭虑，不如勇敢地面对债务清单，通过制订详细的还债计划，及时止损，彻底改变人生轨迹。

只知道债务总额却不清楚债务组成的类型，对制订还债计划没有太大的帮助。具体来说，比较好的办法是：人们可以根据债务的性质分别统计出不同类别债务的每月最低还款额、利息支出、剩余还债期数。为了能准确且详细地认识人们的债务组成，人们需要结合 Excel、近期的个人征信报告和银行或网贷平台的 App。

接下来，人们需要结合个人征信报告和银行或网贷平台的 App 把所有信用类债务的相关信息都统计到表格里，包括借款日期、借款本金、每期还款额、还款方式、年化利率、最后一期还款日、剩余债务等。信用卡债务的每月还款额一般是不固定的，而个人消费贷款的每月还款额一般是固定的，因此建议大家在统计债务的时候把信用卡和个人消费贷款分开统计。

此外，人们还需要标注哪些信用类债务已被记录在个人征信报告上，哪些尚未被记录。通过核对贷款 App 和个人征信报告上的信息，人们还能检查借款数据是否准确，以及是否存在错误信息。当人们对自己的个人征信报告中的某些信息持有不同意见时，可到人民银行征信中心或人民银行分支机构的征信管理部门提出异议申请，还可以到与自己有业务往来的数据报送机构（商业银行等）核实情况和协商解决。最后，当人们把上述信息都统计到表格里后，就可以从全局视野来审视自己的真实债务情况了。债务统计表格如表 5–4 所示。

表 5–4 展示的债务统计表格中，该债务人有 3 笔贷款类债务和 4 笔信用卡债务，因此他每月需承担 7 笔债务的还款义务，其中每月贷款的最低还款额为 2225.22 元，每月信用卡债务的最低还款额为 4090 元，因此每月债务最低还款总额为 6315.22 元。如果该债务人的每月可支配金额大于 6315.22 元，那么他就有能力每月按期足额偿还这些债务，不至于发生贷款逾期的行为。倘若他的每月可支配金额小于 6315.22 元，则意味着他可能没办法足额偿还这些债务。通常来说，为了不发生贷款逾期行为以及维护征信报告，债务人可能会通过其他渠道获得偿还这 7 笔债务的资金，比如：兼职获得额外收入、找朋友借钱、出售个人闲置物品等。最坏的渠道就是继续申请新的贷款，也就是“以贷养贷”。

当人们梳理出债务清单后，如何才能快速知道自己的财务是否健康呢？答案就是计算“债务收入比”。

“债务收入比”是一个财务指标，即将个人的债务与其收入进行比较。如果人们用当前的债务总额除以个人年收入，可以知道当前的债务总额需要用几年的收入来偿还。如果人们用当

表 5-4　债务统计表格（单位：元）

编号	贷款平台名称	逾期状态	借款日期	贷款额度	还款方式	月供金额	最后一期还款日	还款期数	总计还款额	年化计算	贷款总利息	统计日期	剩余期数	剩余债务
1	贷款 1	否	2021 年 1 月 9 日	50 000.00	等额本息	1566.82	2024 年 1 月 9 日	36	56 405.52	8%	6405.52	2023 年 12 月 1 日	2	3133.64
2	贷款 2	否	2023 年 6 月 1 日	5000.00	等额本息	458.40	2024 年 6 月 1 日	12	5500.80	18%	500.80	2023 年 12 月 1 日	6	2750.40
3	贷款 3	否	2023 年 2 月 5 日	20 000.00	先息后本	200.00	2024 年 2 月 5 日	12	22 400.00	12%	2400.00	2023 年 12 月 1 日	3	20 600.00
总计				75 000.00		2225.22			84 306.32		9306.32			26 484.04
编号	银行名称	逾期状况	信用额度	账单金额	信用利用率	最低还款额								
1	信用卡 1	否	25 000.00	16 899.00	68%	1689.90		每月债务最低还款额			金额			
2	信用卡 2	否	35 000.00	15 482.00	44%	1548.20		每月贷款债务最低还款额			2225.22			
3	信用卡 3	否	10 000.00	5230.00	52%	523.00		每月信用卡债务最低还款额			4090.00			
4	信用卡 4	否	15 000.00	3289.00	22%	328.90		总计			6315.22			
总计			85 000.00	40 900.00		4090.00								

前的债务总额除以个人月收入，可以知道当前的债务总额需要用个人多少个月的收入来偿还。此外，人们还可以用当月债务还款额与当月收入进行比较，以衡量个人当月生活压力的大小。

举例来说：小王的债务总额为 15 万元，每月债务还款额为 8500 元。小王的税后年收入为 18 万元，每月的税后工资收入为 15 000 元。

用小王的债务总额与他的个人年收入进行计算：15 ÷ 18 ≈ 0.83（年）。这意味着小王大约需要用他 0.83 年的收入来偿还他的债务。

用小王的债务总额与他的月收入进行计算：15 ÷ 1.5=10（月）。这表明小王的债务需要用他 10 个月的工资来偿还。

用小王的每月债务还款额与他的月收入进行计算：8500 ÷ 15 000 × 100% ≈ 56%。这表明小王每月工资的 56% 左右需要用于偿还债务，剩余工资可用于他租房和日常生活。这是使用债务收入比最常见的方式之一。

如果用每月债务还款额与收入的比例来衡量人们每月的生活压力，那么健康的财务状况应是个人债务收入比保持在 35% 及以下。债务收入比在 35% 与 50% 之间属于亚健康的财务状况。当个人每月的债务收入比超过 50% 时，其财务状况就属于不健康的财务状况了，如上述的小王，他每月的生活压力就不小。

金融机构一般使用 50/55 的原则来评估申请住房抵押贷款申请人，即每月住房抵押贷款还款额不高于每月收入的 50%，每月偿债总支出不高于每月收入的 55%。

如果人们当月的债务收入比超过 50%，这意味着人们当月不能出现任何意外的支出，也可以说人们当月的财务状况经不起任何风险的考验。如果人们当月的债务收入比达到 100%，这表明人们的全部收入只够偿还债务，至于当月的住房相关支出和必需生活基础费用，可能就不得不依靠其他的资金渠道，这是财务极度不健康的情况。

人们当月的债务收入比超过 100%，间接地表明人们已经开始“以贷养贷”了，笔者遇到不少债务人，从表面上看，他们还未发生贷款合同违约或逾期的行为，但是他们的每月的债务收入比已经接近 400%，债务逾期是迟早的事情。

总而言之，债务收入比是衡量一个人财务状况健康与否的直观指标，也可以帮助人们客观评估自己需要几年时间来偿还债务，同时也影响着金融机构是否愿意放贷。因此，人们应该时刻关注自己当前的债务收入比是否在健康区间以内。

4. 债务雪球法

当人们背负多个平台的债务时，应该优先偿还哪个平台的债务呢？是应该先还清金额最高的债务，还是优先偿还利率最高的债务，抑或是盲目地随机还款呢？为了远离债务困境，人们必须制订详细的还款计划，战略性地与债务周旋。

一些理债专家建议人们应优先偿还高利率的债务，因为这样可以减少利息支出。因此他们建议人们把自己的所有债务按照利率由高到低一一排序，利率最高的债务排在第一位，利率最低的债务在最后一位，而还债的顺序也是按照利率高低来安排的。然而，很多时候人们可能会发现，利率最高的债务，待偿还金额可能也是最多的。这时人们可能会感到沮丧，因为优先偿清高利率债务可能需要 2 年的时间。这就像爬山，未经训练的新手去攀爬最高的山峰，大概率会出现半途而废的情况。就像人们如何努力都看不到山顶一样，债务人看不到还债的进展，积累的挫败感愈演愈烈，让人产生严重的自我怀疑，甚至会放弃整个还债计划。

偿还债务也需要一些心理学技巧。为什么有人能坚持用 3 年还清债务，而有人却在坚持了 3 个月后就放弃了？这其实和个人内在动机和外部行为强化等因素有关。美国心理学家亨利·默里就假定了一种“成就需要”，个体在实现目标的动机强度存在差异，而这种差异会影响他们接近成功和评价自己行为的倾向。可以说，我们每个人都需要感受到自己的努力是有成果的。一个人因实现自己定下的目标而产生的喜悦，不仅能增加他的信心，还能让他有更强的动力去实现下一个目标。研究发现，对人们的行为实施积极强化是提高其重复发生率的有效方法。积极强化一个人的行为意味着对他所做的事情给予奖励。把这些心理学理论应用到还债这件事上，就是人们首先要为自己设定一个债务自由的目标，再把这个目标分解为一个个阶段性的小目标，并且保证人们能在短期内达成这些小目标。这样就能在短期内看到还债的阶段性成果了（也就是奖励）。持续得到积极的正向反馈，可以让还债的过程变得充满成就感和意义感，进而增加人们的自信心。设定短期内实际可达成的还债目标可以让人们产生行动力，设定长期内可展望的债务清零目标可以训练和培养人们的耐性。在解决个人债务问题的过程中加入这种反馈机制，也许就能创造更多可能性。

债务雪球法就是根据上述心理学知识总结的还债方法。具体来说，债务雪球法的核心思想就是优先结清金额最小的信用类债务。

首先，债务雪球法适用于个人拥有多个平台的信用债务，且从未发生过违约行为，并能满足下面 3 个条件的情况。

（1）每月可支配金额大于每月最低还款额。

（2）拥有信用卡债务，可以灵活还款。

（3）不再产生新的债务，即只还旧债，不举新债。

如果人们的债务都是个人消费类贷款，每期还款额是固定的，那么就很难使用债务雪球法。信用卡的灵活还款使得债务雪球法有用武之地。

为了更好地解释债务雪球法，让我们来举例说明。本案例中为了简化计算，信用卡债务的最低还款额按照账单金额的 10% 计算，且忽略还债期间利息的增长。

2021 年 1 月 1 日，小王同时拥有 3 笔信用卡债务和 2 笔消费贷款分期，具体情况如表 5-5 所示。

表 5-5　小王 2021 年 1 月 1 日的债务情况

债务	债务金额 / 元	每月最低还款额 / 元
贷款 1	5000	416
贷款 2	8000	667
信用卡债务 1	10 000	1000

续表

债务	债务金额 / 元	每月最低还款额 / 元
信用卡债务 2	20 000	2000
信用卡债务 3	40 000	4000
总计	83 000	8083

小王的 2 笔贷款，每月最低还款额是固定的。3 笔信用卡债务，只要每月偿还最低还款额就不算逾期。因为小王想在 2023 年贷款买房，所以小王想在不影响征信和正常生活的前提下，用债务雪球法快速且彻底结清这 5 笔债务。在偿还这 5 笔债务期间，小王承诺既不会使用信用卡消费也不会申请新的个人消费贷款，即不产生新的债务。

整理了债务情况后，小王又计算了他的 1 月的可支配金额，如表 5–6 所示。

表 5–6　小王 2021 年 1 月的个人财务预算表

项目	1 月收入 / 元
收入（劳动收入和非劳动收入）	16 000
住房相关支出（房租或房贷及其他住房相关费用）	3000
每月生活必需支出（食品、交通、通信、保险等方面的费用）	3000
每月可支配金额	10 000
每月最低还款额	8083

2021 年 1 月，小王的每月可支配金额（10 000 元）大于他每月最低还款额（8083 元），且符合使用债务雪球法的其他两

个条件，因此他可使用债务雪球法。

如果小王2021年1月按照每月最低还款额去还款，那么他可以结余1917（10 000–8083）元。

为了快速结清债务，小王决定按照债务雪球法优先结清债务金额最小的信用卡债务1。于是小王从结余的1917元中拿出1000元对信用卡债务1进行额外的偿还，即小王2021年1月总计偿还2000元给信用卡1。结清信用卡1是小王短期内的理债目标。债务雪球法下小王2021年1月的还款情况如表5–7所示。

表5–7　债务雪球法下小王2021年1月的还款情况

债务	债务金额/元	每月最低还款额/元	债务雪球法下额外还款额/元
贷款1	5000	416	—
贷款2	8000	667	—
信用卡债务1	10 000	1000	1000
信用卡债务2	20 000	2000	—
信用卡债务3	40 000	4000	—
总计	83 000	8083	1000

此时，即使小王用了1000元对信用卡债务1进行额外偿还，他还拥有917元可用于储蓄或作为未来的额外还款资金。

详细规划后，小王在2021年1月1日（每月1日是小王的还款日）进行了还款。

2021年2月1日，小王的债务情况如表5–8所示。

表 5-8　小王 2021 年 2 月 1 日的债务情况

债务	债务金额 / 元	每月最低还款额 / 元
贷款 1	4584	416
贷款 2	7333	667
信用卡债务 1	8000	800
信用卡债务 2	18 000	1800
信用卡债务 3	36 000	3600
总计	73 917	7283

2021 年 2 月，小王的债务比 2021 年 1 月减少了 9083 元。债务金额的减少导致小王 2 月的每月最低还款额也减少了——从 1 月的 8083 元降低到 2 月的 7283 元。每月最低还款额的减少又使得小王有更多资金用于偿还信用卡债务 1。小王 2021 年 2 月个人的财务预算表如表 5-9 所示。

表 5-9　小王 2021 年 2 月的个人财务预算表

项目	2 月收入 / 元
收入（劳动收入和非劳动收入）	16 000
住房相关支出（房租或房贷及其他住房相关费用）	3000
每月生活必需支出（食品、交通、通信、保险等方面的费用）	3000
每月可支配金额	10 000
每月最低还款额	7283

2021 年 2 月，小王的每月可支配金额比每月最低还款额多出 2717（10 000–7283）元。

2021 年 2 月的每月最低还款额 7283 元里包含了信用卡债

务1的每月最低还款金额（800元），而这个月结余的2717元可让小王额外偿还2400元的信用卡债务1，即小王2021年2月可以总计偿还3200元的信用卡债务1。其他贷款和信用卡债务都按照每月最低还款额偿还。债务雪球法下小王2021年2月债的还款明细如表5-10所示。

表5-10　债务雪球法下小王2021年2月的还款情况

债务	债务金额/元	每月最低还款额/元	债务雪球法下额外还款额/元
贷款1	4584	416	—
贷款2	7333	667	—
信用卡债务1	8000	800	2400
信用卡债务2	18 000	1800	—
信用卡债务3	36 000	3600	—
总计	73 917	7283	2400

进行上述还款操作后，2月小王还结余了317（2717-2400）元，结合他在1月结余的917元，此时他手里的存款有1234元。

一个月转瞬即逝。2021年3月1日，小王的债务情况如表5-11所示。

表5-11　小王2021年3月1日的债务情况

债务	债务金额/元	每月最低还款额/元
贷款1	4168	416
贷款2	6666	667
信用卡债务1	4800	480

续表

债务	债务金额 / 元	每月最低还款额 / 元
信用卡债务 2	16 200	1620
信用卡债务 3	32 400	3240
总计	64 234	6423

2021 年 3 月，小王的债务金额比 2 月少了 9683 元。债务金额的大幅度减少，使得 3 月的小王有更多资金可用于偿还信用卡债务 1。小王 2021 年 3 月的个人财务预算表如表 5-12 所示。

表 5-12　小王 2021 年 3 月的个人财务预算表

项目	3 月收入 / 元
收入（劳动收入和非劳动收入）	16 000
住房相关支出（房租或房贷及其他住房相关费用）	3000
每月生活必需支出（食品、交通、通信、保险等方面的费用）	3000
每月可支配金额	10 000
每月最低还款额	6423

2021 年 3 月，假如按照每月最低还款额还款后，小王的每月可支配金额还能剩下 3577（10 000–6423）元，再结合小王前 2 个月的存款 1234 元，小王 3 月总计拥有 4811 元的多余资金。这些资金足够小王结清信用卡债务 1。债务雪球法下小王 2021 年 3 月还款情况如表 5-13 所示。

表 5-13　债务雪球法下小王 2021 年 3 月的还款情况

债务	债务金额 / 元	每月最低还款额 / 元	债务雪球法下额外还款额 / 元
贷款 1	4168	416	—
贷款 2	6666	667	—
信用卡债务 1	4800	480	4320
信用卡债务 2	16 200	1620	—
信用卡债务 3	32 400	3240	—
总计	64 234	6423	4320

按照债务雪球法，小王 3 月就结清了信用卡债务 1。这 3 个月内，他没有逾期一笔债务，也没有影响到他的正常生活。

小王按照表 5-11 还款后，2021 年 4 月 1 日，他的债务就只有 4 笔了，且每一笔债务的待偿金额都变少了，债务总额总计减少了 29 509（83 000–53 491）元，具体请看表 5-14。

表 5-14　小王 2021 年 4 月 1 日的债务情况

债务	债务金额 / 元	每月最低还款额 / 元
贷款 1	3752	416
贷款 2	5999	667
信用卡债务 1	0	0
信用卡债务 2	14 580	1458
信用卡债务 3	29 160	2916
总计	53 491	5457

从表 5-14 可知，小王 2021 年 4 月的每月可支配金额在按

每月最低还款额还款后会剩 4543 元（10 000−5457）。小王接下来的目标就是清偿信用卡债务 2，这笔钱（4543 元）可以让小王额外偿还信用卡债务 2，这会大大加快他结清信用卡债务 2 的速度。随着债务笔数的减少，还款会更越来越轻松。

债务雪球法的核心在于：人们针对目标信用卡债务进行最低还款额还款和额外还款后，会让整体的债务金额减少。随着整体债务金额的持续下降，下个月的每月最低还款额也持续减少，进而致使人们拥有更多的每月可支配金额结余，这部分新增的结余便可用于目标债务的额外还款，加速结清目标债务。如此循环往复，就形成了一种正向或自我促进的循环。

使用债务雪球法还债，人们平均几个月就可以结清一笔债务。而每结清一笔债务就会让人们有更多可支配的资金，多出来的资金就可以用于额外偿还新的目标债务。解决个人债务问题要像灭火一样，人们一定要一鼓作气，不能拖拖拉拉，更不能三心二意。但这一切的前提是人们能把自己的生活开支控制在预算内，不产生额外的支出，更不产生新的债务。

使用债务雪球法还债，债务人的还款动力就像滚雪球一样，越滚越大，最终能够还清所有债务，实现所有信用类债务都清零的目标。此时，人们就达到了“债务自由”的状态，即每月没有信用卡和其他贷款的还款支出。

笔者总结了使用债务雪球法还清债务的基本步骤。

（1）将所有债务按照债务金额从小到大的顺序排列。这是该方法最显著的特点，即债务偿还的优先级是由所欠金额决定的，而不是由利率决定的。不过，如果两笔债务的金额非常接近，那么应优先偿还利率较高的债务。

（2）按时支付每一笔债务的最低还款额，不逾期，避免影响征信。

（3）计算每月可支配的结余金额中，有多少可用于额外偿还金额最小的债务。

（4）对金额最小的债务，先偿还其最低还款额，再进行额外还款，直到还清这笔债务为止。待全额偿还后，将多余的钱用于偿还金额第二小的债务。

（5）重复上述步骤，直到所有债务全部还清。

债务雪球法通过先偿还金额较小的信用卡债务，持续产生积极的影响，鼓励人们坚持到底，但使用该方法化解债务危机的重要前提是：人们在还债阶段不再产生新的债务，而且个人每月可支配金额超过所有债务的每月最低还款额总和，以及债务组成中有信用卡债务。

如果小王的每月最低还款额为 20 000 元，而他的每月收入还是 16 000 元，这种情况下，他是不能使用债务雪球法的。针对上述的情况，人们可以尝试使用债务重组法来降低还款压力。

5. 债务重组法

如果人们目前的债务情况是还未发生逾期行为，但每月最低还款额已经远远超过自己的每月可支配金额，承受着比较大的还款压力。那么有什么办法可以化解债务压力呢？

当然有！那就是债务重组法。

什么是债务重组法？所谓债务重组法，就是整合多笔高利率、短周期的债务，重新申请一笔低利率、长周期的贷款，用这笔贷款置换多笔旧的债务，即债务重组后再融资（debt consolidation and refinance）。这个方法可以简化个人债务组成，并有效降低人们的还款压力，如图 5-6 所示。

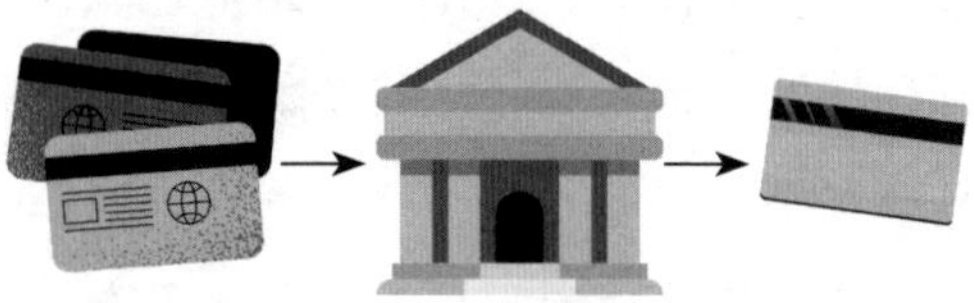

图 5-6　债务重组法

债务重组之前，人们每个月可能有 3 笔债务，但债务重组后，人们每个月可能就只有 1 笔债务了。债务重组法让还债的过程变得简单可控，这也是化解个人债务危机比较好的办法，但债务重组法对个人财务状况和信用资质提出了要求，并不是所有人都可采用。

债务重组法适合每月债务收入比在 50%~100% 的人群，他们目前还能继续还款，但已经有入不敷出的迹象了，希望调整债务结构以避免“以贷养贷”的恶性循环。此外，债务重组法还要求人们的收入稳定和可持续，并且负担得起新贷款的每月最低还款额。由于需要申请新贷款来置换旧贷款，因此个人征信报告上不能有逾期记录。

让我们用具体的案例来详细说明如何实施债务重组法。

2023 年 1 月 1 日，小王在债务重组之前拥有 3 笔债务，债务金额总计 49 000 元，每月最低还款额为 5162.58 元，大约 12 个月可以还清债务。具体情况如表 5–15 所示。

表 5–15　债务重组之前小王的债务组成

债务	债务金额 / 元	每月最低还款额 / 元
贷款 1	10 000	902.58
信用卡债务 1	15 000	1680
信用卡债务 2	24 000	2580
总计	49 000	5162.58

不久，小王遭遇了失业，虽然找到了新工作，但月薪只有 7000 元了，而此时他的每月最低还款额却有 5162.58 元。收入的降低导致他每月的债务收入比变成了 73.8%，还债压力很大。

让我们看一看债务重组之前小王的个人财务预算表，如表 5–16 所示。

表 5–16　债务重组之前小王的个人财务预算表

项目	1 月收入 / 元
收入（劳动收入和非劳动收入）	7000
住房相关支出（房租或房贷及其他住房相关费用）	1000
每月生活必需支出（食品、交通、通信、保险等方面的费用）	2000
每月可支配金额	4000
每月最低还款额	5162.58

从表 5–16 可知，小王的每月可支配金额已经无法覆盖每月最低还款额了，收支缺口为 1162.58 元。

目前的小王，每月都在靠信用卡的信用额度来偿还他的债务，这就导致他的信用卡债务还会持续累积，因而每月最低还款额也会持续增加。如果不进行债务重组，小王可能会按照错误还债方法一直偿还债务，直到透支全部信用额度。此后，小王便可能会申请新的贷款来偿还每月最低还款额，而申请的新贷款又会进一步增加小王的每月最低还款额。采用这样的方法不仅短视，而且根本解决不了小王的债务问题，反而在持续增加小王的债务负担。

如果小王能冷静下来，对自己的收与支做一个长远的规划，其实他是有办法化解债务危机的。小王这份新工作虽然月工资不高，但十分稳定。他的征信报告目前没有逾期记录。如果小王能申请到一笔本金为 5 万元，利率在 8% 以下，还款周期长达2年，还款方式为等额本息的贷款（月供为2261.36元）。小王就可以完美解决他目前的债务问题，不需要每个月都为还款而到处找钱了。

进行债务重组后，小王的个人财务预算表如表 5–17 所示。

表 5–17　债务重组之后小王的个人财务预算表

项目	1 月 / 元
收入（劳动收入和非劳动收入）	7000
住房相关支出（房租或房贷及其他住房相关费用）	1000
每月生活必需支出（食品、交通、通信、保险等方面的费用）	2000
每月可支配金额	4000
每月最低还款额	2261.36

债务重组之后，小王每月可支配金额还能结余 1738.64 元。可将这部分资金存起来以提前结清这笔 2 年期的贷款。

如果小王不再增加新的债务，那么就可以说在债务重组后，小王的个人债务变得可控了。债务重组法不仅对小王个人有帮助，对整个金融行业也有益，因为原本可能成为不良资产（发生违约的坏账）的贷款，经过债务重组后成为正常贷款，即在违约风险爆发前，就已经化解掉危机了。未来我国可能会出现专门提供债务重组贷款的金融机构，可根据个人当前的债务情况提供个性化的新贷款。

债务重组与“以贷养贷”的根本区别是：债务重组后，人们用未来的收入来偿还债务，新债务的还款额在人们可以负担的范围之内，能够从全局视角出发，一次性地解决所有债务问题。“以贷养贷”则是继续用新债务来偿还旧债务，这会导致个人财务收支的缺口越来越大，是一种错误的理债方法。只有用收入来偿还债务，债务才会越来越少；用信用额度等来偿还债务（即“以贷养贷”），债务只会越来越多。

债务重组法的关键点在于：再融资之后的每月最低还款额需要小于人们的每月可支配金额。这一方法化解债务危机的核心是延长还款周期。就像上述案例中的小王，他利用还款周期为 24 个月的贷款成功置换所有原本 12 个月到期的债务。

债务重组法并非没有代价——人们延长了还债的周期，并且负担了一笔新的利息支出。如果小王不提前还款，那么他为债务重组所付出的代价就是 4272.75 元的利息。如果后面小王存够了钱便可以申请提前结清这笔贷款，这样便可以减少一部分利息支出，降低债务重组的成本。不管是债务雪球法还是债务重组法，都要求人们在偿债阶段不再产生新的债务，过一段时间的节俭生活。

已经发生债务逾期和违约行为的人，能够申请到新贷款的概率几乎为零。这是因为金融机构在审核是否发放贷款时，都会查看申请者的历史还款记录、历史逾期记录、收入情况等信息。对于处于失业状态的人，想要通过再融资来降低偿债压力的可能性比较低，不仅因为没有收入很难申请得到贷款，更因为这直接意味着申请人没有偿还能力。对于这类人，当前生活的重中之重是找到一份收入稳定的工作，而不是偿还债务。

笔者再次申明：债务重组法适用于收入稳定，信用良好且未发生债务逾期行为的债务人。

第六章

已逾期，如何远离债务困境

每一笔债都有到期的时候，不然，债权人永远无法收回资金，自然也不会再放贷，那么整个借贷偿付系统就会全然废止。安全顺利地收回贷款本息才是金融机构的目标，收回贷款的方式可以分为到期正常收回、提前还款、提前收贷、逾期催收、不良贷款清收等。

当人们长期处于收支失衡的状态，走上了“以贷养贷”的错误理债之路后，最终的结果往往是人们发现自己在金融系统中借不到一笔贷款，即迎来个人借债的明斯基时刻。这时候，人们就不可避免地发生贷款合同违约或逾期还款的行为了。实际上，但凡能凑到还债的钱，大多数人都不会也不愿意自己的债务逾期。根据中国人民银行 2023 年支付体系运行总体情况报告显示，我国信用卡逾期半年未偿还信贷总额为 981.35 亿元。金融产品是面向未来的，因此金融行业总是充满了不确定性。每一个使用贷款（金融产品）的人都有一定的逾期概率。逾期是一种不良行为，人们应熟知与逾期相关的金融常识，以减少潜在损失。

本章内容的适用对象是：已经发生贷款合同违约或逾期行为，但尚未被起诉的债务人。本章主要介绍人们在逾期后的阶段里还能做些什么来补救和化解个人债务危机，以及介绍贷后管理的基础常识，具体如图 6-1 所示。

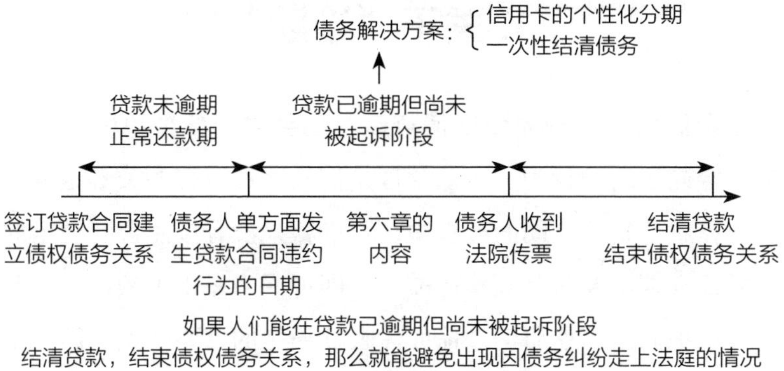

图 6-1　第六章内容简介

通过本章内容，笔者想告诉大家，即使债务发生了逾期，也依旧有“亡羊补牢”的理债方法。债务逾期后，人们应及时与债权人友好协商，不要因短视或逃避心理而错过了重塑信用的时机，因为一旦开启债务的民事诉讼程序，债务人的处境会更加被动，最终需要偿还的债务金额也会因与法律事务相关的费用而大幅增加。

贷款逾期是指在贷款合同约定的日期内，借款人没有进行还款的行为。逾期属于违约的一种形式，即债务人单方面发生贷款合同违约的行为。债务人逾期后，债权人会按合同规定向其收取罚息和违约金，并且会提供催收服务，如通过电话、短信、微信等方式来督促债务人还款。此外，个人债务逾期的情况会被翔实地记录在个人征信报告上。贷款逾期是债务生命周期中很重要的风险信号。接下来，让我们详细地了解一下什么是“逾期”，以及人们如何远离债务困境。

1. 关于“逾期”

人们出于各种原因申请贷款，也会出于各种原因而发生贷款合同违约的行为。逾期管理是信贷业务流程的关键组成部分。在履行贷款合同的过程中，若借款人没有按照合同规定的最后还款期限及时足额偿还债务，即可视为发生了逾期。债务人可以把逾期当作启动“债务休眠计划”的重要节点，即停止所有非必要的还款和“以贷养贷”的错误还债行为，其目的是为了日后更明智地偿还债务。但需要明确的是，启动债务休眠计划不是没有代价的。

当一个人的债务发生逾期时，金融机构首先会上调他的借款利率，并收取相应的罚息。一般来说，逾期罚息的利率是在借款利率的基础上加收50%。假设小王贷款的年化利率是8%，那么逾期后的罚息年化利率就是12%［（8%×（1+50%）］。如果小王的信用卡债务发生了逾期，那么原本按照日利率0.05%（年利率18%）收取利息的借款，日利率就会变成0.075%（年利率27%）。此外，银行还会对不能按时支付的信用卡债务的利息，按罚息利率计收复利。信用卡债务逾期后，其利息和罚息的增长速度极快，比如：一笔金额为3300元的逾期信用卡债务，9年后可能演变为持卡人需偿还8万元的信用卡债务纠纷。一般银行对信用卡逾期收取的利率高达20%~40%。这也是很多人在发生债务逾期后，害怕查看自己的信用卡账单的原因，因为罚息增长速度实在是吓人。

债务逾期不仅意味着人们要接受经济上的惩罚，还需面对金融机构的贷后管理，即强制进入金融机构的催收程序。这表明人们在债务逾期后就不可避免地面临着催收人员频繁介入自己日常生活的现实。只要债务发生逾期，就会触发金融机构的催收流程，债务人就必然要成为被催收的对象。人们若想要摆脱被催收的烦扰，就得继续偿还债务，或彻底结束债权债务关系（当然还可申请个人破产，但目前个人破产还未全面立法）。债权人、债务人和催收机构三方之间的关系如图 6–2 所示。

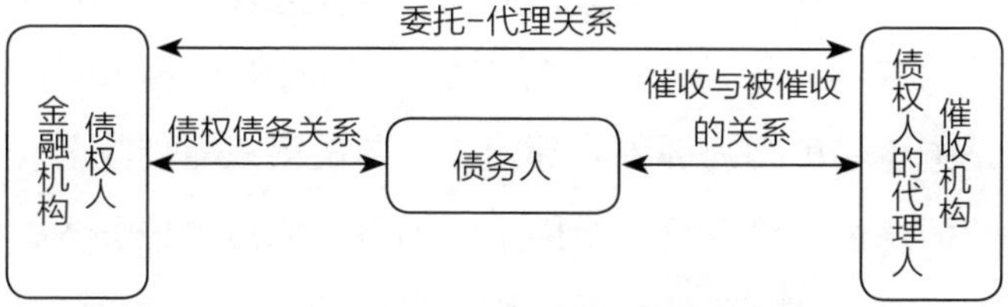

图 6–2　债权人、债务人和催收机构三方之间的关系

在人们签下的贷款合同里或拿到的信用卡领用合约中，债权人通常都会明确介绍有关催收的内容，比如某银行的信用卡领用合约是这样介绍催收的：“持卡人未在规定期限内归还未清偿债务的，发卡行有权催收、依法追索并停止持卡人信用卡之使用。发卡行有权通过其认为适当的方式（包括但不限于电话、信函、手机短信、面访、诉讼等）自行或委托催收服务提供方向持卡人催缴未清偿债务。发卡行在实现债权过程中发生的合理费用均由持卡人承担，包括但不限于诉讼费、委托费、催收佣金、律师费、差旅费、执行费等。”

英国经济学家希克斯曾经说过，所有经济交换的本质都是契约。而英国的政治哲学家霍布斯则认为：“不带‘剑’的契约不过是一纸空文，它毫无力量去保障一个人的安全。”契约精神要求社会中的每个人都要受自己诺言的约束，信守约定。如果人们不需要为贷款违约付出任何代价，那还有什么理由阻止人们随意借贷、任意挥霍呢？如果把现代金融的借贷系统比作一台大型机器，那么催收就是保障这台机器正常运转的“看门人”。此外，催收的存在也具有威慑作用，它使得人们不得不考虑还不起债的严重后果，避免人们短视或无节制地借贷。

催收环节到底有多重要？对信用卡业务部门来说，逾期客户的催收成本和核销的坏账将占运营成本的90%。具体来说，催收是指金融机构内部催收部门或外包的第三方催收公司对债务人的信息进行修复后，借助不同的方式来接触债务人，促使债务人还款，进而降低金融机构的损失的过程。常见的接触方式包括：打电话、发短信、发信函、发邮件、发微信、上门等。图6-3是金融机构的一般催收流程。

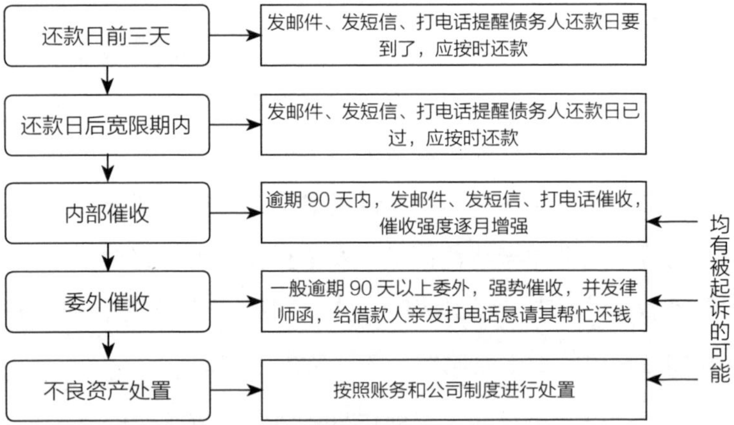

图6-3　金融机构的一般催收流程

金融市场健康发展的基础是信用。从催收的业务范围来看，催收的主要目的是维护金融机构的债权，保证金融机构在未来可以持续发放贷款。催收通过给发生贷款逾期行为的人施加压力来增强其还债的意愿。有了强烈的还债意愿，人们也许就会想办法去筹集资金，比如一些人可能会克服惰性多做几份兼职来赚钱还债，一些人可能会克服占有欲而主动卖出一些闲置物品（如曾经珍视的首饰）来凑到偿还债务所需的资金等。催收可通过增强人们的还债意愿使其拥有一定的还债能力，最终使得金融机构顺利收回贷款的本金和利息。贷款逾期一定会触发金融机构的催收服务，因此不管人们是否愿意，都必须接受贷款逾期后被催收的客观事实。与其把精力放在如何和催收人员斗智斗勇上，不如把时间和心思用来努力赚钱、如期还款。人们应牢记：只要债权债务关系终结，生活中就不会再被催收困扰。

此外，自唐宋时期放贷兴盛以来，“讨债”作为催收行业的早期业态，已有近千年历史。催收行业的存在有其必要性，但应制定行业准入门槛，更需要制定详细且标准清晰的催收行为规范准则，以对催收行为加强监管，同时保护债权人与债务人的合法权益。比如，禁止催收人使用暴力或软暴力的手段进行催收，规范催收的时间（白天）、地点（非工作地点和住宅）和形式（电话、短信等）等。监管部门在出台催收政策的时候，可以通过详细列举的方法，将实践过程出现的各类不公平、不文明、不规范乃至不合法的债务催收行为予以明令禁止。催收行业发展至今，面临最迫切紧要的问题是，没有主管部门，没有专门的立法。这些使得债务催收公司的法律地位不明确，催收从业者也面临着极大的不确定性与焦虑感。我国应加快对催收行业立法的事宜。

最后，逾期还会影响人们的征信报告，使得征信报告上出现负面信息。个人信用报告是一个客观记录，因此不管是逾期 1 天还是逾期 180 天，都会如实体现在信用报告中。虽然个人征信报告只是如实记载逾期信息，但是信用报告使用者（如金融机构）可以对此做出不同的判断和解读。逾期债务人的征信报告截图如图 6-4 所示：

	信用卡	贷款		其他业务
		购房	其他	
账户数	21	1	38	—
未结清 / 未销户账户数	10	1	4	—
发生过逾期的账户数	9	1	5	—
发生过 90 天以上逾期的账户数	9	1	3	—

逾期记录可能影响对您的信用评价。

购房贷款，包括个人住房贷款、个人商用房（包括商住两用）贷款和个人住房公积金贷款。

发生过逾期的信用卡账户，指曾经“未按时还最低还款额”的贷记卡账户和“透支超过 60 天”的准贷记卡账户。

图 6–4　逾期债务人的征信报告截图

从图 6–4 可知，这位债务人一共有 9 笔信用卡债务发生过逾期，且逾期天数都超过 90 天，他的房贷和其他贷款也分别发生过逾期，且逾期天数大多超过了 90 天。

虽然都是逾期，但是逾期的天数不同，严重程度也不同。征信报告展示的发生过逾期的账户数，是指所有逾期的账户数，包含逾期 1 天的和逾期 90 天以上的。而发生过 90 天以上逾期的账户数是逾期超过 90 天以上的账户数，这是比较严重的逾期。个人债务困境的加剧，同时体现在各家商业银行不断攀升的个人贷款不良率的数据上面。根据《商业银行金融资产风险分类暂行办法》，逾期天数不同，金融资产（个人的贷款）在商业银行内的标签是不一样的。

（1）关注类：本金、利息或收益逾期，操作性或技术性原因导致的短期逾期除外（7 天内）；

（2）次级类：本金、利息或收益逾期超过 90 天；

（3）可疑类：本金、利息或收益逾期超过 270 天；

（4）损失类：本金、利息或收益逾期超过 360 天。

根据《商业银行金融资产风险分类暂行办法》，次级类、可疑类和损失类金融资产被合称为不良资产。随着人们逾期天数从 90 天增加到 360 天及以上，金融机构收回这笔逾期债权的可能性也越来越低。逾期时间越久也间接表明人们还款的意愿或能力均已出现问题。从金融角度来说，不良资产（或不良贷款）本质上是金融机构的一种潜在损失或者成本。

目前我国的个人贷款不良率数据是怎么样的呢？以中国建设银行为例，截至 2024 年上半年，建设银行个人贷款和垫款不良率为 0.84%，较 2023 年 12 月末的 0.66% 上升了 0.18 个百分点，较 2023 年 6 月的 0.61% 上升了 0.23 个百分点。其中，个人经营贷款的不良率增速较为显著，从 2023 年 12 月末的 0.95% 上升至 2024 年上半年的 1.57%，在国有银行中增幅最大；个人信用卡贷款不良率由 2023 年 12 月末的 1.66% 上升至 2024 年 6 月末的 1.86%。四大国有银行的其他三家——中国工商银行、中国农业银行、中国银行的个人贷款不良率，也呈现同样趋势。

随着人们逾期天数越来越多，可能会看到某一笔贷款在其个人征信报告里被记录为“已变成呆账”。这里的呆账具体是什么意思？会不会对债务人产生不良影响？呆账，英文为 bad debt，又名坏账，比较文雅的称呼为不良债权（doubtful accounts），是指金融机构应收账款中无法收回的部分。金融机构（银行和消费金融公司）的呆账通常是指上述损失类贷款。商业银行可以用贷款损失准备金和自身积累的盈余核销坏账（呆账），也可以采取债权拍卖等方式处置不良贷款。通常来说，金融机构会根据监管部门制定的呆账核销制度，并经过内部审核确认后，将无法收回或者长期难以收回的贷款从账面上冲销，并用“呆账准备金”（企业资产负债表上的一个会计科目）进行抵补，从而使金融机构的资产负债表账面数据真实地反映资产的价值，让投资人或股东能知道金融机构真实的运营情况。需要强调的是，呆账核销是金融机构的内部事务，与债务人无关。金融机构进行内部呆账核销，并不意味着金融机构放弃了对呆账债权的追偿权，也不意味着债务人的债务被免除，更不意味着债权债务关系的终结。在个人破产法尚未完善之前，不管人们的债务逾期多久，债务人始终都需要偿还这笔债务。因此，人们要为逾期后的财务生活“画好蓝图”，设计一个可以远离债务困境且向前看的全局偿债方案，进而重新构建自己未来的生活。

当人们足额偿还债务，其征信报告上对应的不良记录会在人们还清债务后保留五年的时间。第六年的时候，个人的征信报告上就不会再显示这条不良记录了。反之，即使产生了不良记录，人们还是不悔改，坚持拒不还债，那么这条不良记录就会一直存在，即使过了 10 年，甚至更久，这条不良记录依然会醒目地出现在人们的征信报告上。

造成债务逾期的理由可能是多种多样的，但人们在逾期后，应全盘审视自己的债务情况，根据自己当下的收入制定策略性的还债方案。制定方案时要考虑如下方面：哪一笔贷款应优先偿还？哪种还债方法最适合自己？如果万一遭遇诉讼时，是否有足够的资金来应对？接下来，我们一起来看看银行针对信用卡债务逾期的债务人提供的特殊分期方案。这个解决方案不仅可以避免银行的催收服务，化解诉讼风险，还能帮助债务人有计划、有目的地还清债务，相当于金融机构给予债务人的“第二次”机会。

2. 信用卡的个性化分期

如果一个人的信用卡债务已经逾期了，但他又没有足够的资金一次性清偿债务，是否就只能看着罚息持续地增长呢？其实并非如此。人们可以尝试通过信用卡债务逾期后再协商分期的方法来“亡羊补牢”。

债务发生逾期并不代表债务人就不需要偿还债务了。债权债务关系总是要以债务人清偿债务本息为终点，即使债务人进入个人破产程序可以免掉部分债务，但大多数债务都是需要被清偿的。当人们已经过度负债且不得不发生债务逾期时，不妨尝试换一种积极的思考方式，即还清名下所有的债务才是自己发生债务逾期的根本目的。因此，人们可以把债务逾期当作实现债务自由的一种手段。从长远考虑，人们如果想彻底摆脱债务，可能就不得不先停止“以贷养贷”，允许债务暂时崩盘，才能腾出时间思考并重建还款方案。也许人们只有牺牲当下，才能换到无债一身轻的未来。

但在喘息之后，人们还是应主动找债权人协商新的还债方案，并继续偿还债务。一旦被债权人认定为没有还款意愿的债务人，情况就会变得严重，有可能会更快地进入法律诉讼程序。

积极主动地还债，不但可以让人们早日摆脱债务，还能让不良征信记录早日被消除。随着信用体系在我国不断完善，个人征信会在人们的日常生活中扮演越来越重要的角色。比如：当租房子或入职新工作时，房东或雇主可能都会要查看人们的征信报告。

具体来说，我国商业银行为信用卡债务逾期的债务人提供了“个性化分期”服务。当信用卡持卡人在财务困难的情况下无法按期支付信用卡账单，逾期产生高额的违约金和利息，导致其无法履行还款义务时，发卡银行会根据信用卡持卡人的个人情况重新制定还款协议。

《商业银行信用卡业务监督管理办法》第七十条规定：在特殊情况下，确认信用卡欠款金额超出持卡人还款能力且持卡人仍有还款意愿的，发卡银行可以与持卡人平等协商，达成个性化分期还款协议。个性化分期还款协议的最长期限不得超过5年。双方达成一致意见并签署分期还款协议后，发卡银行及其发卡业务服务机构应当停止对该持卡人的催收，持卡人不履行分期还款协议的情况除外。达成口头还款协议的，发卡银行必须留存录音资料，录音资料留存时间至少截至欠款结清日。

从上述内容可知，信用卡债务逾期的人一旦与银行达成新的还款方案（债务人收入范围内的还款方案），便可摆脱催收的困扰，并且债务人还能试着同银行协商减免部分息费。

使用信用卡个性化分期还款服务也有其代价，即债务人分期还款期间，其征信报告上这笔债务一直处于逾期状态，以及债务结清后，将无法继续使用这张信用卡。因此，人们在发生信用卡债务逾期后，应先存下一笔备用金（应为每月信用卡分期还款额的 3~4 倍），再主动去和银行的客服沟通协商还款事项。之所以建议人们存够备用金再申请逾期后的信用卡个性化分期服务，是为了避免人们再次发生违约的行为。存款备用金可以给生活中突如其来的意外事件（需要金钱解决的事件）一些缓冲区，增加人们抵抗风险的能力，确保债务人在遭受风险冲击后仍有一定的偿付能力。人们应珍惜银行给予的第二次机会，不要一而再、再而三地违约。

举例来说：小王拥有 5 张信用卡，每月的最低还款额已严重超过他的每月可支配金额，他早已陷入“以贷养贷”的困境之中，最终他再也借不到一笔贷款，不得已他发生了贷款逾期，其中一张信用卡的债务金额为 4 万元。

逾期后 1~2 个月，小王经历了银行的电话催收。眼看着信用卡账单上的利息和违约金持续增加，小王的内心异常焦虑。再加上催收员一次次地打电话要求他立刻一次性结清逾期的债务，一股难以言说的愤怒和沮丧情绪涌上小王的心头，因为他确实无力一次性全额偿还这笔 4 万元的债务。

如果小王选择不理会信用卡债务，那么罚息可能会按照每年 27% 的速度增长，要不了一年，他的债务就会从 4 万元增长到 5 万元。因此，从省钱的角度考虑，小王必须尽早处理这笔逾期的信用卡债务。逃避只会让他的债务问题更加严重。

好在小王目前有稳定的收入，他还是具备一定的偿债能力的。如果可以把这笔 4 万元的债务分摊到未来 3 年来偿还，即每个月偿还近 1200 元给银行，这种新的还款协议是他能力范围内可以负担的还款。于是小王主动打电话给银行客服，表达自己强烈的还款意愿并详细说明自己目前的还款能力。最终银行同意小王按照每月 1200 元来偿还这笔 4 万元的信用卡债务。

达成新的还款协议后，小王的利息和罚息不会再按照每年 27% 的速度增长，也没有催收人员打扰他的日常生活，更不用担心突如其来的诉讼传票了。与银行协商达成新的还债方案后，小王的这笔债务就变得可控了。他更知道自己未来 3 年每月的工资收入中有 1200 元（包含一定的利息）是属于银行的，因此他会把这 1200 元从他的每月可支配金额中扣除。此外，他还拥有了短期的人生目标，即 3 年内还清这笔信用卡债务。

小王重新和银行达成还款协议后，不应再发生违约行为，因为再次违约的后果会更加严重，可能会让小王被起诉的概率增大。从银行的角度来说，再次违约相当于债务人再次违反还债的诺言，银行会失去对其的耐心和信任。因此，当逾期的债务人找银行协商信用卡债务的个性化分期时，一定要量力而行，不要为了暂时不被催收困扰或不被起诉就过度承诺。如果你明明每月只能拿出 1000 元来还债，却承诺每月可以偿还 3000 元，那么没多久便会再次发生违约行为。这其实是对自己信誉的二次伤害。

当遭遇债务困境时，人们通常会用自己独特的方式来体验与应对债务困境。《美丽新世界》的作者赫胥黎曾指出体验与因应的关系："经验不是发生在你身上的事，而是你如何应对发生在你身上的事。"这句话的意思可以理解为，债务困境其实存在两个层面：一个是"客观现实"，即人们确实发生了债务逾期行为并面临无力偿还债务的局面；另一个是"主观现实"，即人们怎么看待、解释自己发生债务逾期的事情，以及是否赋予该事件积极或消极的意义。

根据心理学家的说法，主观现实有时可能会比客观现实对人们的影响更深远。比如：债务逾期后，一些人对自己的债务问题采取不理不睬、一味逃避的态度，其结果大概率是消极的。笔者就曾遇过如此应对债务困境的人，他们习惯了债务逾期后不偿还债务的生活，把履行还债义务忘到九霄云外，直到某天他们突然收到法院的传票时，才开始惊慌失措。而此刻距离最初的债务逾期时间已经过了一两年，而他们不仅没有偿还一分钱给债权人，更没有存下一笔钱来应对诉讼程序，最后只能听天由命。时间一晃而过，如果随着时间的消逝，人们的债务没有随之减少，是会让人产生沮丧情绪的。这一客观现实可能又会让人们对自己的自控力和未来都产生怀疑，进而走向自暴自弃，最终成为社会边缘人。反之，另一些人则会在债务逾期后，积极主动找银行协商自己能力范围内的还债方案，继续偿还自己的债务以实现债务自由的目标。这类人并没有因为遭遇债务困境而一蹶不振，他们通过重新构建自己对现实的感知，把债务逾期当作实现债务自由目的一种手段（赋予债务逾期事件积极的意义），进而摆脱债务困境。

对银行来说，只要放贷就必然会产生坏账，而银行始终能从正常还款的借款人那里赚到足以弥补这部分亏损的利息或本金。未来，银行可以联合所有金融机构拒绝和债务逾期的人再做交易。这意味着这些不积极解决债务问题的人会被排除在信用货币系统之外。这种限制给个人带来的经济损失是无上限的，因为信用本身就是现代经济运行的基础。

法国 20 世纪著名的小说家普鲁斯特曾说过这样一句话："在生活用墙把人禁锢起来的地方，智慧会凿出一个出口。"主动积极地偿还债务便是一种智慧。人们在债务逾期后一定要理智地审视一下自己的真实处境，做到趋利避害，积极努力地实现债务自由的目标，不要逃避，更不要自我放弃。

3. 一次性结清债务

对年债务收入比超过 300% 的人来说，除非其突然获得一大笔额外收入，否则大概率是要发生债务违约的（个人需要用 3 年以上的工资收入才能偿还债务，但因为大多数消费贷款的还款期限是 12 个月，这种情况下逾期的概率极大）。

债务逾期后，人们应根据前文的理债方法，把贷款和信用卡债务分开整理。表 6–1 为债务逾期后的个人财务预算规划表。

表 6–1 债务逾期后的个人财务预算规划表

项目	每月收入 / 元
收入（劳动收入和非劳动收入）	
住房相关支出（房租或房贷及其他住房相关费用）	
每月生活必需支出（食品、交通、通信、保险等方面的费用）	
逾期后信用卡个性化分期还款金额	
每月可支配金额	

从表 6–1 可知，债务逾期后，人们在计算每月可支配金额时，应优先扣除信用卡的个性化分期还款金额。即使人们只能负担一到两笔信用卡的个性化分期还款金额，这也是很好的还债方案。待未来人们的赚钱能力有所提高后，可以再同银行协商剩余信用卡的个性化分期还款方案。当人们承担了信用卡的个性化分期还款方案后，倘若每月可支配金额还能有所结余，那么不管结余多少，都应把这部分结余储蓄起来。这不仅可以帮助债务人养成储蓄的好习惯，还有利于其一次性结清小金额的个人消费贷款类债务。

一次性结清债务的重要前提是人们储蓄了足够的钱。没有存款，即使拥有特别想还债的意愿也是不行的。如果人们能在发生诉讼之前就结清债务，那是最好的结局。因为这样不仅节约了与诉讼相关的各种费用，还没有留下债务纠纷的裁判文书。

一次性结清逾期债务有一个好处，就是债务人可以同金融机构协商按照只偿还债务本金的方式来结清某一笔债务。通常来说，当一笔贷款逾期，其状态逐步从“正常”转为“关注”直至“不良”后。对于抵押类的个人不良贷款，银行往往会自己清收，少部分转让给金融资产管理公司（AMC）；对于信用类个人不良贷款，大部分会被银行以较低的折扣批量转给地方 AMC。随着逾期天数的增加，这笔债务的公允价值或交易价也会发生变化。通常来说，某人（或某企业）的债务可以被债权人根据相关法律拿出来交易，而交易价一般是打了折扣的面值。比如：曾经面值 5 万元的债权，在逾期 600 天后，其当下的公允价值可能就只有 2 万元了。这主要是因为在金融的世界里，时间就是金钱。债权人经过一系列复杂计算后得出——花时间等待债务人偿还该笔债务是不划算的交易，而卖出债务快速回笼的资金可开启新的投资，这样的资金和资源分配会给债权人带来更大的经济效益。于是，一笔笔债务就像一件件衣服，而逾期的债务就像过季的衣服，卖方（金融机构的债权人）为了快速收回资金，就会做出清仓甩卖的决定。

近两年，我国的商业银行正在加快出清个人不良贷款。具体来说，一些消费金融公司或银行会通过银行业信贷资产登记流转中心（简称“银登中心”）挂牌出售个人不良贷款（也叫不良资产），而买家则必须是具备收购资质的法人企业、非金融企业和自然人。比如：2024 年第四季度，通过银登中心挂牌的不良贷款转让业务共 443 单，共涉及未偿本息 1234.8 亿元，较第三季度增长 49.65%，较上年同期增长 56.67%。这其中，个人不良贷款批量转让额为 715.4 亿元，占不良贷款总转让额的 72.87%；其中，66% 是个人消费贷款，19.1% 是个人经营类贷款，另有 14.9% 是信用卡透支。2024 年全年，通过银登中心转让的不良贷款共计 2258 亿元，是 2023 年的 1.8 倍，其中，股份行不良贷款成交规模最大，为 1125.4 亿元；消费金融公司规模居其次，为 414.4 亿元。另外，国有大型商业银行和城商行分别转让了 352.5 亿元和 296.8 亿元不良贷款。从上述数据可知，个人不良贷款问题已经不容忽视。不良资产转让有助于金融机构清理不良资产，降低风险，优化资产结构。因此，人们的债务逾期超过一定天数后，理论上来说是存在协商还款的空间的，比如减免部分超额罚息或利息。但遗憾的是，目前还没有商业银行直接面向个人进行本金减免的情况，这主要是因为我国的政策不允许商业银行与个人协商本金打折的还款方式。

举例来说：月入 4000 元的小王欠下了近 30 万元的债务，他"以贷养贷"到了尽头，目前的年个人债务收入比约为 625%，最终小王逾期了所有债务。其中他欠某银行的信用卡债务有 8000 元，其中本金约 6800 元，利息和罚息约 1200 元，这笔信用卡债务是他所有债务里金额最小的。在他逾期所有债务后的 3 个月里，小王没有偿还一笔债务（这使得他能存下一部分工资收入），并通过兼职和省吃俭用，共存下了近 1 万元的存款。有了这笔存款后，小王便主动找某银行的贷后管理人员进行沟通，表达想要结清这笔信用卡债务的意愿和能力。经过几轮沟通和博弈后，银行同意减免部分罚息。最终，小王用 7000 元结清了这笔 8000 元的债务。

一次性结清债务的好处显而易见，但也不是所有的金融机构都有类似的一次性结清政策，这需要债务人自己搜集相关的资讯，多和债权人或贷后管理人员沟通。一次性结清债务的另一个好处是，万一债务人遭遇了诉讼，手里是有一笔存款的。通过这笔存款，人们也许可以在开庭前同债权人的律师协商结清这笔债务，终止诉讼程序。

随着陷入债务困境的人数不断增加，而与正规金融机构协商存在一定的沟通门槛，于是市场上就出现了不少宣称“协助解决个人债务问题”的中介机构。市场上的这些债务协商中介鱼龙混杂，质量良莠不齐。一些尚有良知的债务中介确实在一定程度上缓解了债务人的困境，而另一些债务中介则利用债务人面对催收和诉讼的焦虑情绪，进行虚假宣传、过度承诺，进而向人们收取高额服务费，比如协商一笔 5 万元的债务需要收取 5000 元甚至 1 万元的服务费。这笔协商费用直接增加了人们的偿债压力。甚至，还有一些债务中介打着律师事务所的名义以“法律咨询”“管理咨询”为名实行金融诈骗活动。比如：一些债务中介号称他们与金融机构有“合作关系”，能够以债务本金的 2.5 折或 4 折来化债，债务人只需要准备 25% 或 40% 的债务本金，并交由债务中介，后续相关的债务协商和结清事宜，都不需要债务人操心，由债务中介全权负责。不少债务人听到可以把烦人的债务问题外包给律师中介，并且还能“少还债”，都像中了大奖般兴奋而急忙付费，却没有意识到自己已陷入诈骗陷阱里。2024 年，宁夏警方公布了一起以“2.5 折化解债务”为名，非法吸收公众存款的犯罪案件。犯罪团伙累计在全国发展了超过 2 万名代理商，收取了 2000 余万元的代理费，向 5000 余名“解债”人收取超过 2 亿元的“解债”服务费。在笔者看来，市面上不少所谓的“打折化债”，其实无异于变相的金融诈骗。债务逾期后，人们应理性对待这类债务协商的广告，不要轻信过于美好的承诺。债务问题攸关个人命运的走向，怎么能外包给陌生的中介公司呢？不要忘了第三章关于中介的“委托–代理”问题的常识。面对中介，人们应带着质疑的眼光审视他们看似动听的虚假话术背后的真实动机。

上述的一次性协商有一个前提，那就是人们的债权债务纠纷还没有进入诉讼阶段。债权债务纠纷一旦进入诉讼程序，采用的就是另一套逻辑了。债务逾期后，人们多久会被债权人起诉呢？这其实没有统一的答案。不同银行或金融机构的起诉规则截然不同。一般来说，债务逾期后的 3~36 个月里，债务人都有面临法律诉讼的可能，至于具体是否会被起诉，则要看银行或金融机构的内部决定以及法院的态度。

债务逾期后，人们选择暂时不还债，是为了存下足够的钱好一次性解决某笔债务。笔者在此重申一次——债务逾期后，请一定要努力存钱，因为你存下的每一分钱都可能帮你彻底改变命运的走向。

4. 如何重拾还债信心

深陷于负面情绪对债务人远离债务困境没有多大的帮助。如果说人生是一个需要不断做选择的过程，那么已陷在债务深渊里的债务人是选择沉浸在负面情绪里破罐破摔，还是选择理性对待困境，用智慧拨开迷雾，努力进行自救以达到远离债务困境的目标呢？当然是后者才会让债务人重回幸福人生的轨道。就像《深刻认识一个人》一书作者讲的那样："即使人生已成废墟，也可利用废墟的断垣残壁建构出截然不同的人生。"人生最重要的技能莫过于能从过去的失败经历中有所学习并有所成长。

这里，笔者总结了如何应对逾期后的负面情绪以及如何重拾还债信心的三点建议。

（1）与其让催收人员用公开自己欠债的秘密来要挟、威胁自己，不如坦诚地将欠债这一事实主动告知自己的家人、亲戚和朋友，甚至是自己的领导。告诉他们自己为什么会欠债，为什么要选择逾期，以及制定了怎样的还债方案。"你父母知道你是这样的吗？"这是催收人员常用的催收话术。催收人员往往通过唤起人们的羞耻感迫使其还款。2021 年某催收公司培训手册显示，有 87% 的话术是通过针对家庭伦理施压来达到目的的。当人们不再害怕欠债秘密曝光在亲人之间时，那么催收人员就失去了对债务人施加心理压力的武器。人们只需按照自己规划好的还债方案坚持偿还债务即可。也许人们只有暂时卸下过度的羞耻感才能重新出发。此外，催收人员的来电通常是为了让某一家银行或某一家催收公司获得最佳利益，因此催收人员通常不会顾及债务人的利益。绝大多数情况下，催收人员对债务人的整体负债情况基本是一无所知的。只有债务人自己才最清楚自己整体的债务情况，自然会比某一家催收机构的催收人员更懂得如何快速高效地还清自己所有的债务。在现实中，人们可能不得不一边承受催收人员的催债压力，一边继续按照自己制定好的还债优先顺序继续偿还自己的债务。人们只有坚定内心的还债信念，才能不因催收压力而改变既有的还债优先级。偿还债务很重要，拿回偿还债务的主动权同样重要。

（2）如何保持合理范围的羞耻心？德国社会学家诺贝特·埃利亚斯认为，一个人需要在言语或身体失控时（如口无遮拦或放屁时）产生羞愧感，才有可能自我克制。没有羞耻心的人可能不会再偿还自己的债务，而羞耻心太强则可能会影响人们的日常生活，甚至影响其赚钱能力。因此，保持适度的羞耻感不仅能促使人们克制不必要的消费支出，还能激励人们努力赚钱与存钱。具体来说，如果人们沉浸在催收人员或债权人的叙事逻辑里，便会陷入“无能为力”的处境，甚至可能会因为催收人员的某句话就情绪低落或忍不住大哭。这对于早日远离债务困境这一目标毫无益处。为了人们心中的债务自由目标，人们需要给自己债务逾期这件事找到另一种合理的叙事方式，这种叙事方式可以帮助人们积极面对债务，更能使人迸发出战胜债务的勇气和决心。社会学家理查德·桑内特认为，“叙事性意味着一个事件会导致并影响下一个事件。”如果人们把“远离债务困境”作为下一个事件，那就需要为当前的“债务逾期事件”赋予一种积极的意义。积极的叙事是一种强大的能量，可以帮助人们走出悲伤、减轻焦虑、摆脱困境。因此，重新定义“个人债务逾期”的意义是人们实现债务自由的前提。具体来说，人们可以这样告诉自己：“许多名人或伟人都曾出现债务问题，如俄国著名作家陀思妥耶夫斯基，因此自己并不是个例。债务崩盘意味着自己出现了现金流问题，并已对此进行了深刻的反思，知道自己在哪里犯了错，并制定了详细的还债方案。眼下的欠债只是暂时的情况，等自己存够了钱就会一次性结清所有的债务。只要自己每天都非常努力地去工作，就一定会有还清债务的一天。”用“流动性危机”替代“人格失败”的叙事不仅能让暂时失去偿债能力的人们从过度羞耻中解脱出来，还能为其带来积极的内在力量。当人们觉得他有能力主导自己故事的发展方向时，这种叙事会赋予他尊严与远离债务困境的内在动力。从某种层面来说，人生的意义，也许就在于将债务危机所引发的羞耻和焦虑升华为创造价值的动力。也可以说，债务在间接推动个人的成长。因此，人们不妨跳出自我的小世界，把债务当作磨炼自己的外在压力，最终能够塑造自己具备百折不挠的优秀品质。未来，当债务人远离债务困境后，再回忆当时所经历的一切困难，也许会轻松地讲出这些在当时被自己认为是“天塌了”的故事吧！就像加拿大作家玛格丽特·阿特伍德曾说的那样：“债务可以构造我们充满故事的人生。”

（3）很多时候我们自己觉得很在意的事情，别人可能完全不在意。就像催收机构群发的欠债信息，朋友和同事可能根本就不会看；又或者朋友和同事看到某人的欠债信息，反而会主动伸出援助之手，而我们自己却将群发的欠债信息这个事情视为奇耻大辱。正如《情绪跟你以为的不一样》一书的作者所说的那样：“你也许认为，在日常生活中，你看到、听到的东西会影响你的感觉，其实刚好相反：你的感觉会影响你看到、听到的。”内心承受着债务压力的人们在情绪的作用下，往往会放大生活中与债务相关的各种小事，从而使自己的内心受到煎熬。这时候，我们应训练自己的大脑，让大脑用理性的声音告诉自己这些“天塌了”的事情都不是真的，是自己在过度焦虑情绪下而产生的假象。现实生活中，不少人都因共同经历债务困境而成为更亲密的伙伴——人们互相理解，互相打气，共同渡过难关。事实上，很多家庭成员在共同面对债务困境后，家人之间的关系反而变得更亲密了，凝聚力也更强了。

希望以上三点建议能帮助那些遇到催收困扰的人们摆脱固有的思维模式，跳出自己的小世界，站在更高的维度认识自己与债务的关系。也许只有这样，债务逾期的人们才能实现债务自由的目标。发生债务逾期行为的人们，已经留下了逾期的记录，并为此付出了惨痛的代价。具体来说就是他们在结清所欠债务后的 5 年之内可能都无法再从金融机构借到一笔钱，这就意味着他们无法在信用货币的时代利用金融杠杆来致富。

暂时的欠债不还，并不代表永远不还。很多债务人都在非常努力地工作、认真存钱，他们比谁都期待能还完欠款的那一天。他们不是不负责任，而是暂时无力偿还。退一步来说，如果人们当初真的不想还债的话，他们根本就不会在还不上第一笔债的时候误入“以贷养贷”的歧途，正因为他们想要按期偿还债务，所以才短视地借新还旧。

第七章

法律，解决债务纠纷最后的文明途径

罗翔在《法治的细节》一书里这样写道："法律是为了解决社会的问题，这个社会最大的问题是什么？向外看，我们可以看到很多社会乱象，杀人放火、欠债不还、贪腐渎职，但如果从人的内部看，你会发现我们每个人的内心都有幽暗成分，所有的社会乱象都是这些幽暗成分发酵的产物。"人性向来难以被精准地描述：极端情况下，一个人可能残忍如禽兽，也可能仁慈如圣贤；有时小气吝啬，有时却慷慨大方；或端庄有礼，或粗野不雅；时而聪明睿智，时而愚昧无知。债务就像一面照见人性光谱的棱镜，把人在不同情境下所激发出的特质在杠杆的作用下无限放大，成为观察人类行为与本能的绝佳工具。而法律作为社会秩序的底线，不仅要直面人性"幽暗的地下室"，更是人类社会解决债务纠纷最后的文明途径。

《盖尤斯法学阶梯》把债界定为"一种迫使我们必须根据我们城邦的法律制度履行某种给付义务的法律约束"。在现代，债通常被表述为，特定当事人之间的请求一定给付的法律关系。债务的复杂之处在于，它除了是一种金融产品，还是一种法律关系，往往会涉及法律诉讼。当债权人穷尽催收手段都不能收回本金和利息的时候，就会委托律师事务所进行债务的诉讼追偿。法律诉讼，一般分为刑事、民事和行政三种形式。与暂时失去还债能力的债务人息息相关的债务官司一般属于民事诉讼的范畴。图 7–1 是本章内容简介。

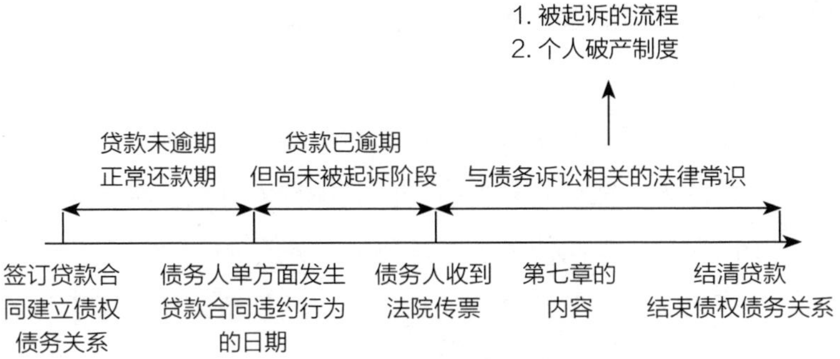

图 7-1　第七章内容简介

本章主要介绍债务纠纷进入民事诉讼的流程，以及个人破产制度。个人破产制度是现代信用经济不可或缺的重要制度。没有人想要落得破产的下场，但遭遇债务困境的人们可以把个人破产视为通向“重生”的一个途径，而非人生的终点。法律通过对失败的重新定义，可以让社会在经济发展层面变得更有活力和创造力。

接下来，我们先一起来了解一下被起诉的流程。

1. 被起诉的流程

债务逾期后，债务人可能会频繁收到律师函，收到各种自己即将被起诉的短信。诚然，我们都不愿意被起诉，但如果哪天真的被他人或金融机构起诉了，迎接我们的会是怎样的流程呢？如果对此完全不了解，就会对未知产生非理性的恐惧。这种恐惧，其实是可以通过主动寻找资料、了解整个民事诉讼的流程来缓解的。当人们可以预先知道接下来自己会面对什么时，不仅可以提前做好准备，还能坦然面对。

债权是债的关系的集中体现，表现为三种基本功能，即给付请求的请求力、给付受领的保持力和债权保护的强制执行力。当债务人不能履行贷款合同时，债权人有权请求国家司法机关予以保护，强制债务人履行还债义务。

接下来，我们就从被告（债务人）的视角来梳理诉讼的流程。当债务人收到对方（债权人，比如金融机构等）要起诉自己的短信或者律师函时，其身份尚不构成法律意义上的被告。只有当债务人收到法院的传票或者法官的开庭通知时，债务人才算法律意义上的被告。收到传票或开庭通知即意味着对方已经向法院起诉，且法院已受理对方的起诉请求，并确定了双方的举证期限和开庭时间。图 7–2 是关键诉讼信息。

图 7–2　关键诉讼信息

债务人收到法院传票时不要惊慌。通常来说，法院传票就是一份告知当事人开庭时间、开庭地点的通知单，也有法院会通过电话或短信通知当事人到庭的情况。债务人收到法院传票表明法院已经受理债权人的起诉请求，成功立案，表明对方已经走完了起诉申请的流程，即对方提供了可以令法院采信确认案由存在的证据，缴纳了起诉的各项费用。法院传票的成功送达（一般通过邮寄送达），表明被告知道自己被谁告了、为什么被告，以及如何参与庭审发表意见、维护权利等事项。

收到法院传票时要辨别法院传票的真伪。法院第一次电话通知被告时，一般会要求被告提供送达地址，以便向被告邮寄原告的起诉材料、法院传票、举证通知书等，或要求被告来院领取上述材料，但不会要求被告缴纳任何费用。法院传票若通过电子邮件送达，电子邮件会通过 12368 平台向当事人与法院确认过的电子邮箱发送。人们还应留意法院可能会通过 106 短信平台发送的相关移动微法院小程序的链接。如果还是不能确定法院传票的真伪，债务人可以联系承办法官或拨打 12368 法院司法服务热线来确认诉讼的相关信息。立案之后，查询相关信息主要通过案号进行，因此，出了诉讼的案号则代表立案成功。

通常来说，法院传票一般包括以下内容：

XX 市 XX 区人民法院

案号：（　　）字第（　　）号

案由：

当事人姓名：

工作单位或住所：

传唤事由：　　开庭审理

应到时间：

应到处所：

注意事项：

1. 被传唤人应准时到达应诉场所。
2. 本票由被传唤人携带来院报到。
3. 被传唤人应携带身份证、传票及相关证据材料原件。
4. 传票由被传唤人签收后有效。
5. 不按传票到庭的，将依法拘传或处以罚款。

审判长：
书记员：

年　月　日
（院印）

如果拒绝接收法院传票会怎样？一些债务人以为只要自己不接收法院的传票就能避免开庭和后续的麻烦，但这其实只是掩耳盗铃的行为。因为法律规定可以采取“公告送达”的方式通知当事人。公告送达是指被告下落不明，用其他方式无法送达法院传票，可以通过公告程序从法律上视为送达。关注人民法院公告微信办理平台，可以查询公告。

假设债务人没有拒收法院传票，并且也确认收到的法院传票为真后，接下来就要签收传票。签收传票后，债务人要第一时间打电话到发出传票的法院了解案情。因为作为当事人即被告，债务人有权查看对方当事人针对自己的起诉状以及提交的相关证据材料。

首先，债务人要弄清楚具体是哪个贷款平台或公司对自已提起了诉讼。很多金融机构会把债权转让给第三方机构，让第三方机构来起诉债务人。债权转让即债权人与受让人达成转让协议，并通知债务人即可生效。这种情况下，债务人有权获得债权转让通知书。这点很重要，因为债务人需要根据起诉状来写出应诉答辩状，甚至反诉。《中华人民共和国民法典》第五百四十五条规定："债权人可以将债权的全部或者部分转让给第三人，但是有下列情形之一的除外：（一）根据债权性质不得转让；（二）按照当事人约定不得转让；（三）依照法律规定不得转让。"《中华人民共和国民法典》第五百四十六条规定："债权人转让债权，未通知债务人的，该转让对债务人不发生效力。债权转让的通知不得撤销，但是经受让人同意的除外。"由上述法律规定可知，只有通过合法的形式通知债务人，转让才具有法律效力，否则债权受让人无权要求债务人向其履行债务。以上都是法律赋予债务人的合法权益。

其次，一般情况下，法院传票会与对方的起诉状一起送达被告人。因此，债务人在收到法院传票后应先查看传票载明的审理法院是否有管辖权。根据《中华人民共和国民事诉讼法（2021 修正）》第一百三十条，原告的起诉被人民法院受理立案以后，被告（债务人）如认为该法院对本案没有管辖权，应当在提交答辩状期间（收到应诉通知书 15 日内）提出管辖权异议，从而让法院撤销起诉。如果当事人（债务人）未提出管辖权异议，并应诉答辩，即视为受诉人民法院有管辖权。民事诉讼案件中，不少被告通过提起管辖权异议来要求法院驳回原告的起诉，将原告的起诉挡在法院大门之外。要注意的是，被告提起管辖权异议，不一定都成立，有可能被法院驳回。

例如，起诉案表面为债务纠纷，但实质为合同纠纷，则可能存在原告所在地法院可能没有管辖权的情况。信用卡纠纷的起诉地点不是一成不变的，会根据不同情况而有所不同。但根据《信用卡章程》中的规定：甲乙双方协商不成，任何一方均可提交甲方（被告）具体办理信用卡申领手续的乙方（原告某银行）分支机构所在地有管辖权的人民法院诉讼解决。因此，不少信用卡纠纷案件都是在发卡银行的分支机构所在地发起诉讼申请的。这种情况下，债务人即使提出管辖权异议，也会被法院驳回。不过在正式判决之前，被告（债务人）若能和银行等协商一致，其实可以申请撤诉，但有的银行要求只有在债务人还清债务之后，其才会申请撤诉。若银行或金融机构做出撤诉决定，仍需要得到人民法院的批准，方可撤诉。

接下来的流程就是开庭，也叫参加庭审。这时候，有些债务人会继续采取逃避心态，拒绝出庭，以为自己不到场，法院就拿自己没办法。其实这是损害了债务人自己的合法权益。拒绝出庭意味着被告（债务人）完全放弃了为自己辩护的权利，而对方向法院提交的一般是对被告完全不利的证据。这种情况下，法院会做出缺席判决，也就是在债务人不做任何辩护的情况下做出判决。如果规定被告（债务人）必须到庭，经过两次传票传唤，被告无正当理由拒不到庭的，还会被拘传。

互联网时代，人们可以通过视频连线参与庭审。互联网法院可以实现从立案到执行全流程网上办理，效率极高。开庭以前，原告、被告双方都要做好法庭举证和法庭辩论的准备。通俗而言就是债权人表达追债的诉求，债务人表达自己还债困难的现状或对贷款利率的合法性提出质疑等。双方辩论的时候，都应实事求是，不能进行人身攻击、恶语相向。此时，语言表达能力就至关重要了。债务人可以提前组织好语言，写一段为自己辩护的陈述词，为自己争取合法权益。

人民法院对公开审理或者不公开审理的案件，一律公开宣告判决。当庭宣判的，应当在十日内发送判决书；定期宣判的，宣判后立即发给判决书。如果双方都不上诉，则一审判决生效。如果不服判决，在法定的期限内，不服判决的一方可以上诉。决定上诉后，要针对一审判决写好上诉状。上诉状中要写明上诉请求以及不服一审判决的理由。另一方当事人在接到法院送达的上诉状后，应当按时写出答辩状。一审法院会在法定期限内把案件卷宗和当事人的上诉状等材料交给二审法院。在二审期间，双方当事人同样要参加二审的诉讼活动。但根据法律规定，二审可以开庭审理，也可以不开庭审理。

无论是一审还是二审，最终都要形成有法律效力的判决书。民事诉讼案件以形成判决书为终点。一审或二审的判决书生效后，债务人应当依据判决书履行还款义务。

如果败诉方不履行义务（通常指债务人败诉后依旧不按照判决书的要求偿还债务的情况），胜诉方当事人则需要向做出生效判决的法院申请强制执行立案。执行是指执行机构按照法律规定的程序，将已经发生法律效力的判决书等法律文书的内容采取强制的手段加以实现的活动。

发生法律效力的判决书，一般指民事判决书、确认调解协议裁定、支付令等。已经发生法律效力的判决和裁定，都具有强制执行力，不管债务人是否主动履行其义务，都需要执行。法院作为国家司法机关，具有法定的强制执行权力。

在执行案件里，债务人就变成“被执行人”了。具体而言，民事强制执行的基本流程如下。申请人或执行人（债权人）拿着具有法律效力的判决书和申请执行立案的文件等去选定管辖区的执行法院申请立案。法院受理执行案件后，便会通知执行人提供财产线索，通知被执行人（债务人）报告财产状况，同时也会通过执行系统查询被执行人名下的财产。

如果发现被执行人有可供执行的财产，法院会根据财产类型的不同采取相应的执行措施。如对银行存款可进行扣押、冻结、划拨等。将其他类型的财产查封（扣押或冻结）后，一般需要先确定财产处置参考价，然后通过司法拍卖进行变价。如果未发现可供执行的财产，法院通常会到被执行人（债务人）的住所地进行现场调查，对被执行人进行限制消费，然后暂时终结本次执行程序，以后若发现可供执行的财产可以恢复执行。

限制被执行人的消费行为具体包括哪些?

《最高人民法院关于限制被执行人高消费及有关消费的若干规定》第三条的规定如下。

被执行人为自然人的，被采取限制消费措施后，不得有以下高消费及非生活和工作必需的消费行为：

①乘坐交通工具时，选择飞机、列车软卧、轮船二等以上

舱位；

②在星级以上宾馆、酒店、夜总会、高尔夫球场等场所进行高消费；

③购买不动产或者新建、扩建、高档装修房屋；

④租赁高档写字楼、宾馆、公寓等场所办公；

⑤购买非经营必需车辆；

⑥旅游、度假；

⑦子女就读高收费私立学校；

⑧支付高额保费购买保险理财产品；

⑨乘坐G字头动车组列车全部座位、其他动车组列车一等以上座位等其他非生活和工作必需的消费行为。

债务人成为被执行人后，就不得再有上述的消费行为。如果债务人（被执行人）违反法院限制消费令，将会受到更严厉的法律惩罚。如果经查证属实的，依据《中华人民共和国民事诉讼法》第一百一十一条之规定，可以予以拘留、罚款；情节严重，构成犯罪的，追究其刑事责任。

成为被执行人的债务人并不是“老赖”，只有成为失信被执行人的债务人才属于真正意义上的“老赖”。

判断失信被执行人的依据是《最高人民法院关于公布失信被执行人名单信息的若干规定》的第一条。

被执行人未履行生效法律文书确定的义务，并具有下列情形之一的，人民法院应当将其纳入失信被执行人名单，依法对其进行信用惩戒：

（一）有履行能力而拒不履行生效法律文书确定义务的；

（二）以伪造证据、暴力、威胁等方法妨碍、抗拒执行的；

（三）以虚假诉讼、虚假仲裁或者以隐匿、转移财产等方法规避执行的；

（四）违反财产报告制度的；

（五）违反限制消费令的；

（六）无正当理由拒不履行执行和解协议的。

债权人通过提交申请，并附上被执行人具备纳入失信被执行人名单的上述六种情形之一的相关证据或申请依据就可以把被执行人变成失信被执行人。

现实生活中，一些诚实而不幸的债务人也被纳入失信被执行人名单，主要是因为其违反了财产报告制度。一般来说，法院受理执行案件后，会给被执行人发送执行通知书及财产申报要求的相关材料，要求被执行人将近一年内的财产进行申报，但遗憾的是一些被执行人根本不知道自己的法律义务，不主动申报自己名下的任何财产，导致他们被纳入失信被执行人名单。

以上就是债务人一步步成为失信被执行人的过程。法律对被执行人的失信惩戒和限制消费本身不是目的，而是一种手段。强制执行程序的最终目的，是强制被执行人履行完毕生效判决书或者裁决书确定的还债义务。

总而言之，如果债务人不幸被债权人起诉，那么比较好的结果就是债务人在开庭前同债权人协商一个令双方都满意的还债方案，重新开始偿还债务，或者债务人能有足够的存款一次性结清逾期的债务，终止债权债务关系；而比较不利的结果就是债务人成为失信被执行人，面临一系列限制性措施，严重影响其日常生活与信用记录。

2. 个人破产制度

个人破产，也称消费者破产、自然人破产。个人破产制度指的是，在“良善债务人”因各种原因不能清偿到期债务时，由司法介入对其财产进行清算分配或重整，在一定条件下豁免其债务，并确定和规范破产过程中权利义务关系的法律制度。这里的“良善债务人”指的是“诚实而不幸”“诚实而值得同情”或“诚实而不慎或不智”的债务人。

2021 年，创业失败欠债 76 万元的深圳市民梁某某，成为首位个人破产重整者。深圳市中级人民法院做出裁定，梁某某在 3 年内向债权人偿还债务本金，同时豁免利息和滞纳金。该案是《深圳经济特区个人破产条例》（以下简称《条例》）于 2021 年 3 月 1 日实施后，首例获得审结的个人破产案件，也是首例个人破产重整案件。2023 年 6 月 20 日梁某某收到了深圳中院送达的一份民事裁定书，依法免除其未清偿债务。梁某某比约定时间提前 15 个月完成了还债计划。

个人出现债务问题背后的原因相当复杂。如果人们可以将视角从个体扩大到全社会，就会发现站在个体的立场上去解决

“债务问题”是远远不够的，我们需要整个社会团结一致地去面对，并从制度层面探索切实可行的债务解决方案——个人破产制度。从制度发展史来看，个人破产制度是几乎所有商事法律制度的逻辑起点。有了个人破产制度，个人的经济交往与投融资行为，即从合伙，到设立公司，再到整个资本市场与金融活动，就有了基础规则，其他规则的“丰富色彩”都建构在破产风险规则的底色之上。没有个人破产保护制度为基础，企业法人破产制度就成了空中楼阁，创新和创业的活力都会受到一定程度的影响。

当下，相较于香港等地区，内地的个人破产制度建设才刚刚起步，门槛相对较高，比如个人破产申请的“合格率”不足四成，近 3 年来，深圳市中级人民法院共收到个人破产申请 2273 件，但启动破产审查程序的只有 819 件，其余 1454 件未予立案并退回申请人补充或补正资料。可见个人破产制度在我国仍然是“新生事物”，很多人对其认知不足。

接下来，我们就来详细了解一下个人破产的 3 种形式。

（1）个人破产的 3 种形式

虽然破产的概念可以追溯到数千年前，但是破产免责的概念则是近代才出现的。早期的破产法一般只是债权人的执行机器。深圳在出台《条例》之前，法院主要通过强制执行程序来强制债务人还债，造就了很多“执行不能”的案件。

截止到本书截稿时，我国大部分地区尚无正式施行的个人破产法，深圳出台的是《条例》，并不是法律。在深圳经济特区居住，且参加深圳社会保险连续满 3 年的自然人，因生产经营、生活消费导致丧失清偿债务能力或者资产不足以清偿全部债务的，可以依照《条例》进行破产清算、重整或者和解。对于非深圳的居民，目前则无法参与个人破产程序。若人们想要参与个人破产，可能需要移居到深圳并缴纳 3 年深圳社保，方有资格申请个人破产。

为适用于不同类型的债务人,《条例》中规定免除个人未清偿债务主要有 3 种形式，分别是破产清算、重整、和解。

破产清算是指债务人拿出除了依法保留的豁免财产外的其他财产来清偿债务。在考察期内，债务人应当每月在破产事务管理部门的破产信息系统登记申报个人收入、支出和财产状况等信息。通过考察期后，可以依法免除未偿清的债务。申请破产清算的考察期一般为 3 年，若有违规行为，延长 2 年。中国政法大学的陈夏红教授建议:“债务人交出的财产应由管理人归集、变现，再向债权人按照‘同等顺位、同等比例’的原则分配，分配完毕后设定一定的监督期限。监督期限届满后，给予债务人免责救济，未偿还债务由此合法免除，不再偿还。”

破产重整是指债务人以未来的收入作为偿还债务的来源，按照法院批准的重整计划履行规定期限内的还债义务后，可以向法院申请免除其未清偿的债务的程序。前文的梁某某就选择了破产重整程序。梁某某申请破产当日，他的债务总额约 76 万元，自身仅有 36 120 元存款、4719.9 元住房公积金，无房产、车辆等大宗财产，每月有固定收入。当梁某某成功进入破产重整程序后，法院裁定生效的重整计划是梁某某需要在三年内偿还借款的本金，所有利息和滞纳金均被免去。在重整计划规定的期限内，梁某某夫妻除了每月用于基本生活以及一些生产生活必需品作为豁免财产外，其他收入均用于偿还债务。如果他不能按重整计划执行；债权人依法有权向其追索未归还的所有借款本息和滞纳金。2023 年 6 月，梁某某按照重整计划偿还了借款本金（大约 67.5 万元），法院最终裁定免除他未清偿的债务。通过中国破产第一人的故事，人们应对个人破产有一个比较全面的认识，即个人破产并不等于个人破产免责，债务人在进入个人破产程序后还是需要按照法院的要求继续偿还债务。

破产和解是指在法院裁定受理破产清算申请后、宣告债务人破产前，债务人或者债权人可以申请和解流程，就债务减免和清偿达成和解协议。

《条例》实施的 3 年里，据统计在深圳市中级人民法院已裁定受理的 227 件个人破产申请中，破产重整案件 217 件，破产和解案件 4 件，破产清算案件 6 件，体现出鲜明的“以重整和解类再建型破产为主导，以清算类分配型破产为兜底”的导向，取得了良好的实践效果。个人破产重整因为有债务人未来收入做支撑，债权人的清偿率会更高，但用时更长；个人破产清算清偿率较低，但可以快速让债权人、债务人从债务的枷锁中解脱。

个人破产制度对债务人的益处包括但不限于以下内容。

①免于催收困扰，免于债权人的民事诉讼。债务人可以在相对平静、安定的状态下清偿债务，重拾对生活的掌控感与安全感。一旦债务人的破产申请被受理，债权人就必须停止一切

追债的活动，这是多数债务人申请个人破产的主要原因。

②避免债务人因债务压力过重而陷入走投无路、甚至轻生的绝境。

③通过免除部分债务，帮助诚实而不幸的债务人实现经济上的“重生”。

④鼓励债务人积极创造财产。

除了对债务人有益处，个人破产制度对债权人也有好处。比如：个人申请破产可以加速债务的清偿周期、加强所有债权人之间的公平分配、降低个别债权人的讨债成本、避免因个别债权人鲁莽急躁的行为而损害债务人整体资产的价值等。

个人破产法的出台对社会经济发展的意义更加重大。其首要的好处在于，减少执行法院积压的大量执行诉讼，让“执行不能”的案件进入个人破产程序，提高法院的工作效率。其次，个人破产制度还能间接鼓励金融机构负责任地放贷。它通过制度机制阻止金融机构随意放贷和过度放贷，使债权人理应承担一定程度的金融风险，而不是把所有风险都放到债务人身上。过度放贷的问题解决了，债务违约的数量自然就会降低。这很好理解，极端情况下，如果没有借贷活动，就不会产生债务违约的问题，自然就不需要个人破产制度，但现实中这是不可能的。正因为我国金融行业日益发达，所以才需要与之匹配的现代“经济重生”制度——个人破产制度。个人破产制度的建立和完善可以提升整个金融体系的理性，而健康的信贷行业对生活在其中的每个人都是有益的。最后，个人破产制度还可以鼓励创业与创新，即个人破产制度在一定程度上能为创业失败兜底。当一个社会里有更多的人参与创业和创新活动，借贷活动便会增多，经济体也会随之繁荣，充满活力；而经济体繁荣则意味着政府税收的增多，更多的税收对应着更高质量的社会公共服务（更先进的基础建设，更干净漂亮的城市，更高质量的义务教育等），最后形成正向循环，让生活在这个经济体里的每个人都受益。

总而言之，个人破产对社会和个人都是有益的。就像中国政法大学李曙光教授在他的新书《破产法二十讲》里概括的那样："从人类文明发展史来看，个人破产是商业与社会文明的先声。有了个人破产，人们就有了个人信用的刻度，商业交往就有了可确定性预期，市场经济的假设就有了基石。"

（2）个人破产或成为普遍现象

个人破产制度旨在为诚实而不幸的债务人提供救济，免掉其部分债务，让他们从"过度负债"和"支付不能"的状况里"重生"。信用货币时代，财务困境可以通过不同的形式体现，破产可能出于各种原因，如第一章里提到的债务人的故事，各种因素相互交织就会导致人们走向破产。

赫德里克·史密斯在他的《谁偷走了美国梦》一书中就讨论了关于美国中产阶级个人破产的现象，他写道：

中产阶级苦难急遽增长的最明显指标，或许是个人破产现象的显著上升——现在，这已经成为新经济的一个整体特征。破产，这实际上是中产阶级群体的一种特有现象。金融专家对此的解释是：穷人也破产，但是他们并不会去申请破产并进行专门登记，因为穷人们几乎没有任何资产需要受到保护。中产阶级人士和上层中产阶级的知识分子们之所以会去申请破产，是希望通过破产保护来保全自己的基本资产，比如他们所居住的房屋、退休储备金或者现金流——只要申请了破产，以上这些都可以受到法律保护。个人申请破产的数量，在20世纪90年代开始飙升。到2005年，申请破产的人数已经超过两百万，大约是二十年前，即1984年的七倍。哈佛大学法学院教授伊丽莎白·沃伦在2003年时曾经这样写道："破产现象已经在美国人的生活中变得根深蒂固。2012年，宣告破产的人数比心脏病发作的人还要多。在不远的将来，申请破产登记的成年人数量，会比检查出癌症的人数还要多，比从大学毕业的人还要多……美国人将提出更多的破产申请，而不是离婚申请。"破产几乎有可能发生在任何人身上，甚至那些一直过得顺风顺水的中产阶级人士也一样。

日本申请个人破产的人数也相当可观。随着20世纪70年代末至80年代初消费金融的普及，个人债务规模在日本社会呈现出滚雪球般的增长。作为应对债务膨大的策略，越来越多的债务人开始寻求利用个人破产清算程序获得免责。个人破产清算案件的数量在1984年迅速增长到2万件。尽管此后案件数量一度出现回落，但进入20世纪90年代以后，由于信用卡的普及使"刷卡族"消费过度，进而引发"信用卡破产"现象，以及泡沫经济破灭后的持续经济不景气导致企业大量裁员，进而引发"失业破产"现象和"房贷破产"现象，个人破产清算案件数量一度在2003年飙升到顶峰的242 849件。

1997年亚洲金融危机之后，为刺激消费，韩国发行了大量信用卡，无节制地发行和消费导致民众负债累累，无力偿还，信用卡公司开始面临流动性危机；2002年，信用卡市场与2000年相比增加了40.5%，创下历史上最高纪录（623万亿韩元）。表面上看，信用卡市场实现了高速增长，但韩国信用不良者的数量在2003年年末超过了约370万人，占当时经济活动人口的18%。信用不良者的数量从政府实施对信用卡监管放松政策的1999年5月开始增加，4年时间约增加了2倍。韩国最初于1962年制定个人破产清算制度，2004年制定的《债务人回生法》引进了“再建型个人重整制度”，试图赋予信用不良者“重生”的机会。

纵观美国、日本和韩国的个人破产历史和现象，我们会发现这些现象产生的原因之一是消费金融行业的蓬勃发展。2006年，我国的消费金融行业还处于萌芽阶段。但在过去的十多年里，我国的消费金融行业经历了飞速发展，一系列消费金融产品从无到有，极大地改善了人们的日常生活品质，扩大了信用交易量。在互联网的赋能下，我国的消费金融行业甚至有“青出于蓝而胜于蓝”的态势。但短期内过度飞速的发展，可能会带来潜在的风险，比如个人过度负债问题，一些人尝试偿还超出自身能力的债务，最终不得不申请破产。因此，我国应进一步完善消费者保护和债务人救济相关制度。综上所述，笔者认为，在未来个人破产或将成为越来越普遍的现象。

（3）对我国个人破产法的思考

金融专家们沉浸在金融合同的法律术语里，计较着每一笔贷款的得与失，却遗忘了在数字和债务概念之后的社会现实。现代经济建立在各种制度的基础之上，缺少个人破产制度的金融行业，使行业整体对待每一笔贷款的态度都是期待“刚性兑付”，即使明知是因过度放贷而不能被偿还的债务，也要求债务人依法偿还。过度放贷的负面效应在没有个人破产制度的反向遏制的情况下被加倍放大。个人破产制度就像在整个消费金融行业的脑袋上带上了一个“紧箍咒”，让金融机构在基于保护个人消费者的前提下，有底线地从事放贷活动。

可以说，在没有个人破产制度的金融体系里，金融机构很难做到负责任地放出每一笔消费贷款，因为金融机构天生就具有冒险倾向。就像大卫·格雷伯在《债：5000 年债务史》中提到的：“金融机构的作用应该是将资源向可盈利的投资渠道引导。如果不论银行做什么，它们都一定能够连本带息地拿回借出的钱，那么整个金融系统就失效了……债权人理应承担一定程度的风险。如果不论多么愚蠢的贷款都能获得偿还，例如不存在破产法，那么结果将是毁灭性的——还有什么理由阻止债权人放出愚蠢的贷款呢？”聪明的债权人都不希望逼迫他们的债务人消失，甚至不愿意看到债务人被限制在无限期的痛苦状态中，因为这是双输的结果。

这里笔者建议我国的金融行业应早日完善限制个人信贷总额度的相关法律法规，即建立“债务熔断”机制。比如：明确规定按照个人月收入的 10 倍或 20 倍的上限来授予个人信贷总额度，避免出现月入 5000 元却能借到 50 万元贷款的过度负债情况。这既能有效阻止人们盲目借贷，也能从源头降低金融机构的不良贷款，更能促进金融行业健康可持续发展。可持续发展的金融环境，需要金融机构将道德哲学植入每一笔贷款合同里，从而使每个数字背后都跃动着对人类命运的终极关怀，避免将贷款或债务异化为掠夺的工具。如果我国的金融机构继续严守债权和财产权的“神圣不可侵犯”，不主动参与到个人破产制度的确立当中，那么很有可能会导致地方小银行出现“破产潮”、法拍房数量持续飙涨，“限高”“老赖”人群激增，最终可能影响社会稳定，甚至导致社会停滞。也许债务驱动型经济的未来，就在于超越零和博弈，找到合作共赢的新社会契约。

我国大部分地区个人破产法之所以还未出台，主要是因为我们一直依靠民事执行制度来解决债务纠纷。个人信用债务在 50 万元以上的债务人，在他还没来得及申请个人破产的时候，债权人就早早地去法院申请了强制执行，债务人的住房等财产就会被拿去拍卖，用于还债。不管是金融机构的债权人，还是民间主体的债权人，普遍都偏爱通过民事执行手段来追债。至于债务人的还债能力、收入与财产情况，债权人都是无暇顾及的，其只关心自己是否能讨债成功。

“个人破产免责”的制度和观念，想要短时间内被国人普遍接受，也存在巨大的挑战。其中最大的挑战就是民情秩序，很多人还不能接受“免除债务”的观念，更不具备站在全局视角审视债务问题的能力。比如：一些债务人，宁可打三四份工，省吃俭用，也要坚持清偿自己或家人的债务，而不会主动去申请个人破产。又如：浙江丽水一位奶奶创业失败后，欠债千万元，却拒绝宣告破产，89 岁了还在做生意还债，不能安享晚年。这些债务人自己没有想过可以通过法律合法地“免除债务”，而媒体还在强化和个人破产相悖的观念，这些都无疑会对我国个人破产制度的立法造成阻力。

个人破产制度也许在未来可能会给债务人带来生活的希望，但目前的作用还相对有限。

3. 申请个人破产

想要在深圳申请个人破产，需要先满足申请个人破产的条件，即在深圳经济特区居住，且参加深圳社会保险连续满三年的自然人，因生产经营、生活消费导致丧失清偿债务能力或者资产不足以清偿全部债务的，可以向人民法院提出破产申请，包括申请破产清算、重整、和解。提交个人破产申请不代表一定会通过审核，但提交申请是个人破产的起点。

根据《条例》规定，债务人提出破产申请的，应当向人民法院提交下列材料：

①破产申请书、破产原因及经过说明；

②收入状况、社保证明、纳税记录；

③个人财产以及夫妻共同财产清册；

④债权债务清册；

⑤诚信承诺书。

债务人依法承担扶养义务的未成年人和丧失劳动能力且无其他生活来源的成年近亲属（以下简称“所扶养人”），应当提供所扶养人的基本情况等有关材料。债务人合法雇用他人的，还应当提交其雇用人员工资支付和社会保险费用缴纳情况的相关材料。

此外，除了债务人自己可以主动申请个人破产外，根据《条例》第九条的规定，当债务人不能清偿到期债务时，单独或者共同对债务人持有五十万元以上到期债权的债权人，可以向人民法院提出破产申请，申请对债务人进行破产清算。

申请个人破产的材料的一般清单如表 7-1 所示，具体材料还需要债务人关注和咨询深圳市中级人民法院的官方公众号。

表 7-1　申请个人破产的材料的一般清单

序号	材料名称	备注
1	破产申请书	载明债务人的姓名、身份证号码、出生年月日、住所地、联系方式，并说明选择何种破产程序、破产原因与破产经过
2	债务人主体资格证明文件	身份证复印件、居住证或公安局出具的三个月内主体证明文件
3	债务人在深圳连续三年缴纳的社会保险费用证明	深圳市社会保险基金管理局出具的《深圳市社会保险历年参保缴费明细表（个人）》
4	债务人纳税证明	—
5	债务人的债权债务清册以及相关证明材料	载明债权信息，包括债权人姓名、联系方式、债权数额、债权证明、清偿状况材料、诉讼材料等；载明债务信息，包括债务人姓名、联系方式、债务数额、债务证明、清偿状况材料、诉讼材料等

续表

序号	材料名称	备注
6	个人财产和夫妻共同财产信息以及相关证明材料	分类载明各类财产名称、财产取得方式和时间、财产价值、是否与他人共有、是否有抵押担保等信息，并准备好各类财产证明，如银行卡、存折、不动产权证、车辆行驶证、股权证明、保险保单等。对于无权属证明的财产，请记录成册并附照片，并分类汇总
7	收入状况证明及凭证	载明收入类型（例如工资、租金）、收入方式（例如银行账户、现金支付）、收入数额、收入来源信息（例如雇主名称及联系方式、租户名称及联系方式），并分类提供相关凭证（例如劳动合同、租赁合同）
8	债务人所涉诉讼、仲裁、执行情况及凭证	载明每一个案件的案号、程序类型、生效时间，并附相应法律文书
9	依法承担扶养义务的未成年人和丧失劳动能力且无其他生活来源成年近亲属的基本情况（如有）	载明所扶养人姓名、身份证号码、出生年月日、扶养费数额及支付时间、是否有其他共同扶养人等信息，并提供相关人员的身份证复印件
10	债务人合法雇用人员的基本情况（如有）	载明雇用人员姓名、身份证号码、联系方式、工资支付方式、工资数额、工资支付记录、社会保险费用缴纳证明
11	诚信承诺书	—

4. 个人破产的代价

19 世纪法国的古典自由主义理论经济学家弗雷德里克·巴斯夏曾说：“在经济领域里，一个习惯、一个机构或是一条法律不会只引发一次性的效果，而会是一系列的。这些效果一开始时随即出现，一有原因马上出现结果，这是看得见的；其他效果会在之后才发生，那是看不见的。如果我们可以预见，那就太幸运了。”个人破产所带来的效应也是如此，没有催收困扰的效果立竿见影，而其他的一些效果则在未来才会显现。

债务人在申请个人破产时应当知晓自己当下和未来需要付出哪些有形和无形的代价。有形的代价比较直观，绝大多数债务人都知道。无形的代价则更加隐晦，能看到的债务人为数不多。

我们先从有形的代价谈起。

第一个看得见的代价就是金钱上的支出。很多美国人申请个人破产的时候，都需要先凑齐破产费用才能开启破产程序。比如，美国债务人申请破产时需要先支付至少800美元的破产费用才能让律师翻看其破产文书。因此，申请个人破产并不是免费的，债务人需要先支付一定的破产费用，才能开启破产程序。

在深圳申请个人破产都需要支付哪些费用呢?《条例》的第六十六条内容如下。

人民法院裁定受理破产申请后发生的下列费用，为破产费用：

①破产案件的诉讼费用；

②管理、变价和分配债务人财产而产生的费用；

③管理人执行职务的费用、报酬。

“经济人”在做决策时，会计算清楚代价和收益，当收益大于代价的时候，其会毫不犹豫地做出对自己有益的经济决策。同理，申请个人破产也是一种经济决策。债务人在申请个人破产时，理应有经济能力支付上述破产费用，或者被执行资产的价值足以支付这笔破产费用。如果需要再借一笔钱才能申请破产，那么申请人就需要三思申请个人破产的决定了。

此外，申请个人破产的费用在所有债权中享有优先权，即债务人的破产资产被变卖后，需优先偿还破产费用，并且破产费用的支付时间是破产过程中的任意时间点。个人破产流程比较烦琐，并非一朝一夕就能完成的，债务人要做好周期在半年左右的准备，并能粗略计算自己是否有能力支付这半年发生的破产费用。

第二个看得见的代价就是征信报告中的负面信用记录。个人经济上的任何违约行为都会被记录在征信报告上，比如：晚几天偿还到期的债务、失信被执行人记录等。未来，个人破产记录也会被统计到征信报告里。在美国，大部分负面信用记录会保存 7 年，而破产记录则保存 10 年，查询记录保存 2 年。目前，我国的个人破产制度还在试点阶段，也没有相应的征信法案出台，但债务人要清楚个人破产记录是一定会体现在个人征信报告中的。只有这样，才能把贷款申请人无形的信用风险量化。申请个人破产后的债务人，三五年内基本上不可能再从金融机构借到一分钱。

第三个看得见的代价是债务人会面临至少三年的考察期。债务人提交个人破产申请，法院受理债务人的申请，开展破产流程，历时几个月或半年，最终宣布债务人成功破产。接下来，债务人就会进入破产后的考察期，至少三年。在此期间债务人不能从事某些特定的行为，考察期满后，债务人才能够申请宣告债务的免除。《条例》的部分内容如下。

第九十五条　自人民法院宣告债务人破产之日起三年，为免除债务人未清偿债务的考察期限（以下简称考察期）。

第九十六条　债务人在考察期内应当继续履行人民法院做出的限制行为决定规定的义务，并履行本条例规定的债务人其他义务。债务人违反前款规定的，人民法院可以决定延长考察期，但延长期限不超过二年。

从上述内容可知，考察期短则三年，长则五年。那么，考察期内，债务人都会面临哪些行为限制呢?《条例》的相关内容如下。

第二十三条　自人民法院做出限制债务人行为的决定之日起至做出解除限制债务人行为的决定之日止，除却因生活和工作需要，经人民法院同意外，债务人不得有下列消费行为：

（一）乘坐交通工具时，选择飞机商务舱或者头等舱、列车软卧、轮船二等以上舱位、高铁以及其他动车组列车一等以上座位；

（二）在夜总会、高尔夫球场以及三星级以上宾馆、酒店等场所消费；

（三）购买不动产、机动车辆；

（四）新建、扩建、装修房屋；

（五）供子女就读高收费私立学校；

（六）租赁高档写字楼、宾馆、公寓等场所办公；

（七）支付高额保费购买保险理财产品；

（八）其他非生活或者工作必需的消费行为。

考察期内，除了不得有上述消费行为外，债务人还有必须履行的义务。《条例》相关内容如下。

第二十一条　自人民法院裁定受理破产申请之日起至依照本条例裁定免除债务人未清偿债务之日止，债务人应当承担下列义务：

（一）按照人民法院、破产事务管理部门、管理人要求提交或者补充相关材料，并配合调查；

（二）列席债权人会议并接受询问；

（三）当债务人的姓名、联系方式、住址等个人信息发生变动或者需要离开居住地时，及时向破产事务管理部门、管理人报告；

（四）未经人民法院同意，不得出境；

（五）按时向人民法院、破产事务管理部门登记申报个人破产重大事项，包括破产申请、财产以及债务状况、重整计划或者和解协议、破产期间的收入和消费情况等；

（六）借款一千元以上或者申请等额信用额度时，应当向出借人或者授信人声明本人破产状况；

（七）配合人民法院、破产事务管理部门和管理人开展与破产程序有关的其他工作。

考察期内，一旦债务人不承担上述义务，出现禁止行为，当事人破产程序可能会被终止，支付的破产费用可能也会打水漂。比如：债务人顺利度过了两年考察期，但第三年在未得到法院同意的情况下，私自出国旅行，那就会让过去两年的努力付之一炬，个人破产程序就会被终止。因此，债务人一定要明白自己申请个人破产的代价和义务，严格遵守《条例》的相关规定。

接下来，我们说一下无形的代价。

第一个无形的代价是声誉受损。个人破产不是一件隐私的事情。破产人的债务、收入、预算等都会被公开，在网上查得到。在不少人的认知里，破产依然带着羞耻和失败的烙印。但事实上，如果债务人不是网络名人，个人破产也不会引起人们多大的注意。别人可能根本不会知道也不会关心债务人破产的事情，除非债务人主动告诉他们。不管怎样，面对流言蜚语，债务人都要有强大的精神力量。

第二个无形代价就是选择权的丧失。很多人对选择权没有什么概念，毕竟这是看不见、摸不着的东西。人们从接触债务开始，身份会一步步地发生转变，选择权也在一点点地被剥夺。具体来说，人们从自由人变成借款人，又从借款人变成债务人，之后又因违约行为变成逾期债务人，逾期债务人进入诉讼程序后就变成被告，被告又因判决书生效变成被执行人，被执行人又出于各种原因最终成了失信被执行人。破产的债务人是上述各种与债相关的身份中最后一个角色。身份每转换一次，人们的选择权就会丧失一部分。个人破产后，人们必须面对法律规定的各种限制，可以选择的生活方式会少很多，比如：

不能出国、不能买房、不能享受高额消费等，甚至要暂时告别金融生活方式。面对种种限制，人们难免会感到无助或无力。但为了能摆脱那压弯脊梁的沉重债务，个人破产可能是人们最后的希望了。

个人破产可以给债务人“重生”的机会，但涅槃重生从来都不是容易的事情。债务人应做好心理预期，不要盲目乐观。破产制度是人类文明进步的产物，是适应商品经济要求的制度，也是现代人遭遇财务困境时的一种选择，但从来不是“免费的午餐”。

摆脱债务，远离债务困境，是债务人一生中十分重要的里程碑。信仰拥有排山倒海的力量，有信仰地活着便是为自己的生命注入意义。债务人要坚信自己定会实现债务自由这一财务目标。

申请个人破产可能会终结人们与债务的一切关系。既然可能是一条出路，那不妨试一试。

第八章

处理掺杂债务的人际关系

与此同时，我需要偿还家兄的债务。我不愿意他的名字沾上污点。办法是有的：等待新的一年开始发行杂志，还清部分债务，努力把刊物办得一年比一年好。经过三四年，还清债务之后，我便可以将刊物转给别人负责，保障家兄一家的生活。那时我便能喘一口气，继续创作我早就想写的作品了。我决心已定。

——陀思妥耶夫斯基

陀思妥耶夫斯基为了保护哥哥的名誉，选择主动替哥哥偿还债务。这样的故事让人感动。200 多年过去了，同样的故事依旧在发生着。不管时代如何变迁，债务始终困扰和影响着各个时代的人们。

债务不仅关乎金钱与法律，还关乎人际关系。面对人际关系中的债务问题，就像面对隐疾一样令人难以启齿，可是不面对，债务问题又会衍生出其他问题，给人际关系造成更大的伤害。人们可以和陌生人大谈特谈自己的债务烦恼，但面对家人和朋友，却往往三缄其口。感情和债务经常纠缠不清：年轻人陷入债务陷阱后迟迟不敢向父母求助，结果债务问题愈发严重；父母因投资失败而负债时因羞愧而不知如何面对儿女；夫妻之间因为债务的存在而貌合神离。这一章，让我们来看看当人际关系掺杂了债务后，人和人之间的感情会变得怎样。

1. 婚前如何谈论债务

当贫穷来敲门时，爱情就从窗户飞走了。

——谚语

当两个人刚开始约会时，谈论金钱似乎会让自己和对方都感到不舒服。但是随着两个人的感情越来越浓烈，两人决定走向人生的下一阶段（如结婚），财务问题的重要性就会呈指数级增长。一些人却忽视了这一点，他们在付出了巨大代价后才意识到，自己原来与一个婚前就早已债台高筑的人结婚了。

俗话说，“谈钱伤感情”。很多人羞于在结婚前和结婚对象讨论与金钱相关的话题，但人们结婚后的十次争吵中可能有九次都是和金钱有关的。研究表明，拥有一致的金钱观是婚姻幸福的重要决定因素之一。贫穷和富有并不是婚姻是否幸福的决定因素，对待金钱的态度才是。相比之下，经常谈论金钱的夫妻可能比那些羞于讨论金钱的夫妻的婚姻幸福感更高。因此，想要收获幸福婚姻的年轻人在决定走向婚姻之前，应该鼓起勇气讨论“金钱”，花些时间去了解人生伴侣的财务状况和金钱观，尤其要了解对方对待债务的态度。具体来说，人们应该讨论哪些问题呢？笔者此处罗列了 20 个关于金钱的问题。通过讨论下面这些问题，相信人们会更了解彼此的金钱观，甚至达成金钱上的共识。这会有助于人们更自信地走入婚姻。

（1）目前有多少债务？如信用卡债务、贷款等。这可能是人们结婚前最重要的一个问题。双方宜互相交换彼此的征信报告，坦诚交流。如果只有一方负债，那么婚后另一方要不要与其一起还债？彼此的债务观是否相似？比如：什么情况下可以借钱？还清债务对其他财务目标而言是不是属于优先事项？

（2）目前是否有欠朋友的钱？如果有，是多少？多久可以还清？

（3）目前有多少存款？双方准备如何分配和管理存款？是打算一直放在储蓄账户里，还是打算放到理财账户中？婚后是把各自的存款放到夫妻共同账户里，还是各自保持财务独立？

（4）双方都有养老金、公积金账户吗？双方每月分别贡献工资的百分之几？

（5）平时主要的支付渠道是什么？信用卡还是储蓄卡？如果是信用卡，双方应互相了解彼此总共有几张信用卡、总信用额度是多少、目前的账单金额是多少。知道对方信用卡的总信用额度有助于人们对最坏负债情况设置一个上限。

（6）双方都设立了紧急备用金吗？是否要一起计划储蓄紧急备用金？是按照六个月的家庭生活开支金额来储蓄紧急备用金，还是按照一年的家庭生活开支金额储蓄紧急备用金？紧急备用金的使用条件是什么？双方应提前约定好使用的条件，如可用于某一方突然失业或生病等突发事件。

（7）每个月的家庭生活账单由谁负责？这个账单包括水费、电费、保险费、房贷或房租、电话费、物业费等。

（8）在和对方商量之前，一方每月能随意支出的最大金额是多少？比如，一方可以在不和另一方商量的情况下，支出一万元用于购物，但是超过一万元的开支，就需要和另一方商量。人们可以在结婚前就商量好彼此“任性消费”的底线，避免婚后一方被另一方的未知账单吓到的情况。

（9）哪一方主要负责家庭的投资账户？

（10）双方是愿意投资房地产、金融资产，还是更偏好用于人生体验，如旅行等？

（11）如何选择股票投资组合？是一个人负责，还是夫妻共同决定，抑或是交给第三方打理？

（12）双方是否计划读研 / 博？如果是，学费如何规划？另一方可以接受家庭收入突然减少，并且愿意独自承担家庭开支的责任吗？

（13）如果父母生病了，双方最多愿意花多少钱给父母看病？这个问题很难量化，但是可以知道对方的态度。双方也可以计划一下是否要给双方父母购买寿险，以及买什么样的保险产品。

（14）结婚后，双方是否愿意继续接受父母的金钱资助？一方父母的金钱资助是属于个人财产还是夫妻共同财产？

（15）双方的消费观是怎样的？具体来说，是追求物美价廉的品牌还是追求高品质的奢侈品？同样的牙膏，是买 10 元的，还是必须买 100 元的？了解对方的消费观，并达成协议，可以减少婚后无意义的争执。

（16）一方是否了解另一方平时喜欢把闲钱花在什么地方？比如：男方可能会把钱花在球鞋、游戏卡上；女方可能会将把钱花在奢侈品、化妆品或衣服上。

（17）双方是否有关于旅行度假支出的规划？双方希望将收入之和的多少用于旅行度假？计划多久旅行一次？每次的预算如何制定？会采用无预算模式吗？

（18）如果遇到受孕困难，计划在这方面花费多少？

（19）双方计划要孩子吗？如果计划要孩子，何时要？要几个？

（20）孩子是读私立学校还是读公立学校？要不要送孩子出国留学？如果有出国留学的计划，要存够多少钱才合适？什么时候开始存钱？

这些问题的答案并不是永恒不变的，但通过讨论这些关于金钱的问题，人们会对另一半的金钱观有一个具体且清晰的认知。人们聊完上面的20个问题并且达成协议后，可以把彼此同意的重要事项写在一张纸上，双方都签字，形成彼此的金钱合约。人的记忆会随着时间而淡化，为了避免将来两个人对同一项财务决策出现截然不同的反应，建议以书面的形式制定一份“金钱合约”，作为对沟通结果的记录与彼此的共同承诺。

婚姻是平等而特殊的“合伙人关系”。双方对财务的分享建立在对彼此信任、尊重及理解的基础之上。没有充分的信任就没有美满的婚姻，而信任是通过言出必行“赢得”的。因此，在确立婚姻“合伙人关系”之前，一定要制定好相应的规章制度，尤其是金钱方面的制度和目标，这样能减少婚后的无谓的争吵。这种“合伙人关系”是相对脆弱的，一旦失去信任的基础，双方就需要很长的时间才能修复，甚至变得互相猜疑和不满，进而走向“散伙”。

欺骗伴侣和不忠诚是婚姻关系破裂的重要原因。财务不忠也是一种不忠诚。虽然财务不忠不像情感出轨那样广为人知，但也是危害婚姻健康的导火索之一。财务不忠可以进一步理解为一种欺骗行为。比如，瞒着伴侣偷偷购买记在个人名下的资产，背着伴侣偷偷使用信用卡进行不合理的巨额消费，或背负巨额债务却声称该债务是由于家庭日常开销产生的，等等。这些不忠诚的行为都会破坏夫妻间的信任，导致婚姻破裂。夫妻间可以有如下约定：每人每个月都有一定金额的零花钱，可以随意支配，另一方无权过问。这样就不用对另一半撒谎了。爱情很美好，但婚姻却很现实。幸福的婚姻，需要双方主动承担起对家庭的责任。

如何在财务领域经营婚姻或如何在婚姻领域处理财务，是决定人们是否拥有富有价值感生活的重要命题，但这一切都建立在双方金钱观相对契合的基础之上。“婚前选对人”要比“婚后改造人”轻松一些。建议决定走入婚姻的年轻人在结婚前务必交换一下彼此的征信报告，这其实就已经可以避免掉很多麻烦了。人可能会撒谎，但金钱不会。

2. 婚后如何谈论债务

> 有些人认为，向配偶隐藏花销或财务决定只不过是无害的秘密，仅仅是善意的谎言，但是它却会对关系带来致命伤害。
>
> ——戴浩华

虽然大部分人都有一定程度的债务，但每月信用卡上的小金额账单和完全被账单压得喘不过气之间，是有着巨大区别的，而后者会对人们的婚姻生活产生很大的影响。如果个人已经结婚并且出现了严重的个人债务问题，那该如何和另一半沟通自己的债务呢？是假装债务问题不存在，继续隐瞒对方，还是主动坦白，寻求理解与帮助，共同面对生活的挑战？

夫妻双方各自的成长背景和价值观不同，双方对金钱的观念也可能不相同。在刚步入婚姻时，夫妻双方对这些差异带来的挑战毫无防备。但最终双方在消费、负债、储蓄、投资等方面的不同观念，以及对家庭奉献程度的不同期待，很可能会使婚姻关系变得紧张，甚至让家沦为生活的“战场”。如图8–1所示。

研究表明债务会使得个体与伴侣的婚姻冲突更加凸显。隐瞒债务可能会让憎恨、欺骗和泪水渗透进婚姻关系。人们很难公开谈论债务，尤其是与自己最在乎的人。成千上万的人都在独自处理他们的债务，这种孤独感使债务成为一种精神负担。而婚姻中的一方可能完全不知道对方正在经历怎样的精神压

图 8-1　夫妻因债务陷入疏离

力。这种压力会在夫妻生活中以争吵、缺乏沟通、不被重视，或诸如焦虑、抑郁等心理健康问题的形式体现，导致双方愈发疏离和冷漠。

婚姻中一方出现债务问题的情况可根据债务总额，大致分为两种，分别为债务规模可控和债务规模巨大。后一种情况的债务问题比较严重，人们可以采取法律隔离或离婚诉讼等方式来保护自己和其他家庭成员，避免出现让一个人的错误毁掉家庭全部成员未来的最坏局面。婚姻中的双方不仅是情感共同体，更是经济合作体。人们应基于冷静的利益计算而非道德绑架做出是否与负债一方共同解决债务问题的最终决策。

针对债务规模可控的情况，尤其是负债一方诚心想要补救与挽回的情况，人们该怎么做？负债一方要勇于承认自己在管理金钱方面出现了问题，这个问题可以是理债方法出现了错误，也可以是其情感上出现了某种缺失。不管具体是哪方面的问题，出现债务都是正常的经济现象，人们先要自我接纳。

生活在充满诱惑和风险的社会，没有人敢说自己这辈子都不会欠债。夫妻是共同体，因此当一方出现债务问题的时候，其理应让另一方知道自己真实的债务情况。即使一方非常努力地在赚钱，但如果另一方一直在持续制造大量的债务，家庭资产也会不断缩水。很多人害怕告诉另一半自己的债务问题，主要是因为担心对方知道后就不再信任自己，但抹杀信任的往往不是债务，而是谎言与欺骗。谎言和欺骗只能暂时掩盖问题，最终债务问题还是会在婚姻生活中曝光，纸终究包不住火。如果对方从别人（比如催收人员或朋友）那里知道债务问题，这只会让对方更不开心，甚至可能会产生一种“被戏耍”的感觉。此外，对方可能还会因为自己是最后一个知道真相的人而愈加生气。谎言和欺骗才是婚姻关系破裂的根本原因。对信任的背叛远比债务问题本身严重。

解决夫妻间的债务问题的第一步就是开启关于债务问题的对话。常言道，当人们愿意同他人分享某个问题时，其实就已经把这个问题缩小了一半。虽然谈论债务问题会给婚姻关系带来冲突，但笔者还是建议人们突破内心的恐惧和无力感，主动向另一半坦诚。对方有可能起初难以接受这个事实，也有可能选择理解并愿意一起面对债务的挑战，甚至对方还可能会有一种恍然大悟的感觉，突然理解了婚姻生活中你的那些沉默寡言的时刻，以及为什么近期书房里的烟灰缸总是满满当当。生活中的这些小细节无一不展现了人们内心的挣扎。心理学家的研究证实，人们对逆境的忧虑超过了对顺境的满足。所以负债的一方在对另一半是否能接受债务这件事上，也可能存在认知偏差，过度悲观了。

对债务人的另一半，笔者想说，如果只看到债务问题本身，而忽视了债务问题背后的根本原因，夫妻关系可能就会陷入僵局，甚至会让夫妻关系分崩离析。这不仅解决不了眼前的债务问题，还会制造出新的婚姻问题。与其跟着情绪暴走，不如坐下来聆听对方给出的负债理由。如果人们想与另一半进行一场深入的对话，可能得先踏进对方的世界或站到对方的立场上思考问题。能看到或辨别出另一半未说口的需求是一种爱的能力，更是一种美德。通过聆听另一半对于其债务问题的阐述与反思，可以拓展婚姻关系中非负债一方的想象力，使其更有同理心。这里的同理心是指人们以尊重对方本性的方式去关心对方。想要在聆听过程中发挥人们的同理心，则需要聆听者抽离自我，摆脱固有的认知偏见，对事件本身抱有一定的好奇心。如果说我们每个人都是一道深不可测的谜题，那么婚姻关系中的一方不应只从表面肤浅地看另一方，而是应进入其心灵深处去认识了解对方。当所爱之人遭遇债务困境时，能够展示出同理心并对伴侣说出“我能感受到你的痛苦”，不仅是一种人性美德，更是一种积极面对困难的婚姻态度。

如果债务人的态度诚恳，知错能改，并且能为自己制定详细的还债方案且用行动去执行还债方案，是不是可以给予他一次改过自新的机会呢？人们可以换位思考一下，如果把自己放到他的处境里，是不是也会出现类似的债务问题？对方是不是因为某个内心深处的需求没有得到满足，才偶然出现的“越轨”行为而导致的负债问题呢？又或者是因为对方在某个地方遇到了挫折，内心产生了焦虑和恐惧，却无处诉说，只能依靠举债消费来释放负面情绪？还是说对方是因为在职场遭遇了不公平对待，迫切地想要证明自己才盲目投资进而负债的？这些都有可能是婚姻关系中一方出现债务问题的根本原因。在这个浮躁的世界，人难免会迷失自我，并在无意识的状态下犯错误，一念之间就可能积累一笔金额不小的债务。债务问题或许是人们内心情绪冲突的外部表现。

拥有了另一半的理解与支持会让人们感到力量倍增，对解决债务问题的信心也会大增，夫妻关系也可能会比以往更亲密，如通过共同解决债务问题而产生一种患难与共的情谊。但仅有精神支持是不够的，如果想要按照计划顺利远离债务困境，笔者建议夫妻之间建立一个“家庭财务约会日”，透明化还债进展与应对措施。具体来说，双方可以找一个固定的时间，比如每个月第一天的晚上或每个月第一个休息日的下午，一起坐下来，拿出债务还款计划表，一起梳理上个月家庭的收支状况，一起查看信用卡的账单，了解家庭的资产负债表，衡量家庭生活的各个方面，庆祝已经取得的还债进展，明确家庭还需用时多久可以实现债务自由的目标。如果家庭债务过于复杂，人们还可以引入财务顾问作为中立第三方，减少情感因素对还债决策的干扰。

“家庭财务约会日”不仅是对个人债务负责，也是对另一半负责。谈论金钱和债务是严肃的，但这个过程也可以是愉悦的。在还清债务之前，每月都应该有“家庭财务约会日”，双方可以通过持续谈论债务问题来监督与鼓励。甚至，双方在解决了债务问题后，还可以延续“家庭财务约会日”，因为它可以让人们在没有财务危机的情况下建立定期谈论家庭财务的习惯，也可以让夫妻二人成为利益共同体，还可以让严肃对待金钱的态度成为家庭文化的一部分。虽然家庭成员出现债务问题不是什么好事儿，但这也可能是使家庭成员变得更亲密、更团结的机会。债务问题是灾难，还是机会，这完全取决于人们面对债务问题的态度。

想要从债务困境中实现蜕变和成长，就离不开爱。爱是对所爱对象的生命和成长的积极关心。在成年人的爱中，责任主要体现在对对方精神需求的满足上。只有结了婚，人们才能了解人性、了解自己。婚姻将人分成了两类，一类是被婚姻摧毁的人，另一类是在婚姻中学会包容与成长的人。在债务的试炼下，有多少夫妻能经得住命运的考验呢？希望阅读本书的朋友都能经得住债务与婚姻的考验，成为胸怀宽广且具备爱人能力的人。

心理学家埃里希·弗罗姆在《爱的艺术》里说过："没有爱自己邻人的能力，没有真诚的谦恭、勇气、忠诚、自制，就不可能得到满意的个人的爱。"随着社会经济的快速发展，一部分人反而失去了爱人的能力，他们过度关注经济和物质，却忽视了人类情感的本质渴求。其实仔细想想，人们追求财富、名望、地位等的最终目的还是想要获得爱——自我成就中的自爱，家人的关爱，朋友、同事的喜爱，爱人的爱慕，孩子的热爱，等等。既然爱是终极目标，那么财务或债务问题还有那么重要吗？不妨把债务问题当作生活对夫妻感情的考验，其存在的意义是让人们更懂得如何去爱他人。

3. 离婚时如何处理夫妻共同债务

同样的事你做了两次，今后也一定会一而再再而三地重蹈覆辙，我没法跟你过那种担惊受怕的日子。

——《纸之月》

上面这句话是小说《纸之月》中一位丈夫坚持要和长期负债的妻子离婚时说的话，他说出了很多人的心声。如果婚姻中的一方持续出现债务问题，不仅会给家庭经济生活造成危机，还会让婚姻中的另一方长期处于担惊受怕的状态，逐渐失去维持婚姻的信心。管理不好金钱的另一半就像一颗不定时炸弹，可能会让家庭多年的存款在瞬间化为泡影。

电视剧《无所畏惧》中讲述了一位被出轨又被迫负债的女律师的故事。她的丈夫在婚内转移夫妻共同财产，还以夫妻共同名义贷款了 1000 多万元，最后带着 1000 多万元跑路，银行只得向女律师讨债。现实生活中类似的情况比比皆是。比如，婚姻关系存续期间，一方使用另一方的信用卡资金来创业。创业失败后，一方便通过离婚来摆脱还债的义务，最终婚姻关系存续期间的债务都落到了另一方的头上，导致离婚后另一方不得不通过诉讼的方式来讨债。

现代社会，人们离婚时不仅要面对感情的终结，还要面对资产与债务的切割。如何应对离婚对家庭财务的影响呢？什么是夫妻共同财产？婚姻关系存续期间一方的债务，离婚后另一方需要承担吗？离婚前，夫妻中一方对外举的债是属于夫妻共同债务还是举债一方个人的债务？这些问题不仅涉及离婚时夫妻个人财产利益的分割，而且直接关系到债权人的合法权益和交易的安全。每个家庭的经济情况都不一样，笔者建议大家离婚的时候最好找专业的离婚律师进行详细的咨询，争取在法律允许的范围内最大化地保护自己的财产和权益。

接下来，我们就简单了解一下人们如何在婚姻里合理合法地保护自己的财产。我们要先了解法律规定的“夫妻共同财产”具体包括哪些内容。2020 年颁布的《民法典》扩大了夫妻共同财产的范围。《民法典》第一千零六十二条规定如下。

夫妻在婚姻关系存续期间所得的下列财产，为夫妻的共同财产，归夫妻共同所有：

（一）工资、奖金和其他劳务报酬；

（二）生产、经营、投资的收益；

（三）知识产权的收益；

（四）继承或者受赠的财产，但是本法第一千零六十三条第三项规定的除外；

（五）其他应当归共同所有的财产。

夫妻对共同财产有平等的处理权。《民法典》第一千零六十三条规定如下。

下列财产为夫妻一方的个人财产：

（一）一方的婚前财产；

（二）一方因受到人身损害获得的赔偿或者补偿；

（三）遗嘱或者赠予合同中确定只归一方的财产；

（四）一方专用的生活用品；

（五）其他应当归一方的财产。

对经营企业的人来说，即使其另一半不是企业的股东，夫妻在婚姻关系存续期间所得的生产经营投资的收益，也是认定为夫妻共同财产的。这条法律规定会影响到很多人，尤其是高净值人群。比如：夫妻一方在结婚前有公司股权，结婚后继续经营公司，那么婚后夫妻一方所获得的股东分红和股权的增值部分就会变成夫妻共同财产。同样，一个人在结婚前是某企业的合伙人，其根据所占的合伙份额在结婚后获得的利润分配，也会在婚后变成夫妻共同财产。此外，夫妻一方在婚前购买的基金、股票、信托等金融理财产品在婚后的收益也会变成夫妻共同财产。高净值人群的收入主要来自公司股权投资收益、金融产品投资收益等。按照《民法典》，高净值人群结婚后，个人财产的一部分很大概率会变成夫妻共同财产，但在现实生活中，夫妻共同财产却会因一方有限的财产知情权而缩水。比如：一方可能会找他人代持某些股权，因此没有一分钱进入其个人名下的账户，这便导致离婚时，另一方无法获得应得的财产。

了解了什么是夫妻共同财产，我们再看看《民法典》是如何定义夫妻个人债务及共同债务的。在《民法典》的婚姻家庭编里，第一千零六十四有以下规定：

夫妻双方共同签名或者夫妻一方事后追认表示共同所负的债务，以及夫妻一方在婚姻关系存续期间，以个人名义为家庭日常生活需要所负的债务，属于夫妻共同债务。夫妻一方在婚姻关系存续期间，以个人名义超出家庭日常生活需要所负的债务，不属于夫妻共同债务，但是债权人能够证明该债务用于夫妻共同生活、共同生产经营，或者基于夫妻双方共同意思表示的除外。

根据该规定，离婚时，一方只有在举证证明对方的借款并没有用于家庭日常生活，或者证明债权人同意这笔债务是由对方按照约定偿还的情况下，另一方才不用一起清偿该笔债务。

这里需要特别说明结婚前借钱付彩礼的特殊情况。《最高人民法院关于适用〈中华人民共和国民法典〉婚姻家庭编的解释（一）》一般规定的第五条有以下规定：

当事人请求返还按照习俗给付的彩礼，如果查明属于以下情形，人民法院应当予以支持：

（一）双方未办理结婚登记手续；

（二）双方办理结婚登记手续但确未共同生活；

（三）婚前给付并导致给付人生活困难。

人们把夫妻共同财产和夫妻共同债务计算清楚后，接下来就要进行具体的离婚财产与债务的分割。

《民法典》第一千零八十七条是关于离婚时处理夫妻共同财产的规定。依据本条规定，离婚时夫妻共同财产的分割包括协议分割与判决分割：

（1）协议分割：以夫妻双方协商确定分割方案为先，最大限度地尊重夫妻双方的财产分割意愿。协议作出后，在一定程度上，双方在协议项下形成了具有给付内容的合同关系。

（2）判决分割：当双方无法通过协议解决共同财产的分割问题时，则由人民法院依据法定的原则和规范进行认定。

依据上述规定，判决分割夫妻共同财产，以均等分割为一般原则，以照顾子女、女方、无过错方权益为补充原则。

《民法典》第一千零八十九条则对离婚时夫妻共同债务的清偿做出了明确规定：

离婚时，夫妻共同债务应当共同偿还。共同财产不足清偿或者财产归各自所有的，由双方协议清偿；协议不成的，由人民法院判决。

现代婚姻制度要求男女平等，大家都要靠自己的努力创造财富，要杜绝依附型婚姻、敛财型婚姻。但是，对婚姻来说，经济动机往往才是根本性的驱动力。确切地说，现代社会，一部分人的离婚已变成一场惨烈的金融战和信息战了，双方都拿起了法律的武器，释放着在婚姻中压抑已久的不满，整个过程充满了攻击性。债务就是可以给予对方致命一击的“利器”。人们都带着美好的初心走入婚姻，最后却可能不得不承认现实的残酷、人性的复杂。婚姻的本质是共同创造价值，当债务使其沦为价值毁灭工具时，及时止损也许才是对婚姻契约精神的真正尊重。

4. 如何面对父母欠债

> 父债子偿，天经地义。
>
> ——谚语

“你就以你的名义去借几万元，没事儿的，你不帮妈妈，就没人能帮妈妈了。”

“当初供你吃供你穿，现在帮妈妈一下怎么了？”

“我养你这么多年，遇到困难，你怎么能袖手旁观呢？你是白眼狼吗？”

“这笔钱拿去投资，明年就能还你，以你现在的收入还这几万元是没问题的。”

虽然《民法典》明确了个人财产独立原则，但作为儿女，在这个世界上，最难拒绝的可能就是父母的请求了，尤其是当父母深处债务困境时。有人从刚有稳定工作时，就在母亲的怂恿下不停地去各大金融机构贷款。刚开始说好还款由母亲承担，但后来都是由她自己还款，这导致她工作多年竟没有为自己存下什么钱。为什么其母亲不能以自己的名义去借钱？这是因为其母亲没有稳定的工作，在金融机构里根本借不到钱。工作稳定的女儿逐渐就变成了为母亲各种欲望买单的提线木偶。

“我不帮，就没人可以帮他了。”这句话道出了绝大多数中国家庭成员之间（父母与子女、兄弟姐妹）的偿债态度。

在金融无比发达的当下，面对父母欠债，作为子女该怎么办呢？比如：人们突然知道年迈的父母因投资失败或遭遇金融诈骗等原因而身处债务困境。

人们要先明确自己的态度：是选择尽力帮助父母，还是选择袖手旁观。如果人们选择了袖手旁观，这无可厚非，并不违法。人们拒绝帮助父母偿债的理由可能是因为父母的债务缺口太大了，比如父母因投资失利而欠下 500 多万元债务，而刚参加工作的年轻人手里仅有 4 万 ~5 万元的存款，这笔存款相较于父母的债务只是杯水车薪。不管人们拒绝帮助父母偿还债务的原因是什么，都要让自己内心保持安宁。人们应在孝道、亲情与财务边界的天平上找到适合自己的平衡点。人们不应一边拒绝帮助父母还债，另一边却又饱受良心的谴责和道德的拷问。这种内心撕裂的状态极易导致心理冲突，不仅有损人们的身心健康，甚至会让一些人有患上抑郁症的风险。

倘若人们决定尽力帮助父母解决其债务问题，就需要先弄清父母为何会欠债、具体欠了多少债，以及是否存在潜在的法律诉讼风险。因此，与父母开启谈论债务问题的对话是帮助父母远离债务困境的第一步，也是最重要的一步。通常来说，人们是非常渴望他人来了解自己的处境和感受的，尤其是遭遇困境时。心理学家曾指出，人们特别愿意谈负面经验，越是负面，会越想谈论。也许，父母可能早就想找人开启谈论债务问题的对话了，但碍于面子，一直压抑着倾诉的欲望。为了开启这场对话，人们还是应对父母出现债务问题这件事保持一颗好奇心，努力展现出想要倾听他们债务故事的兴趣。以笔者的工作经验来看，多数父母都不会主动向子女发出求助信号。他们通常不会主动承认自己有债务压力，但可能会在生活中发出“缺钱”的信号，这就需要人们具备一定的观察力、洞察力和想象力了。要识别亲人行为背后的动机，人们需要具备敏锐的目光和一颗敏感的心。与父母讨论他们的债务情况，这可能是人们日常生活中遇到的最具挑战性的话题之一了，但为了所爱的人以及整个家庭的未来，人们还是应与父母坐下来谈一谈。

如何开启这场对话呢？笔者的建议是人们需要给父母找到一个谈论债务话题的“借口”。比如以“爸爸妈妈，我最近在看一本关于理财的书。我学到了很多以前不知道的东西。那你们平时是怎么理财的呢？”作为切入点，人们可以由浅入深地了解父母的债务处境。当人们已经决定帮助父母解决债务难题时，那么在了解其债务问题的过程中，人们需要多倾听、少批判、多问问题，和父母一起总结反思哪里出了问题，共同探讨并制定出偿还债务的策略性方案。对解决债务问题有益的对话应该是子女与父母双方共同探索。比如父母提出了一个尚未成熟的想法，子女则抓住这个想法的关键点，根据自己的经验加以发挥，并提出新的还债思路，然后等待父母的回应，把选择权留给父母。有益的对话能激发思考，推动改变。有害的对话则往往以冷嘲热讽而结束，这些话对帮助父母解决其债务问题毫无帮助，反而会加深父母的负债感与羞愧感。

宽容和理解才是解决家庭债务问题的万能钥匙。即使人们决定给父母提供资金上的帮助，父母也可能会拒绝。如果父母不愿意接受帮助，仍应尊重他们的选择。但子女可以在其他地方展示出对父母的关心，比如不定期地为父母采买一些食物和生活用品，让他们可以专心解决债务问题，没有生活上的担忧，同时依然可以吃到健康美味的食物；可以承包一部分家庭固定开支，这样父母可用于偿还债务的资金就会变多；可以将自己认识的靠谱律师介绍给他们。家人的理解和支持可以给父母带去解决债务问题的勇气和力量。

没有一个家庭是相似的，针对具体情况人们需要具体分析。这个时代，任何人都有可能遇到债务问题。遇到债务问题后人们完全没必要觉得“天塌了”。调整好心态，努力解决问题才是最重要的。

传统“父债子偿”的本质是前工业文明的风险共担机制，在当代需进化为更精细的权责分配模式：既要维护家庭伦理的温度，也要守住个人权利的边界。

5. 朋友之间借钱的评估因素

> 14 世纪的英格兰国王——爱德华二世和爱德华三世也会在还款期间把自己的朋友当作人质抵押。
>
> ——帕斯卡尔 · 布吕克内

《增广贤文》里短短几句话深藏为人处事的大智慧，尤其是“放债如施，收债如讨”这一句，形象地写出了债权人的心酸。朋友之间纯粹的友谊一旦牵扯到金钱，就可能发生质变，从平等的朋友关系立刻变成不再平等的债权人与债务人关系。

莎士比亚在400多年前就告诉我们——掺杂金钱的友谊会变复杂。他在《哈姆雷特》里直接表达了他对朋友之间借钱的态度：“不要向人借钱，也不要借钱给人；借钱出去，常常既丢了钱，也丢了朋友。”但当人们拥有类似的金钱观时，同样，也就不要指望朋友在自己需要金钱的时候伸出援手。

借钱给朋友是一个情绪化的决定，人们不确定自己将来是否需要朋友的帮助，这就是面对朋友借钱的请求时，人们往往感到棘手的原因。笔者建议人们在做出借钱的决策之前，想清楚下面这两个问题的答案：

- 借出的这笔钱如果收不回来了，是否能接受？
- 如果没有这笔钱，生活是否能正常运行？

如果以上两个问题的答案都是肯定的，那么人们就可以抱着收不回这笔债的心态借钱给朋友。如果其中一个问题的答案是否定的，比如没有这笔钱，自己的生活就不能正常运行，那么人们借出这笔债后，可能会一直惦记着对方什么时候才能还钱，以及要不要催一催等一系列的问题，最后不仅可能收不回来钱，而且还有可能会失去朋友。

当人们决定借钱给朋友时，最好根据《民法典》的要求签订规范的借条。通常来说，规范的借条一般包括以下内容：

借款人:[姓名 + 身份证号]

出借人:[姓名 + 身份证号]

借款金额:(大写) 人民币________元整(________)

借款用途:________

还款日期:________年________月________日

利息约定:无息 / 年利率________%(不超过 LPR4 倍)

违约责任:逾期按日________% 支付违约金

签字 + 日期 + 手印

签好借条后，人们应通过银行、支付宝等可追溯渠道向朋友转账，并备注“借款”，避免现金交易。此外，如果涉及抵押资产的情况，人们需另行签订抵押合同并办理抵押登记等事项，这种情况，最好咨询专业律师并起草正规借款合同。总而言之，透过借条和电子转账的制度化操作，朋友之间借贷的风险可以被有效降低。

如果人们只是将自己的存款借给朋友，当朋友不能偿还时，人们所面临的，最多是金钱的损失和认清一个人的本质的代价。但在现实生活中，有一些人却以自己的名义去金融机构贷款给朋友周转使用，一旦朋友不还钱，甚至失联，这些人的生活则变得一团乱，甚至被迫发生贷款逾期行为，致使其失去健康的个人征信报告，天天被催收骚扰。这种做法是很不明智的金融决策。凡是涉及金融机构的决策，人们都应该十分谨慎，要认真评估签订贷款合同的风险。每个人都有要自己克服的难题，没有人可以代替他人承担责任，人们不能因朋友之间的义气就赌上自己的信用资质。我们都愿意做一个在朋友需要帮助的时候伸出援手的人，但也要理智地评估信用风险和自己的偿债能力，做到量力而行。真正的朋友会尊重人们的财务边界，而利用情感绑架的借贷本质是“友情勒索”，面对这样的请求，人们应直截了当地拒绝。

如果人们找朋友借了钱，但是却不能在承诺的期限内偿还欠朋友的钱，这时候，人们该怎么办？

有些朋友也许会体谅对方，理解其不能按时还款的原因，甚至还会说一些安慰的话，比如“不着急，等手头宽裕了再还”；也有一些朋友可能没办法接受自己信任的人“说话不算数”，因此会一直追着要钱。面对这种情况，笔者给欠了朋友钱的人们总结了 5 个建议，希望能帮助大家。

（1）不要失联。当无法偿还欠朋友的钱时，你的内心一定是充满羞愧的，甚至害怕面对朋友。这也是很多欠了朋友钱的人还不上钱之后就选择“消失”的主要原因。但是，这也是最伤害朋友的做法。愿意在人们最困难的时候借钱的朋友，一定是真心朋友。如果因为钱而失去了一个好朋友，则是很遗憾的。当人们不接朋友的电话，不参加朋友间的聚会，不愿意讨论还钱的话题时，请换位思考一下：朋友会怎么想？他一定会觉得你是不愿意还钱，想要不了了之。他甚至会觉得你不尊重他，不在乎这段友谊。因此，借钱后失联的人在朋友心中的信誉也会大打折扣。人们不应破坏朋友对自己的信任，即使不能按时偿还朋友的钱，也不要失联。

（2）向朋友坦白自己的财务状况。个人财务是隐私信息，很多人不愿意让朋友知道自己的真实财务情况。他们会觉得和朋友讨论财务信息是一件让人尴尬的事情。但是，当人们已经欠下朋友的钱并且无法按时归还的时候，就不能只顾及自己的情绪，必须放下顾虑，坦诚地告诉朋友自己真实的财务状况，不要找借口也不要说谎。很多时候，朋友是能感觉到人们不完全诚实或试图用借口来拖延还款时间的，这种态度会使得未还款这件事变得更加糟糕。遮遮掩掩地对待债务，可能会削弱并扭曲宝贵的友谊。相反，如果人们能够对自己的财务状况保持开放的态度，并且愿意在朋友面前展现自己脆弱的一面，这可能会使朋友对人们所经历的事情更加宽容和理解。

（3）协商一个新的还款方案。借款人要让朋友知道自己是在认真地对待还钱这件事的，并且也制订了新的还款计划。借朋友的钱，不要给出“我下周就还”这样简单且没诚意的承诺。你可以给出一个新的还款计划，认真且诚恳地告诉朋友，自己可能不能一次性还款，但是可以按照还款计划定期还款。如果朋友不同意还款时间或还款金额，你也可以考虑以一些有价值的东西偿债，比如电子产品或服务等。

（4）停止用消费的方式“爱自己”。很多欠了朋友债务的人，偶尔还会希望通过消费来补偿自己，让自己觉得生活并不那么糟糕。但是欠朋友钱却不急于还钱，反而出入高档餐厅、购买昂贵的消费品的行为，只会让朋友非常不满。朋友会想：“他有钱消费，却没有钱还给我，可见他在把我当‘冤大头’，根本没把我当朋友。”毕竟，如果人们有钱消费，为什么不先还清朋友的债务呢？这是态度问题。因此，请停止用消费的方式“爱自己”。如果想要获得更长久、更深层次的爱，请珍惜愿意借钱给自己的朋友，朋友雪中送炭的借钱行为本身就是爱的表达。

（5）越快偿还欠款越好。欠朋友的钱和欠银行等金融机构的钱是不一样的。银行可能希望还债时间越长越好，这样银行就可以对未偿还的金额收取更多利息。但朋友借给人们钱通常不是为了挣利息，而是建立在友谊基础之上的人情往来。朋友愿意借钱的主要原因是希望帮助对方渡过难关，不希望看到自己的朋友因债务问题而被暴力催收、信誉受到影响等。然而，朋友是有权让你立刻还款的，因此如果朋友不给予宽限期，你也应该理解。你能做的就是诚恳地道歉，并且努力还钱。相反，如果你刻意躲避朋友，找各种借口进行高消费并且不偿还债务，那么就要做好永久地失去这个朋友的准备。朋友可能不会像催收人员那样追讨债务，但这并不意味着你可以不承担还款责任和义务。如果人们还想继续保持这份友谊，那么就应该拿出诚意，竭尽全力地去偿还朋友的钱。

朋友是人们一生的财富。孔子曾这样描述他心中理想的社会：“老者安之，朋友信之，少者怀之。”意思是，孔子希望，在理想的社会里，老年人都得到安养，朋友们都互相信赖，青少年都得到照顾。由此可见，朋友之间的信任是多么重要，因为一笔债务而失去重要的朋友是会让人遗憾的，也是本末倒置的。

第九章

债务自由后的投资之路

至此，想必读者已经对债务有了系统性的理解。笔者也在前文中详细地介绍了有关解决债务问题的方法和逻辑。值得强调的是，个人理财并不仅是理债，还包括如何做预算、如何储蓄备用金、如何投资赚取利息、如何制订养老计划、如何管理好自己的信用报告和根据生命周期理论来制定财务目标。

在众多的理财目标中，债务自由是个人理财金字塔的基础，在此基础之上，人们的存款才能逐月增加（少了占用收入的债务支出，拥有存款不再是一件困难的事情）。人们只有在拥有一定的存款后，才有投资的本金，再加上投资所带来的收益，最终可以为人们的养老生活提供保障。没有债务的人们，会更容易实现上述的财务目标。反之，对错误使用了债务的人来说，债务是人们迈向美好生活的障碍。

当读者阅读到这里的时候，笔者假设大家已经处理好自己的债务了，即债务已经可控，甚至没有债务，即达到债务自由的状态了。那么接下来就介绍关于进一步改善人们财务状况的理财常识了。

1. 拥有储蓄

“我真的很想存款，可是总是冒出各种意外的开支，结果就是每个月总是勉强维持收支平衡，有的时候甚至要先靠信用卡来维持生活。”这句话可能表明了很多人的烦恼。生活质量的提高往往伴随着物价上涨和日常生活成本的增加，比如健身费用、饮品支出等。这些金额较小的开支日积月累就是一笔大额开支，可能就占了人们工资收入的20%，甚至更多。

人们要明白自己为什么想要存钱。弄清楚了想存钱的根本原因后，人们执行存钱计划时才会更有动力，意志才更坚定。有人存钱是为了改掉依赖信用卡的坏习惯，有人存钱是为了应对失业风险，有人存钱是为了创业做准备，有人存钱是为了子女教育和养老，等等。每个人的情况都不一样，但对有过还债经历的人来说，存款十分重要，因为存款（也可以理解为资产的一种形式）是对抗财务不安全感的“良药”。确实是这样的，人们手里每多一分钱，就会多一份对抗焦虑的底气。未来的经济充满了不确定性，有了存款，即使遇上不景气的经济大环境，人们也不会那么恐慌。

储蓄备用金能有效对冲风险。比如人们经历了失业，依靠这笔储蓄备用金，还能继续维持生活。这笔储蓄备用金为人们“买到”了找新工作的时间。可以说，每一个打工的人，都或多或少地面临着失业的风险。一旦没有缓冲空间，失业之后的人生可能会走下坡路。西方社会里的无家可归的流浪汉，无一不是因为失业而使得人生发生翻转的。就像英国作家盖伊·斯坦丁在他的《朝不保夕的人》一书中指出的：“谁在加入朝不保夕群体？这个问题的答案是：每个人。一场事故或是经济危机会摧毁很多人赖以生存的安全感，很多人有可能沦为朝不保夕者。”

当大家明晰存钱的根本原因或目标后，接下来就是具体的执行步骤了。

具体来说，你可以从给手里的每一分钱都安排一个用途开始。比如：收入的 30% 是用来偿还房贷的，那么这部分钱就是有固定用途的，你就不能用这 30% 的收入去吃喝玩乐或者购买其他商品了。越不善于存钱，就越要给自己的每一分收入都安排好用途，让每一分钱都各司其职。

如何拥有一定的储蓄备用金呢？方法一般有三种。

- 通过跳槽或兼职来增加收入，进而增加每月可存储的金额；
- 缩减不必要的开支，进而增加每月的储蓄；
- 增加收入的同时缩减开支，进而增加每月的储蓄。

如果是赚取固定薪水的企业职员，那么努力争取加薪和减少不不必要的开支就应是大家选择的方法。如果是自由职业者或者是从事销售性质工作的人，应努力通过增加收入来增加储蓄，同时增加收入还能让其事业更上一层楼。想要拥有存款，人们不仅需要思考数学问题，还应考虑到心理因素对储蓄行为的影响。这里笔者建议大家最好能通过增加收入来增加每月可存储的金额，这是因为如果你长期在支出上对自己过度严格或苛刻，可能会产生“匮乏心态”，认为自己并不富足，甚至会产生极端的报复性消费行为，反而使你的储蓄目标功亏一篑。

但不管人们最终选择哪一种方法，只要能让自己的每月可支配金额结余增加，就是成功的。利用第四章介绍的会计思维，人们可以明白工作的意义不能仅用来维持日常生活的各项开支，更要确保每月的利润表有利润余额，将这笔利润余额转化为资产负债表中的储蓄（资产的一种形式），进而扩大人们的资产负债表的规模。因此，为了每月持续增加储蓄资产，人们可以办理一张新的储蓄卡。每月收入到账后，按照个人财务预算表计算出每月可支配金额并将其转入这张新的储蓄卡里，剩余的工资可用于人们当月日常生活各项开支，且提前设置支出上限。这样做的好处不仅可以保证储蓄资产每月增加，同时还能把无节制的消费扼杀在摇篮里。这就是“有预算地生活”。

此外，这张新的储蓄卡不应关联任何第三方移动支付，也不应随身携带，人们在日常生活中应忘记这张储蓄卡的存在。这样做的目的是防止人们控制不住地花掉这笔钱。当人们有了某种即时的消费欲望时，可能就会想要使用这张卡里的钱，一旦付诸行动，可能就会让人们停留在改善财务状况的第一步，没办法继续进阶。要改善财务状况，人们就要时刻防范自己的贪欲、即时消费倾向、虚荣心、攀比心、错失恐惧、短视……

如何知道自己改善财务状况的第一步达成了？答案是这张新储蓄卡里的存款足够负担家庭或个人六个月的生活开支，这包含了六个月的房贷或房租支出及日常生活的必需开支。比如：小王每月房租5000元，日常生活必需开支是4000元，那么小王的储蓄目标就是54 000元。拥有这笔储蓄后，小王就有了对抗风险的实力。有些人因担心未来的不确定性，可能想要储蓄能负担一年开支的备用金，这也无可厚非，但完成改善个人财务状况的第一步就是拥有至少能负担六个月开支的储蓄备用金。

阻碍人们存钱的外部因素之一是通货膨胀（是指在给定时期内价格的上涨速率）。通货膨胀的存在让一些人沉迷于“一夕致富”的幻想，导致其不屑于脚踏实地慢慢变富。他们坚信自己可以“用青春换明天”，期待着赚大钱的机会，所以当下不存钱也理直气壮。此外，他们对通货膨胀的一种解读是：通货膨胀会“惩罚节俭”并鼓励举债，因为无论人们借多少钱，还款时的货币购买力一定比当初借来时的购买力低。

如果人们陷入上述通货膨胀的叙事逻辑里，就会成为无存款且负债累累的人，当人们处于这样的财务状况时，又何谈幸福呢？人们其实应该反向思考：正因为通货膨胀的存在，人们才需要多存一些钱，这样才能依靠本金赚取利息，用钱赚钱才能“跑赢”通货膨胀。换个角度思考问题，人们存钱的动力可能会更充足。就像某位哲人说的：“一个人在试图锻造他自己的生活道路之前，首先必须冲破他那个时代的神话和习惯的束缚。”

存钱的能力是必不可少的，但要存钱，人们就要花的比挣的少，“月月有结余”，这是亘古不变的道理。当人们能做到连续三个月都有结余时，其实就养成了一个好的存钱习惯。这个好习惯会给人们带来对财务状况的掌控感，让人们成为自律且自信的人。

2. 学会投资

当人们拥有了一笔金额不小的储蓄备用金后，就相当于拥有了“财务安全网”。即使人们还有房贷支出，也不会有太大的财务压力。当人们拥有能负担十二个月开支的储蓄备用金后，就可以开始投资了。

这里，笔者建议大家始终保留能负担六个月开支的储蓄备用金，这部分存款可以存定期，以赚取小额利息。投资是一件有风险的事情，人们应该用“闲钱”来投资，这意味着即使这笔钱全部打水漂也不会影响人们的生活。如果人们失去了这六个月的储蓄备用金，就会失去生活的财务安全网，这会影响人们的日常生活，更会削弱人们的心理上的安全感。谈到投资，控制风险远比追逐收益重要。

（1）为什么要投资

为什么人们要投资或购买理财产品？

因为存在通货膨胀（通货膨胀是指一定时期内商品的价格会上涨，货币的购买力下降的现象）。经济学家弗里德曼曾断言：“通货膨胀在任何时候任何地方都是货币现象。”这句话被广泛引用，以揭示通货膨胀的本质：中央银行供给的货币数量增多，尤其在超出实体经济的增长幅度时，物价就会上涨，尤其是稀缺商品的价格更易上涨。

投资或购买理财产品的底层逻辑是：把不能升值的货币转变为可增值的固定资产或金融资产。固定资产或金融资产的价值会随时间上涨，当投资回报率大于通货膨胀率时，投资人的投资收益不仅能抵消通货膨胀带来的损失，还能享受财富的增值，从而使人们变得更富有。反之，如果一个人只存钱不投资，只获取 1% 或 2% 的存款利息收入，却在面对 3% 的整体通胀率（有时更高），那么这个人其实每天都在亏损，其个人资产在缩水，购买力也在下降。用不了多少年，他的生活质量就会明显下降，因为他每年都在亏钱，但其想要购买的商品或服务每年都在涨价，慢慢地，他逐渐无力负担过去能负担的商品或服务，不得不“消费降级”。

通货膨胀是在 20 世纪才有的现象，尤其是进入信用货币时代后，每年持续的通货膨胀导致各种经济压力接踵而来。人们对自己的财富与其说是期待增值，不如说更害怕其贬值。存款被通货膨胀吞噬，还使得一些人被迫依靠债务生存。对“不进则退”的担忧，促使人们不得不理财。

除此以外，人们一般会在工作几年之后开始考虑老后退休的生活。这是因为人们意识到退休后的收入要远远低于其工作时的收入。处在通货膨胀的经济环境里，人们难免会为老后的生活而焦虑。与此同时，随着人们年龄的增长，患病、发生意外的风险也越来越高。因此，人们不得不早日开始储蓄和投资，为晚年的退休生活进行规划。

对于大多人来说，其在人生的不同阶段，个人收入与支出会出现较大的差异，因此家庭理财的规划重点也是不一样的。根据生命周期理论，人的一生大概可以分为：个人成长期、单身期、家庭形成期、家庭成长期、家庭成熟期和退休期。

图 9–1 是根据生命周期制订的理财规划。

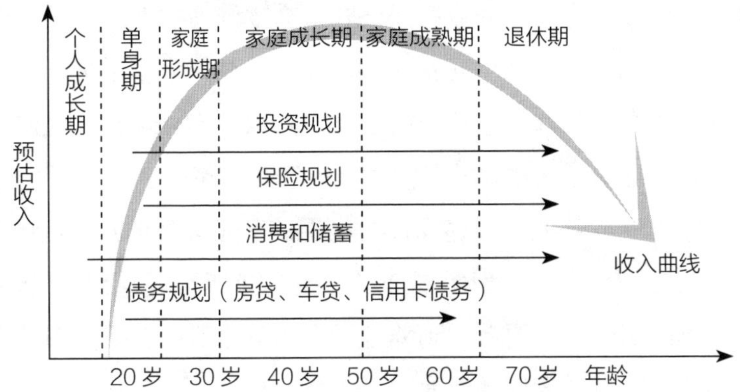

图 9-1　根据生命周期制订的理财规划

以下将具体分析图 9-1 所展示的不同生命阶段对应的理财规划。

①个人成长期。成长期一般是指婴儿期到成年的这段时间。社会不会指望一个未成年人去支付他的账单，父母会为其支付账单。社会和父母只是期待未成年人可以健康快乐地长大。随着年纪渐长，父母和老师会在适当地时机向未成年人传授承诺和义务的概念，帮助其更好地适应成年后的社会生活。一些未成年人可能会早早开始独自管理自己的消费和储蓄。

②单身期。单身期一般是指从人们正式进入社会开始工作且组建家庭的这段时期。此阶段，年轻人收入低但花销大，可能一不留神就背负债务了。债务规划是这个时期最基础也最核心的理财需求。随着年轻人收入的快速增长，以及这一阶段年轻人承受风险的能力比较强，可以把工资结余用于投资收益较高的理财产品。

③家庭形成期。家庭形成期一般是指结婚到养育新生儿的

这个阶段。这个时期的家庭经济收入会逐渐增加并且生活日趋稳定。但成家立业和生儿育女会使家庭的开支大幅增加。比如买房、买车和装修等。这个阶段的理财内容十分丰富，人们不仅要管理好债务，还要兼顾储蓄、投资和保险等事项。

④家庭成长期。家庭成长期主要指家庭新生儿出生后到读大学的这个阶段，一般需要 20 年左右的时间。人们承担起为人父母的责任，需要考虑到养育子女的营养费、医疗费和教育费用等。同时，人们还要兼顾个人住房贷款、养老金的储蓄和保险等事项。

⑤家庭成熟期。家庭成熟期主要指子女离开家庭去读大学，直到人们退休的这段时期。随着子女慢慢走向独立，家庭的生活开支开始变少，而人们可能刚好处于年富力强的中年阶段，事业和经济状况可能达到人生顶峰。处于这个阶段，人们应尽可能地扩大投资，并选择稳健的投资产品，同时还应该兼顾养老金的储蓄。还清个人住房贷款，是这个阶段里家庭理财的重要里程碑事件。这意味着人们在未来退休后不需要再偿还个人住房贷款，生活压力明显减少。

⑥退休期。退休期是指人们离开职场、安养晚年的这段时期。这个时期的人们告别了职场，可以每月领取退休养老金。这个阶段的理财目标主要应以安全、稳健和保值为主。

当人们能把赚到的货币变成能够持续带来稳定现金流的资产时，未来的生活就会更有保障，人生的烦恼或许会少很多。笔者曾遇到好几位“60 后”的叔叔阿姨，他们都曾顺应时代赚到了人生的第一桶金，但后来却因没有投资意识或缺乏投资眼光又逐渐失去了曾经拥有的财富。投资的意义是为了未来的自己做准备，增加自己未来的收入和增强抗风险能力，让未来的自己在不可预知的环境中依然能够过上幸福的生活。

投资不是要实现某一次收益率最大化，而是要在长期内实现成功赚取收益的概率最大化。因此投资不是投机，普通人要谨慎对待投机行为。当一个投资项目被普遍认知的时候，其实其可能早已失去了投资的空间。人们要明白这个世界上没有只赚钱不赔钱的生意，任何投资都是有风险的。“天下没有免费的午餐”，同理，天下也没有无风险的高收益投资产品。

（2）投资的四项原则

①收益与风险匹配。投资是有风险的，投资收益和人们承担的风险是相匹配的。如果有人劝人们去投资某个项目，声称这个项目高回报且没有任何风险，人们一定要对此保持警惕，“无风险且高回报”是不符合经济学常识的。一般来说，只要项目宣称其投资回报率超过 6%，对其真实性就要“打问号”。超过 6% 的投资项目很有可能涉嫌金融诈骗，人们可能会损失本金。

②量入为出，量力而行。买房是一种投资。每个年轻人都希望能拥有一套自己的房子，然后建立自己的小家庭，但为了凑买房子的首付而产生大额信用卡债务和贷款是不可行的。因为买了房子后，人们不仅要还房贷，还要按时偿还信用卡债务和贷款，生活压力可想而知。每月将收入还债后，可能没剩多少钱能用于生活，更不要说其他额外的生活开支了。购买保险产品也是一样的道理，虽然年金保险的金额会随着人们支付的保费增多而增多，不过也要量力而行。要正确评估自己的赚钱

能力和承受风险的能力，尽可能地量力而行。

③做足功课，不盲目投资。投资理财中常常碰到各种各样的热门产品，比如热门股票、热门房产、热门邮票、热门外汇、热门加密货币等。面对这些产品，人们是选择盲目跟风，还是自己认真做好调研呢？事实上，这些热门产品往往是被某些人或企业营销出来的，其目的是吸引更多投资人入场。当某项投资成为“热门”的时候，往往就是它的价格即将达到高点的时候，所以人们在这时不要盲目追逐热门，要理性投资。通常来说，人们应该投资自己了解的领域，对于比较陌生的新兴领域，一定要做足功课，在从多方收集信息后，再决定要不要进行投资。盲目跟风投资可能会使人一夜之间倾家荡产。

④控制欲望，不可过度贪婪。比如，某位股民买了一只股票，股票价格涨了，他会指望这只股票的价格持续上涨，舍不得卖；有一天股票价格跌了，他又舍不得卖，指望着股票价格再涨回来，结果股价一跌再跌。对上述情况，相信很多股民都深有体会。投资的时候，要让自己的理性战胜欲望，为自己的投资设定明确的盈利目标和止损限额。达到盈利目标时，就迅速撤出；只要亏损达到了限额，就必须及时止损，防止损失进一步增加，但这真的是“说起来容易做起来难”，不擅长心理战的人可能很难在投资上有所成就。金融作家威廉·伯恩斯坦就曾说道：“投资一半是数学，一半是莎士比亚（指人性的各种偏差倾向）。”

（3）投资的五大定律

了解投资的五大定律可以帮助大家科学地设计自己的理财

方案。

① 4321 定律。如果人们有一些存款，通常不想把钱存在银行里挣那 1% 的利息，会想办法去投资赚取更高的收益。我们都知道，鸡蛋不能放在一个篮子里，但是该如何分配自己的资金呢？股票买多少？储蓄备用金留多少？保险买几份？经过前人多年的摸索，人们总结出一种相对通用的资金配置方法，也就是所谓的 4321 定律。这个定律主要针对收入较高的家庭，主要内容如下。

- 40% 的收入用于房产、股票、基金等方面的投资。
- 30% 的收入用于家庭生活开支。
- 20% 的收入用于银行存款，以备不时之需。
- 10% 的收入用于保险。

按照这个定律来安排收入，既可以满足家庭日常生活的需要，又可以通过投资保值增值，还能为家庭提供基本的保险保障。

② 72 法则。72 法则的内容是，如果我们存一笔钱，年利率是 $X\%$，且每年的利息不取出，继续“利滚利”（即复利计息），那么经过“$72 \div X$”年后，本金和利息就会翻一番。第三章已经介绍了该定律，这里我们复习一遍。

比如：小王现在用手里的 10 万元购买了一个按照复利计算投资收益的金融产品，年利率是每年 4%，每年利滚利，18（$72 \div 4$）年后，小王的 10 万元就会变成 20 万元。这里笔者再次提醒大家，贷款产品中只有信用卡债务是按月计算复利的。复利计息的信用卡年利率约 20%，10 万元的信用卡债务约 3.6 年（72 ÷ 20）后，就会变成 20 万元，是不是很可怕？因此，投资的时候，我们要找复利计息的产品，贷款的时候要找单利计息的产品。

③ 80 定律。投资的四项原则的第一项就是，投资的收益和风险要匹配。投资股票的风险大，但收益也高。每个人在不同年龄阶段，对风险的承受能力和盈利目标也不同。一般而言，随着年龄的增长，风险投资的比例应该逐步降低。80 定律回答了这样一个问题，即在不同年龄，应该把多少比例的总资产投资股票。这个比例的计算方法是：80 减去年龄，再乘以 1%。举例来说：小王现在 30 岁，那么他就应该把可用于投资总资产（存款）的 50% [（80–30）× 1%] 投资于股票；当小王 50 岁时，这个比例就是 30% 了。

④家庭保险的双十定律。经过保险从业人员的不懈努力，人们对保险的认知度有所提高。购买家庭保险是必要的，这可以为我们提供基本的保障，尤其是遇到突发事故时。但应该花多少钱购买保险，买多少额度的保险合适呢？双十定律给了我们答案，即家庭保险的合理额度应该是家庭年收入的 10 倍，年保费支出应该是家庭年收入的 10%。举例来说：如果小王的家庭年收入是 20 万元，那么总保险额度应该为 200 万元，年保费支出应该为 2 万元。人们可以根据双十定律去挑选合适的保险产品。

⑤房贷的三一定律。房贷的三一定律，指的是人们的房贷

月供要控制在家庭或个人月收入的三分之一，超过三分之一，就可能无法应对意外情况。此内容在第三章笔者已经详细讨论过，这里不过多赘述。

以上就是投资的五大定律，结合投资的四项原则，相信大家在投资时能更加理性，不会不切实际地期待 15%、20% 的回报率了，也不会认为投资是“稳赚不赔”的事情了。投资有可能会让我们的货币资产增加，但很多时候，投资也能让我们的货币资产骤降为零。一部分人返贫的原因之一就是投资失败，金融市场能让人们亏损资金的方法多到数不胜数，并不是所有人都能从金融市场赚到资本利得的。投资的门槛相对较高，因此人们在投资时切不可盲目乐观，要“谨慎再谨慎”。跨过投资门槛的关键就是读懂投资产品的说明书，理解投资合同，更重要的是明白自己的钱流向了哪里。与此同时，人们在投资时也应具备现金流思维，确保基本生活支出不会被打乱。至于加杠杆投资，笔者不建议刚开始投资的人使用。加杠杆投资金融资产更适合专业投资人，非专业人员应该谨慎对待加杠杆投资这件事。

接下来，我们一起来认识一下投资产品有哪些。

（4）投资产品

投资产品的种类有很多，常见的投资产品如下。

①储蓄存款：安全稳妥。储蓄存款最大的特点是安全、流动性强、风险低，缺点是收益很低。目前，我们生活在一个持续通货膨胀的时代，同样的货币在不同的年代，购买力是不同的。比如：20 年前北京的房子是 100 万元一套，现在是 1000 万

元一套。房子在增值，而货币在贬值，同时定期储蓄存款的利率也在逐年下跌。比如：2012 年的一年期储蓄存款年利率有 6%，2021 年的一年期储蓄存款年利率只有 1.77%，2025 年的一年期储蓄存款利率就只有 0.95% 了。但是保障人们财务安全网的资金（六个月储蓄备用金）仍然应该放在储蓄账户里，因为对于备用储蓄金来说，保证它的流动性和安全性是第一位的。

②债券投资：稳扎稳打。如果人们对把钱存在银行不感兴趣，并且老是担心自己乱花钱，其实可以试试债券投资。债券投资的收益比存款高，而风险比股票小，是比较优良的投资品种。债券是发行者（国家、地方政府和企业）为筹集资金而发行的在约定时间支付一定比例的利息，并在到期时偿还本金的一种有价证券。投资债券的好处是可以赚取固定的利息收入，而且如果不出意外，人们的本金都是可以拿回来的，因为债券受到法律的保护。债券按发行主体不同，一般分为国债、地方政府债券、企业债券和金融债券。国债安全系数最高，因为国债是以国家信用做担保的债券。地方政府债券、企业债券和金融债券的风险依次增加。不论何种形式的债券，大都可以在市场上进行买卖，由此形成了类似股票市场的债券市场。

③股票投资：当心风险。说到投资，大多数人都会第一时间想到股票。虽然股票投资的收益有时候会远远高于债券，但风险也更高。因此，建议大家不要把全部资金投入股市，而通过加杠杆投资股票的风险就更大了。我们要明白股市存在的根本目的是给企业融资，而融资对象是谁？当然是广大股民。

④外汇投资：多花精力。外汇投资就是买卖不同的自由兑

换货币，获取汇差收益的过程。人们投资外汇，主要依靠汇率变动来获得收益。外汇投资的流动性和方便性都较高，但其风险比股票投资还大，收益也比股票投资大得多。投资外汇需要投资者投入较大的精力，时刻关注汇率的变化，细小的变化对人们投资结果的影响可能是巨大的。外汇投资的门槛较高，投资者需要掌握足够的经济与金融知识，还要及时了解各国经济金融方面的信息、数据及其变化趋势。

⑤购买保险：保值防灾。保险有防范风险、低保值增值的双重功能。传统的储蓄型险种获利性、流动性都较低，近年来保险公司推出了不少投资类保险，在提供保障的同时，提高了投资收益，但投资者面临的风险也随之增加。购买保险类金融产品，一旦在购买反悔期之后解约，就会给自己造成极大的损失，保险公司通常也乐于赚取这类手续费和违约金。

⑥投资基金：专家理财。投资基金的风险比投资股票的风险小，人们可以通过购买基金实现原来实现不了的投资组合，使风险和收益有一个较好的结合。但其劣势在于，人们需要向基金公司支付托管费、认购费、申购费、赎回费和销售服务费等多项费用。这些费用会侵蚀人们的部分投资收益。

⑦信托投资：代理理财。信托与普通基金不同，信托的起投金额标准很高，一般是 100 万元以上，因此被看作是“富人的游戏”。最近几年比较火的 REITs（real estate investment trusts，即房地产投资信托）也是一种信托产品。它是一种类似封闭式共同基金，但投资标的物为不动产的投资工具。房地产投资信托的主要收入源于租金，收益相对稳定。

⑧期货投资：以小博大。期货投资最大的特点就是以小博大，收益很高，但风险也非常大。期货合约简称“期货”，是一种跨越时间的交易方式。买卖双方通过签订合约，同意按指定的时间、价格与其他交易条件，交收指定数量的现货。投资期货需要非常专业的金融知识，也需要投入相当多的时间进行研究操作，对普通人来说，需要慎之又慎。

图 9–2 为家庭理财的投资渠道。

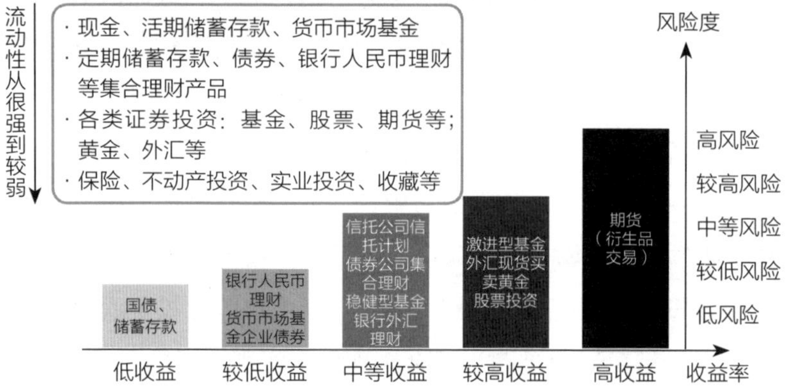

图 9–2　家庭理财的投资渠道

投资的核心是平衡风险度和收益率，再结合自己的具体情况，选择适合自己的投资产品，最终的目的是让存款变成可增值的资产。

（5）衡量投资的结果——财富象限

投资的结果该如何衡量？在投资取得怎样的结果时，人们才能自信地说自己投资小有成就？投资结果不能用“发财了”或“赚钱了”来简单概括。这里笔者要向大家介绍一个专业的财务概念——财富象限。通过财富象限，人们可以准确地评估自己的投资结果。

什么是财富象限？目前财富象限没有统一定义，但是通过图 9-3，人们可以明白，财富象限的两个维度分别是现金流和资产。

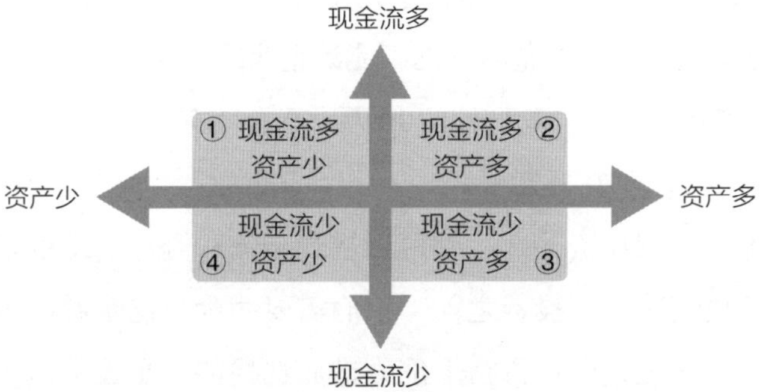

图 9-3 财富象限

不管人们投资什么，其结果都会体现在财富象限中，要么增加或减少人们未来的现金流，要么增加或减少人们的资产。投资时，人们要建立起投资不一定 100% 带来回报的观念，投资有风险，很多人都是因为投资失败而返贫的。

比如：小孙投资了一家民宿，他预期未来的房地产价格会持续上涨，这样他就每月都可以赚取稳定的租金收入。可突发事件却导致他每个月需要额外投入更多资金来维持民宿的日常运营，同时他也并没有等来房地产价格上涨的好消息，这时他想要出手民宿，却又找不到买家。类似的投资失败案例比比皆是。

又比如：50 岁的张阿姨把 40 万元储蓄都投资到 5 年期的

国债里，每年国债按照年利率 4% 支付利息给她，5 年后偿还本金。那么张阿姨的这笔投资就让她的未来 5 年的现金流变多。要退休的张阿姨更倾向保守稳健型的投资产品，而不是投资风险更高的金融产品。

再比如：25 岁的小张拥有稳定的工资收入，他倾向于购买高风险高回报的投资产品，于是他把上一年的年终奖 10 万元全部投入股市，购买他看好的新能源企业的股票，期待股票的价值在未来能翻一番。这样他的 10 万元本金就有可能变成 12 万元、15 万元，甚至 20 万元了。

不管人们投资什么，都可以从现金流和资产的维度来评估自己的投资决策。投资之前，人们需要明确自己是看中未来的现金流增多还是资产价格上涨，进而选择能满足投资需求的金融产品。好的投资产品不仅能带来未来的现金流，还能在投资人卖出时赚取到资产增值部分的财富。这样的投资产品，是每个人的梦想。

3. 预防金融诈骗

学习金融知识并不会让人们一夜暴富，但学习金融知识可以减少人们被诈骗的概率，以及帮助人们快速识别虚假宣传，在脑中快速建立该投资产品是如何赚钱的现金流思维导图。预防金融诈骗是金融知识体系中不可或缺的重要组成部分。

金融诈骗是一种违法犯罪行为。根据《中华人民共和国刑法》（简称《刑法》）规定，金融诈骗罪是指以非法占有为目的，采用虚构事实或者隐瞒事实真相的方法，骗取公私财物的行为。金融诈骗不仅对个人及家庭财产造成了严重损失，也对我国金融行业的健康发展构造成不良影响。随着互联网行业不断发展，金融诈骗的手段也越来越多。因此，在金融日常化的时代，人们更应具备识别金融诈骗的意识和能力。

以前的诈骗犯只骗存款，现在的金融诈骗犯除了骗取人们的存款，还会盯着一个人可以在金融机构获得的总信用额度（即总债务金额）。此类金融诈骗也叫“负债增加诈骗”，即金融诈骗犯不仅要偷走受害者的过去和现在（他的存款），还要榨干受害者的未来（使他背负债务）。

这里，笔者给大家总结了四种常见的金融诈骗套路，希望能帮助人们在投资的路上守好自己的金钱。当人们已经拥有一定的财富后，比起增值，守住财富才是首要目标，因此资产的安全性要比投资收益重要，切不可因小失大。

（1）庞氏骗局

谈到金融诈骗，很多人会想到查尔斯·庞兹，他是现代金融骗局的始祖。庞兹是一位气质出众的意大利人，一生都在追求快速暴富。1903 年，他带着 200 美元，坐了一个月的船来到美国，寻找让他暴富的方法。但是，他来到美国后的生活并不顺利，不仅没有暴富，反而连续 2 次进监狱。但庞兹不是一个轻言放弃的人，在经历两次牢狱生活后，他仍旧坚持着他的暴富梦想。

1919 年，万国邮政联盟创建了国际回信券（international reply coupon），以便移民和远在其他国家的家人进行信件沟通。

这是一种可以在国际流通的邮政票据。寄信人为了免去回信人的邮资负担，通常会在信中夹带一张国际回信券，人们可以用它在当地邮局兑换邮票。虽然法律规定了固定汇率，但受第一次世界大战影响，欧洲货币大幅贬值。

庞兹意识到他可以利用汇率差套利：如果在欧洲用美元兑换当地的货币购买国际回信券，再拿到美国来换邮票卖给移民，就可以从中获得巨额利润。于是庞兹热情洋溢地写了一份详细的投资报告，深入且专业地分析了这个看似稳赚不赔的买卖，但大部分投资人都担心汇率、政策等不确定因素，不知道如何具体操作。庞兹便主动接过这个“苦差事”并承诺：只要投资人愿意把钱给他，他保证投资人 45 天内可以获得 50% 的利润，90 天内可以获得 100%的利润。

常言道：10% 利润的生意会让人疯狂，50% 利润的生意会让人不顾一切，100% 利润的生意会让人铤而走险。20 世纪的投资人也一样，听到庞兹承诺的 50% 的利润和 100% 的利润，无一不为之心动。

庞兹的第一批投资人主要是他的朋友和一些意大利移民。3 个月后，第一批投资人成功地拿回本金和等同本金的利息。由于第一批投资人成功获利，庞兹迅速成为当地的红人，成功地在 7 个月内吸引了约 3 万名投资者。大家纷纷将自己的储蓄交给他，期待快速致富。庞兹不仅实现了自己暴富的梦想，还成了当时美国上流社会的名流。他住进了拥有 20 多个房间的别墅，购置了 100 多套昂贵的私人定制西服。

但实际上，庞兹并没有去购买国际回信券，而是使用后期投资者的钱来支付早期投资者的本金和利息。庞兹靠着流量和名声不断吸引新的投资人，这一骗局持续了一年多，直到 3 个邮政检查员来调查庞兹的公司，这场骗局才终于暴露。庞兹的投资者在这场骗局中损失了共 2000 万美元。庞兹也因此第三次进入监狱。他被判了 14 年监禁并被罚款 700 万美元。庞兹的故事为金融行业创造了一个专业术语：庞氏骗局。

庞兹不是唯一的金融骗子，伯纳德·麦道夫是实施时间最长（20 年）的庞氏骗局的创造者。在骗局暴露之前，他是纳斯达克交易所主席，也是华尔街炙手可热的投资明星。20 年中，来自世界各地的投资者向他的"投资公司"一共投入了 175 亿美元。他的手段和庞兹一样，即用后来投资者的资金支付高于平均水平的投资回报给先前的投资者。直到 2008 年金融危机来临，很多投资者试图撤回资金才使得麦道夫先前的欺诈行为暴露。他的净资产有 3 亿美元之多，但还是不够偿还其债务。麦道夫被判处 150 年监禁，而他的骗局使投资人一共损失了 650 亿美元。

庞氏骗局是一种投资欺诈，从事诈骗的人支付给投资者的回报不是来自真正的投资或实业产生的利润，而是来自后续投资者投入的资金。时至今日，那些花样繁多的一夜致富的"商业机会"还在诱惑着心存侥幸、轻信他人的人们。

金融领域比其他领域更容易发生道德风险，金融诈骗持续困扰着金融市场。面对所谓高回报的投资项目，人们更应保持理性。曾有政府官员提示广大人民群众防范金融风险："收益率超过 6% 就要打问号，超过 8% 就很危险，10% 以上就要准备损失全部本金。”人们一旦发现承诺高回报且无风险的理财产品和投资公司，就应想到金融诈骗的可能性，必要时应相互提醒，让庞氏骗局无所遁形。

（2）“网络钓鱼”式诈骗

数字经济时代，我们的数字身份可能比现实生活中的身份发挥的作用更大。什么是“网络钓鱼”？网络钓鱼是指通过发送大量声称来自银行或其他知名金融机构的欺骗性垃圾邮件或消息，意图引诱收件人向其提供敏感信息（如用户名、口令、账号 ID、银行卡密码或信用卡详细信息）的一种攻击方式。常见的网络钓鱼方式如下。

- 更新信息：诈骗邮件通常伪装成来自银行或其他金融机构的官方通知，声称出于某种原因，需要消费者更新个人信息（比如登录的密码）。金融诈骗犯通常会提供一个可以进入的链接。
- 订单确认：诈骗者会伪装成知名的在线商家发送消息，说某某订单已经处理了，但消费者却对该订单一无所知，甚至以为是家人给自己买的惊喜礼物等。通常该消息中也附有一个链接，供消费者登录并查看订单详细信息。

这是十分常见的钓鱼方式，很多人应该都接收过类似的钓鱼邮件。现在人们较少使用邮件，取而代之的是微信、微博等平台。例如，看病、开卡、办事、还款等，人们都喜欢在微信里“搜一搜”。骗子没有放过微信这么大的流量入口，大家要警惕微信形式的网络钓鱼。他们通常会通过仿冒官方微信公众号来进行诈骗，有的通过取“高仿名”冒充正规机构，有的通过造假、盗用他人营业执照、法定代表人信息注册微信公众号实施诈骗，比如“您小车的免年检期限即将到期，可在微信公众号线上年审”。许先生根据这类短信提示，搜索到名为“某某车辆年检”的微信公众号，通过微信公众号被诱导到一个网址，输入了银行卡号、发动机号、银行卡密码及短信验证码，被骗走 2000 元。这类“钓鱼网站”的套路是，人们一旦输入自己的个人信息，如姓名、银行卡号、身份证号、网银登录密码和手机验证等，就会被对方截获，骗子便可利用上述信息轻松盗走人们银行卡里的资金。此外，还有一些骗子会仿冒银行官方微信公众号，导致人们在假微信公众号申请办理信用卡或贷款被骗上千元或上万元。因此，人们使用微信公众号的时候一定要查看其是否是经过微信平台认证的公众号（蓝 V 认证）。类似的骗局也出现在银行的各种假冒的贷款 App 和小程序里。人们应在正规渠道下载手机客户端的 App。同时，在手机银行中对转账和支付设置每日的限额，也是控制交易风险的不错办法。

如何防范网络钓鱼呢？首先人们需要具备怀疑意识。例如：如果人们收到一封来自某银行的邮件，但自己并未在该银行开设账户，那么就完全可以忽略，其大概率是骗子发出的。此外，个人银行账户数量要清晰可控，不要申请过多信用卡或贷款账户。账户过多不仅增加管理难度，还会提高信息泄露的风险。其次，在收到类似消息时，人们还可以仔细检查内容与格式，以确定它们是否合法。如果人们不确定自己收到的电子邮件或短信是否合法，可以直接拨打银行或其他金融机构的官方客服电话，确认消息的真实性。避免被骗的好方法是时刻保持怀疑的态度，并运用金融知识增强判断能力。金融机构一般不会通过电子邮件要求人们提供敏感信息。此外，人们应定期查看网上银行的“历史交易明细”，如发现异常交易，立即与银行联系，避免更大的损失。

如果人们陷入网络钓鱼骗局该怎么办？请立即通知储蓄卡和信用卡发卡的银行，请银行冻结个人名下所有的账户并对此进行监控，并立即报警。

（3）征信修复诈骗

随着金融产品，尤其是信贷产品渗透多数人的生活后，导致征信报告变得越来越重要。融资是推动经济发展和创造就业机会的重要组成部分，而征信系统采集的信息对确保金融市场的稳定性至关重要。运行良好的金融系统能为个人和企业提供用于储蓄、信贷和风险管理的多样化的金融产品。

然而，当有的人发现自己的征信报告因存在不良信用记录而无法获得贷款时，就抱着“花钱修复征信”的想法，向打着“征信修复”旗号的不法机构寻求帮助。他们往往主动支付一大笔钱给“征信修复”机构，企图通过“技术手段”让自己的逾期记录消失。这类行为就是典型的征信修复诈骗。

现实情况是，只要人们发生债务逾期行为，逾期的天数和金额都会被如实记录在征信报告上，因此，发生逾期的债务人想要再次申请贷款就比较困难。有的人迫切地想要再次借到钱，但能否借到钱取决于人们的征信报告的完整性及信用状况。于是，这些人对消除逾期记录这件事就产生强烈的且不切实际的渴望，使得他们付费的意愿更是强烈。

所谓的征信修复机构可能会给出“修复一条记录 1000 元”的价格，要求人们提供一周内的个人征信报告、身份证复印件等资料，尤其强调要新注册一张无任何通话记录的实名电话卡等。征信修复期间，人们被告知不能接听银行的来电，如果已经接通，要以“信号不好”或者以“不是本人”为由挂断电话，再由所谓的征信修复机构用那张新办的电话卡与银行联系，同时，这类所谓的征信修复机构还会警告人们绝对不能与银行私自沟通，声称一切应由机构内的“信用修复师”全权代理征信相关的事宜，他们有办法根据逾期情况和相关法规来整理投诉点，向银行提出申诉，要求撤掉逾期记录。这些征信修复机构利用人们和银行间的信息差，把征信修复师包装为“中介”向银行申诉。

但现实情况却是，一些人的逾期行为并没有合理的解释，大多是因其过度举债而导致的债务崩盘，根本无法更改其个人征信逾期记录，但所谓的征信修复师却很懂得“忽悠”，向人们保证他们可以让银行成功修改逾期记录。此外，所谓的征信修复师或机构，在收到人们支付的征信修复费用后会用各种借口拖延，乃至拉黑人们的联系方式，导致人们白白损失金钱。

征信修复诈骗犯之所以屡屡得逞，正是利用了人们对征信修复知识的盲区。事实上，个人征信报告中的不良记录不能被无端删除。只有当不良记录出现错误，或者不良信用行为终止后满5年，这些不良记录才能从个人信用报告中被删除。对于所谓“征信修复”，中国人民银行的官方表述是“征信异议处理”。但“征信异议”的对象是错误信息，而不是针对已经发生的客观事实（过度举债而导致的逾期是客观事实）。人们在发现自己的征信报告出现债务逾期信息时，最重要的事情其实是还清债务，而不是去做所谓的征信修复。盲目信任所谓的“征信修复师”可能会让人们损失金钱，加剧债务人本身的财务困境。

（4）免遭诈骗的底层逻辑

为什么人们会被诈骗?

这是一个非常复杂的话题，心理学家和行为经济学家都在反诈骗领域有深入研究。但简单来说，在经济欺诈活动中，这些人们一再出现的心理冲动反映了普遍存在于人类情感中的欲望或焦虑。无论是谁都有趋利心，因此没有什么能比轻易获得财富更“吸睛”了。投资欺诈刚好迎合了人们“轻松发财”的幻想以及人类与生俱来的冒险的天性。获利的欲望是人类最强烈的冲动之一。在一个充斥着“一夜暴富”和“白手起家”故事的社会里，每当资产价值上涨时，就有更多的人愿意相信这不切实际的暴富神话会一直持续下去，没有人会完全不动心，甚至不为此疯狂。人人都渴望结交“财富圈”内的人脉，期望“贵人”能带自己暴富，进而实现阶层跨越。此外，法律法规本身的滞后性，以及诈骗的低成本也是导致诈骗横行的原因之一。经济衰退期，资金紧张成为普遍现象，骗子的活动反而会变得更加猖獗，尤其是熟人之间的信任诈骗更具破坏力。

如何防止因诈骗而负债呢?

核心思想就是牢记“天上不会掉馅饼”，凡事先思考代价。因此，人们要具备想象“最坏可能性”的能力。这就需要人们多读社会经济新闻，多读文学小说，多读历史，对人性的阴暗面有一个基本的认知。此外，人们不应过度贪婪，避免进入不熟悉的领域，这一点本身就其实能够避免不少上当受骗的情况。远离所有无风险就能够获得巨大收益的提议，只在自己熟悉的领域之内进行投资。面对任何与轻松发财有关的说法，人们都要先学会质疑。

当金融行业进入人们的日常生活的时候，一个“阶层向下流动”的时代也随之到来。迄今为止，社会一直存在穷人，但这个时代的穷人里还包含了破产者和无家可归的流浪者。在金融自由化和金融高速发展的背景下，守住所处的阶层本身就需要人们付出巨大的努力，稍不留意就会因贷返贫，阶层滑落。如果人们不幸遭遇了诈骗，可以通过社交媒体曝光自己经历过的诈骗活动，这不仅可以警示他人，防止他人被骗，还能帮助自己重新梳理受骗的经历，反思自己被骗的根本原因，从而在未来的投资活动中更加谨慎。

后　记

愿每个人都不再为债务烦恼

这是我写的第一本书，用了 4 年的时间。这 4 年里我经历了很多的困难，出版一本债务相关的书籍远比我想象的要艰难。鉴于本人知识的局限性，书中可能会有错误或不足之处，欢迎大家指正，我的邮箱是：sunflowerdebt@163.com。

在深入研究债务的这几年里，我的思想和文笔都得到了快速成长。在开始写作之前，我是读者。感谢那些影响了我的书籍和作家们，伟大的作家往往让人们产生一种他们和我们是同处一个时代的错觉，他们的文字能够跨越时空，与当代人开启深刻的对话。谢谢作家们留下的宝贵知识，这些知识才是人类社会最有价值的财富。感谢愿意接受这份稿件的中国科学技术出版社和各位编辑，谢谢你们的辛苦付出，更谢谢你们帮助我让更多人看到这本书。感谢我遇到的每一位债务人，谢谢你们愿意同我分享你们真实的债务故事，没有你们就不会有这本书。感谢未来的艺术家孙少飞耐心帮助我制作书中的几幅重要原创插图，这些插图让抽象的债权债务关系变得更为直观和形象。

债务一直都是一个非常复杂的话题，它关乎经济、金融、政治、法律、文化和人性。债务将社会立法、经济制度、文化基因、金融产品的创新、道德习俗等各种要素都串联了起来。

无论是哲学中的责任与自由、社会学中的社会契约和互惠关系、经济学中的信用与债务，还是文化中的消费主义和社会压力，都表明人在不同层面上均承担着各种形式的“债务”。这种“债务”不仅是经济上的借贷关系，更是对自我、他人和社会的责任和义务。

可以说，举债和还债的过程，是一种促使人理性成长、学会承担责任的过程。哲学家卡缪有这样一句话：“幸福不是一切，人还有责任。”责任是人们建立公共社会的基础。因此，人们不仅要在借贷活动中承担起法律责任，还应自觉承担起作为社会一员的道德责任。也许唯有如此，人们才能创造出共同体的美好生活。

从哲学角度来说，也许人类的存在本身就是一种债务形式。正如古罗马哲学家塞涅卡所言：“我们欠自然的债，从出生那刻就开始偿还。”如果把人类的诞生看作由全人类所引发的原始债务，债主是人类从中降生的超自然力量，那么这种债务的偿还，可能永远无法在现实世界中完成。在人们还不知道何为债务的时候，其实就已经积累了大量的债务——金钱债、人情债、对大自然的债务。或许债务的本质，正是人类为超越动物性生存所必须背负的东西。在这条救赎之路上，每个人都在书写自己的人性史诗。

经过金钱债务的洗礼，也许人们的内心会变得更加坚韧，拥有更多的理智与同理心；也许人们会从艰辛还债的经历中吸取教训，对自己的赚钱能力保持理性的乐观，并能克服对信用的过度痴迷。希望读完本书的人能明白——我们生活的这个时代，任何人都可能会出现财务上的失败、经济上的破产。希望读者朋友能通过自己或他人的债务故事，发掘出人类最美好的情感之一：悲悯。正如《残酷的乐观主义》一书的作者劳伦·贝兰特所说："生活真正发生的地方是当我们拥有一个朋友、一个伴侣，或当我们满怀热切地注视着的人，最终对我们的挣扎苦难报以温柔同情的时刻。"

愿每个人都不再为债务烦恼！

参考文献

[1] 金胜镐 . 金钱的属性：一个富豪的财富私房课 [M]. 郑丹丹译 . 杭州：浙江人民出版社，2021.

[2] 克劳福德 . 金钱的秘密 [M]. 祁长保译 . 北京：中译出版社，2022.

[3] 阿伦特 . 人的境况 [M]. 王寅丽译 . 上海：上海人民出版社，2021.

[4] 腾格，坎贝尔 . 自恋时代：现代人，你为何这么爱自己？[M]. 付金涛译 . 南昌：江西人民出版社，2017.

[5] 张化桥 . 金融科技乱象 [M]. 北京：中国人民大学出版社，2021.

[6] 傅佩荣 . 哲学与人生 [M]. 北京：北京理工大学出版社，2011.

[7] 科斯托拉尼 . 金钱传奇：科斯托拉尼的投资哲学 [M]. 郑雷译 . 北京：机械工业出版社，2018.

[8] 甄素静 .58.4 万套！全国法拍房数量大增，成交率却在下滑，怎么回事？[N]. 每日经济新闻，2023-10-31.

[9] 孔恰尔 . 市场给不了的自由 [M]. 舍其译 . 上海：上海译文出版社，2023.

[10] 伯恩 . 人生脚本：说完“你好”，说什么？[M]. 周司丽译 . 北京：中国轻工业出版社，2016.

[11] 布尔迪厄 . 世界的苦难：布尔迪厄的社会调查 [M]. 张祖建译 . 北京：中国人民大学出版社，2017.

[12] 范俊林 . 货币信贷与人口周期影响下的中国经济转折点 [M]. 北京：中国经济出版社，2015.

[13] 欧阳彬 . 当代资本主义日常生活金融化批判 [J]. 马克思主义研究，2018(5):95–104.

[14] 杨立新 . 债法 [M]. 北京：中国人民大学出版社，2014.

[15] 宫部美雪 . 火车 [M]. 张秋明译 . 海口：南海出版公司，2016.

[16] 柯林斯，马科夫斯基 . 发现社会：西方社会学思想述评 [M]. 李霞译 . 北京：商务印书馆，2014.

[17] 韦伯 . 社会学的基本概念 [M]. 胡景北译 . 上海：上海人民出版社，2020.

[18] 约翰逊 . 见树又见森林 [M]. 喻东，金梓译 . 北京：中国人民大学出版社，2008.

[19] 米尔斯 . 权力精英 [M]. 李子雯译 . 北京：北京时代华文书局，2019.

[20] 扬松–博伊德 . 我们为什么买买买：消费行为背后的心理学奥秘 [M]. 郑淑明译 . 北京：中国人民大学出版社，2021.

[21] 鲍曼 . 工作、消费主义和新穷人 [M]. 郭楠译 . 上海：上海社会科学院出版社，2021.

[22] 海利 . 谁偷走了你的专注力？：分心世代的 12 个课题，如何停止瞎忙，重拾心流、效率与创意 [M]. 李瑟译 . 台北：天下生活出版社，2022.

[23] 杜川 . 李扬：我国经济增长呈现典型的债务驱动特征［EB/OL］. 第一财经研究院，2020–12–02. https://www.yicai.com/news/100874589.html.

[24] 陀思妥耶夫斯基 . 赌徒 [M]. 刘宗次译 . 北京：人民文学出版社，2021.

[25] 加卢佐 . 制造消费者：消费主义全球史 [M]. 马雅译 . 广州：广东人民出版社，2022.

[26] 傅佩荣 . 哲学与人生 [M]. 北京：北京联合出版公司，2019.

[27] 桑内特 . 没有面目的人：新资本主义之下工作的个人后果 [M]. 周悟拿译 . 上海：上海译文出版社，2023.

[28] 谢尔 . 工作：巨变时代的现状、挑战与未来 [M]. 秦晨译 . 北京：北京时代华文书局，2021.

[29] 罗宾，多明格斯 . 要钱还是要生活：没有财务自由，也能提前退休 [M]. 何金娥译 . 北京：中信出版社，2021.

[30] 鲍曼 . 工作、消费主义和新穷人 [M]. 郭楠译 . 上海：上海社会科学院出版社，2021.

[31] 格雷伯 . 毫无意义的工作 [M]. 吕宇珺译 . 北京：中信出版社，2022.

[32] 博泰拉 . 债务机器：美国的银行政策与个人陷阱 [M]. 吴士宝译 . 北京：中国科学技术出版社，2024.

[33] 王鲁晓，辛自强 . 债务的心理和行为后果及其机制 [J]. 心理科学进展，2024，32(1):177–188.

[34] 迈尔斯 . 社会心理学 [M]. 侯玉波，乐国安，张智勇译 . 北京：人民邮电出版社，2016.

[35] 卡吉儿 . 过度饮食心理学：当人生只剩下吃是唯一慰藉 [M]. 吴宜蓁，林麗雪译 . 台北：光现出版社，2018.

[36] 斯宾塞 . 从倦怠到闪耀 [M]. 朱雪涵译 . 长春：北方文艺出版社，2023.

[37] 达斯 . 大衰退到大停滞：全球经济危机剧变与后果 [M]. 魏薇译 . 北京：中译出版社，2022.

[38] 袁登华，高丽丹 . 社交媒体中的准社会互动与营销效能研究 [J]. 外国经济与管理，2020，42(7):21–35.

[39] 麦金尼斯 . 错失恐惧：我们为什么害怕错过 [M]. 王敏译 . 南昌：天地出版社，2021.

[40] 莱昂 . 挣钱不易，管好你的钱 [M]. 何雯婷译 . 北京：中信出版社，2023.

[41] 波特–埃夫隆 R，波特–埃夫隆 P. 羞耻感 [M]. 王正林译 . 北京：机械工业出版社，2018.

[42] 拉尔森 . 非暴力沟通：转化羞愧，绽放关系 [M]. 岸歌译 . 北京：机械工业出版社，2023.

[43] 舍克 . 嫉妒与社会 [M]. 谭淦译 . 上海：上海三联书店，2024.

[44] Meier S, Sprenge C. Present–Biased Preferences and Credit Card Borrowing[J]. American Economic Journal:Applied Economics，2010.

[45] 罗宾，多明格斯 . 要钱还是要生活：没有财务自由，也能提前退休 [M]. 何金娥译 . 北京：中信出版社，2021.

[46] 王鲁晓，辛自强 . 债务的心理和行为后果及其机制 [J]. 心理科学进展，2024，32(1):177–188.

[47] 赫尔曼 . 创伤与复原 [M]. 施宏达，陈文琪译 . 北京：机械工业出版社，2015.

[48] 驳静 . 没积蓄的消费狂欢 [N]. 三联生活周刊，2020 年第 50 期 .

[49] 伯顿 . 非理性思维的力量 [M]. 曹杨译 . 南京：江苏人民出版社，2023.

[50] PBS News. The History of Money[R]. 1996–10–26.

[51] 欧瑞尔 . 人类货币史 [M]. 朱婧译 . 北京：中信出版社，2017.

[52] 彭信威 . 中国货币史 [M]. 上海：上海人民出版社，2007.

[53] 戈兹曼 . 千年金融史：金融如何塑造文明，从 5000 年前到 21 世纪 [M]. 张亚光，熊金武译 . 北京：中信出版社，2017.

[54] 李曙光 . 中国个人破产立法的制度障碍及其克服 [J]. 政法论坛，2023

年第 5 期 .

[55] 布吕克内 . 金钱的智慧 [M]. 张叶，陈雪乔译 . 北京：生活 · 读书 · 新知三联书店，2019.

[56] 刘成 . 信用创造 [M]. 北京：生活 · 读书 · 新知三联书店，2017.

[57] 特纳 . 债务与魔鬼：货币、信贷和全球金融体系重建 [M]. 王胜邦，徐惊蛰，朱元倩译 . 北京：中信出版社，2016.

[58] 刘崇仪 . 当代资本主义结构性经济危机 [M]. 北京：商务印书馆，1997.

[59] 庞巴维克 . 资本与利息 [M]. 何崑曾，高德超译 . 北京：商务印书馆，2012.

[60] 武永梅 . 金融学从入门到精通 [M]. 南昌：江西人民出版社，2017.

[61] 赫伯纳 . 纯时间偏好利息理论 [M]. 熊越译 . 上海：上海财经大学出版社，2016.

[62] 龙西安 . 个人信用、征信与法 [M]. 北京：中国金融出版社，2004.

[63] 李睿 . 中国信用卡产业研究与犯罪规制 [M]. 上海：上海交通大学出版社，2013.

[64] 罗宾，多明格斯 . 要钱还是要生活：没有财务自由，也能提前退休 [M]. 何金娥译 . 北京：中信出版社，2021.

[65] 凯文 · 凯利 . 宝贵的人生建议：我希望早点知道的智慧 [M]. 刘波译 . 北京：中信出版社，2023.

[66]《金融知识进社区》系列丛书编委会 . 中央银行的金融服务 [M]. 北京：中国金融出版社，2011.

[67] 中国人民银行 .2023 年支付体系运行总体情况 [EB/OL]. http://www.pbc.gov.cn/goutongjiaoliu/113456/113469/5314683/index.html.

[68] 刘成 . 信用创造 [M]. 北京：生活 · 读书 · 新知三联书店，2017.

[69] 戈达德，威尔逊 . 银行学：牛津通识读本 [M]. 李瑶光译 . 南京：译林出版社，2021.

[70] 刘海影 . 中国巨债：经济奇迹的根源与未来 [M]. 北京：中信出版社，2014.

[71] 央视网 . 央行：首套房二套房最低首付比例统一为 15%，各地在此基础上因城施策 [EB/OL].2024-09-24. https://news.cctv.com/2024/09/24/ARTIBFxKm38Xr103nC1xajO5240924.shtml.

[72] 普拉萨德 . 过剩之地：美式富足与贫困悖论 [M]. 余晖译 . 上海：上海人民出版社，2019.

[73] 许凌艳 . 金融监管法制比较研究：全球金融法制变革与中国的选择 [M]. 北京：法律出版社，2016.

[74] 中国人民银行金融消费权益保护局 . 金融知识普及读本 [M]. 北京：中国金融出版社，2017.

[75] 廖理，张伟强 . 通往金融幸福之路 [M]. 北京：中译出版社，2023.

[76] 中国人民银行 . 个人信用信息基础数据库—常见问题及参考答案 [EB/OL]. http://www.pbc.gov.cn/redianzhuanti/118742/118720/119462/2828317/index.html.

[77] 世界银行集团 . 征信知识指南 [M]. 征信知识指南翻译组译 . 北京：中国金融出版社，2020.

[78] 中国人民银行征信中心 . 信用报告全攻略 [EB/OL]. http://www.pbccrc.org.cn/zxzx/zxfwzn/202401/f66febd0e67246d1a26cd7cf0a06aeb7.shtml.

[79] 斋藤茂男 . 饱食穷民 [M]. 王晓夏译 . 杭州：浙江人民出版社，2020.

[80] 布莱恩，普维 . 美国金融体系：起源、转型与创新 [M]. 李酣译 . 北京：中信出版社，2022.

[81] 索维尔 . 诡辩与真相：经济学入门 [M]. 罗汉，田菊莲译 . 上海：上海译文出版社，2011.

[82] 达利欧 . 债务危机：我的应对原则 [M]. 赵灿，熊建伟，刘波，崔苹苹，何杰奎林译 . 北京：中信出版社，2019.

[83] 米塞斯 . 人的行为 [M]. 夏道平译 . 上海：上海社会科学院出版社，2015.

[84] 德索托 . 货币、银行信贷与经济周期 [M]. 秦传安译 . 上海：上海财经大学出版社，2016.

[85] Burns A F, Mitchell W C.Measuring Business Cycles[R]. New York: National Bureau of Economic Research, 1946:3.

[86] 特维德 . 逃不开的经济周期 2：趋势、策略与投资机会 [M]. 刘洋波，甘珊珊译 . 北京：中信出版社，2019.

[87] 迈恩 . 房债：为什么会出现大衰退，如何避免重蹈覆辙 [M]. 何志强，邢增艺译 . 北京：中信出版社，2015.

[88] 唐岫立 . 挥不去的梦魇：商业银行之不良贷款 [M]. 北京：中文在线数字出版股份有限公司，2016.

[89] 图兹 . 崩盘：全球金融危机如何重塑世界 [M]. 伍秋玉译 . 上海：上海三联书店，2021.

[90] 范俊林 . 货币信贷与人口周期影响下的中国经济转折点 [M]. 北京：中国经济出版社，2015.

[91] 埃奥内，芒斯龙 . 金融科技新时代：银行的反击 [M]. 陈丽华译 . 北京：中信出版社，2019.

[92]《百姓征信知识问答》编委会 . 百姓征信知识问答 [M]. 北京：中国金融出版社，2008.

[93] 沃依格特 . 制度经济学 [M]. 史世伟，黄莎莉，刘斌，钟诚译 . 北京：中国社会科学出版社，2016.

[94] 福山 . 信任：社会美德与创造经济繁荣 [M]. 郭华译 . 桂林：广西师范大学出版社，2016.

[95] 克里斯普 . 社会心理学 [M]. 裴正薇译 . 南京：译林出版社，2023.

[96] 阿特伍德 . 偿还：债务和财富的阴暗面 [M]. 张嘉宁译 . 南京：南京大学出版社，2019.

[97] 新华信用 . 信用卡逾期息费惊人，银行收费合理吗？[N/OL]. 中国金融信息网，2022-07-13. https://www.cnfin.com/ty-lb/detail/20220713/3660479_1.html.

[98] 张化桥 . 影子银行内幕：下一个次贷危机的源头？[M]. 黎木白译 . 北京：中国人民大学出版社，2016.

[99] 劳伦斯，所罗门 . 消费金融真经：个人贷款业务全流程指南 [M]. 张宇译 . 北京：机械工业出版社，2017.

[100] 丁锋，刘冉，张宇哲 . 为个人化债 [N]. 财新周刊，2025 年第 6 期 .

[101] 中国人民银行 . 金融知识国民读本 [M]. 北京：中国金融出版社，2007.

[102] 罗翔 . 法治的细节 [M]. 昆明：云南人民出版社，2021.

[103] 塔特索尔，紐瓦羅蒙特 . 骗你 5000 年：上古时代就有假新闻！从宗教、政治、科学到金融，人类骗局的演进过程 [M]. 孔令新译 . 台北：PCuSER 电脑人文化，2020.

[104] 盖尤斯 . 盖尤斯法学阶梯 [M]. 黄风译 . 北京：中国政法大学出版社，2008.

[105] 李曙光 . 中国个人破产立法的制度障碍及其克服 [J]. 政法论坛，2023 年第 5 期 .

[106] 破产法快讯 .《深圳个人破产条例》实施三周年：成绩斐然，渐入佳境 [EB/OL]. 破产法快讯公众号，2024-03-01.

[107] 李曙光 . 个人破产是商业与社会文明的先声 [EB/OL]. 破产法快讯公众号，2024-04-18.

[108] 杜万华 . 关于破产法修改的有关问题 [EB/OL]. 重庆破产法庭公众号，2024-02-27.

[109] 斯基尔 . 债务的世界：美国破产法史 [M]. 赵炳昊译 . 北京：中国法制出版社，2010.

[110] 人民网强国论坛 . 专家：建议及早推进全国性个人破产制度落地 [EB/OL]. 人民网，2021-11-13.https://www.people.com.cn/n1/2021/1113/c32306-32281344.html.

[111] 史密斯 . 谁偷走了美国梦：从中产到新穷人 [M]. 文泽尔译 . 北京：新星出版社，2018.

[112] 刘颖 . 日本的个人破产免责制度及其借镜 [J]. 经贸法律评论，2020 年第 5 期 .

[113] 王国刚，曾刚，宣晓影 . 中国消费金融市场的发展：中日韩消费金融比较研究 [M]. 北京：社会科学文献出版社，2013.

[114] 格雷伯 . 债：5000 年债务史 [M]. 孙碳，董子云译 . 北京：中信出版社，2020.

[115] 小林美希 . 有恨意但不离婚的妻子们 [M]. 阿夫译 . 北京：中信出版社，2022.

[116] 吴杰臻 . 好的婚姻，要守护财产和爱：人人都需要的婚姻安全必修课 [M]. 北京：北京联合出版公司，2019.

[117] 斯坦丁 . 朝不保夕的人 [M]. 徐偲骕译 . 杭州：浙江人民出版社，2023.

名词解释

［1］ 普惠金融：从全球范围看，受各种因素影响，大量民众曾长期被排斥在正规金融服务门槛之外。在金融基础设施薄弱的欠发达国家，很多群体没有银行账户，或者即使有账户也难以获得进一步的金融服务；有些群体的贷款需求无法在正规金融机构得到满足，不得不受到高利贷盘剥。即使在金融体系健全的发达经济体，相对弱势的群体也常常会得不到有效的金融服务。正是为了解决这些问题，普惠金融应运而生。——刘桂平:《关于中国普惠金融发展的几个问题》,《中国金融》2021 年第 16 期。

［2］ 经济人：在经济学里，对“合乎理性的人”的假设通常称为“理性人”或者“经济人”假设。经济人假设是主流新古典经济学均衡模型的基础。

［3］ 房间里的大象（elephant in the room）：一个英语谚语，用来隐喻虽然明显却被集体视而不见、不做讨论的事情或者风险。

［4］ LPR：全称为贷款市场报价利率（Loan Prime Rate），是基础性的贷款参考利率，由 18 家商业银行在公开市场操作利率的基础上加点报价，由全国银行间同业拆借中心计算并公布。其中，公开市场操作利率主要指中期借贷便利利率，中期借贷便利期限以 1 年期为主。LPR 是浮动利率，时刻反映市场供求变化。它是贷款利率定价的主要参考基准，其他贷款利率在它的基础上加减基点形成。

［5］ 国内生产总值（GDP）：一个国家和地区所有常住单位在一定时期内生产活动的全部最终成果。

［6］ 部分准备金制度：又称存款法定准备金制度，是相对于全额准备金制度而言的。它是指商业银行留下一部分准备金，把其余的资金全

部贷出的制度。商业银行不用把所获得的存款都作为准备金留在金库中或存入中央银行；法定准备率是央行规定、银行所保持的最低准备金与存款的比率。

[7] SWOT分析：基于内外部竞争环境和竞争条件的态势分析，将与研究对象密切相关的各种主要内部优势（strength，S）、劣势（weakness，W）和外部的机会（opportunity，O）和威胁（threat，T）等通过调查列举出来，并依照矩阵形式排列，然后用系统分析的思想，把各种因素相互匹配起来加以分析，从而得出一系列相应的结论，而结论通常带有一定的决策性。

[8] 次级贷款（subprime lending）：为信用评级较差、收入较低的人所提供的贷款。次级贷款的利率一般较正常贷款高，而且通常采用的是可以随时间推移而大幅上调的浮动利率，因而对借款人来说有较大风险。

[9] 感知显著性：一个心理学和认知科学中的概念，指的是在一组信息中，某个刺激由于其物理特征或情境因素而特别容易被注意到或感知到。

[10] 零和博弈：参与博弈的各方，在严格竞争下，一方的收益必然意味着另一方的损失，博弈各方的收益和损失相加总和永远为"零"，双方不存在合作的可能。

[11] 公允价值：在计量日，市场参与者之间进行有序交易中，出售一项资产或转移一项负债所能收到或支付的价格。

[12]《深圳经济特区个人破产条例》第九条规定：当债务人不能清偿到期债务时，单独或者共同对债务人持有五十万元以上到期债权的债权人，可以向人民法院提出破产申请，申请对债务人进行破产清算。

[13] 呆账准备：一个会计学专业术语，主要用于预计和记录公司账户中那些可能无法收回的钱。企业会根据历史数据和客户的信用状

况来估计可能的坏账风险，然后设立一个呆账准备账户，从应收账款中拨出一部分钱放入这个账户。它相当于企业财务的“安全网”，帮助公司在客户或债务人无法按时还款时减少损失。

[14] “幽暗的地下室”：源自陀思妥耶夫斯基创作的小说《地下室手记》，地下室人已经成为当代文化词汇的一部分，而这个形象现在已达到最伟大的典型文学创作之一的高度，正如哈姆雷特、堂吉诃德、唐璜、浮士德那样。

[15] 执行不能：被执行人确无财产可供执行，或被执行人的财产客观上无法处置，即使执行法院穷尽手段，案件仍无法得到执行的情况。

[16] 生命周期理论：指人或事物在不同阶段由出生到去世的一个过程。将生命周期与家庭财富积累的过程相结合，就能得出家庭理财的生命周期理论。理财的生命周期告诉我们，在不同阶段人们的收入与支出有明显的差异，为了更好地应对人生不同阶段做出的决定，如买房、结婚、生子等，以及意外情况，如失业、生病等，我们要在合适的时间使用不同的财务规划，以利于我们过上更幸福的生活。